医药大模型

重塑医药产业未来

高飞 叶中楷 吴刚 ▶著

中国科学技术出版社

·北京·

图书在版编目（CIP）数据

医药大模型 : 重塑医药产业未来 / 高飞 , 叶中楷 ,
吴刚著 . -- 北京 : 中国科学技术出版社 , 2025. 6.
ISBN 978-7-5236-1364-1

Ⅰ . F426.77

中国国家版本馆 CIP 数据核字第 202582N0N3 号

策划编辑	任长玉		责任编辑	任长玉　孙　楠	
封面设计	东合社		版式设计	愚人码字	
责任校对	邓雪梅		责任印制	李晓霖	

出　　版	中国科学技术出版社
发　　行	中国科学技术出版社有限公司
地　　址	北京市海淀区中关村南大街 16 号
邮　　编	100081
发行电话	010-62173865
传　　真	010-62173081
网　　址	http://www.cspbooks.com.cn

开　　本	710mm×1000mm　1/16
字　　数	380 千字
印　　张	24.75
版　　次	2025 年 6 月第 1 版
印　　次	2025 年 6 月第 1 次印刷
印　　刷	北京盛通印刷股份有限公司
书　　号	ISBN 978-7-5236-1364-1/F・1369
定　　价	89.00 元

专家推荐

（按姓氏拼音首字母排序，不分先后）

邓亚峰

碳硅智慧联合创始人，三六零集团原副总裁、AI 研究院院长

本书作者高飞先生具有多年医药领域产品规划和研发经验，本书聚焦于大模型在生物医药领域的应用，系统阐释了药物研发、临床诊疗等场景中大语言模型的革新价值。本书系统介绍了应用场景、数据治理、模型构建和知识平台搭建的经验，可以作为从业者开启 AI+ 医药融合创新的战略地图。

郭劲松

药时代创始人、首席执行官

非常荣幸能见证高飞先生倾力撰写的这本《医药大模型》问世，本书出版可谓恰逢其时。高先生获得了数学、药学、计算机学等多个学位，深耕临床肿瘤药物多年，同时在人工智能产品开发领域积累了丰富经验。他凭借自身复合型专业背景与扎实的实操积累，为广大业界朋友深入剖析当下火热的大模型在生物医药领域的应用场景。该书充分挖掘大模型的巨大潜力，能够助力大家从容应对 AI 时代带来的挑战。

郭为

复歌科技创始人、首席执行官

我与本书作者叶中楷相识于复旦大学，他能够用极短的时间将想法实现为产品原型，这让我大为震撼。后来我邀请他来公司做了分享，我们在硅谷的科学家听完只跟我说了一句评价："这才是我心中技术人员该有的样子。"中楷能够深入浅出地介绍大语言模型的原理，以及在医药领域的应用，让人眼前一亮，推荐大家阅读本书。

劳维信

点亮资本合伙人，香港中文大学兼任教授

医药大语言模型是中国未来一个重要领域，这本书来得及时，会给读者全面及最新的阐述！

孙成栋

北京积水潭医院主任医师、感染科主任

高飞老师是具有多年医药领域产品规划和研发经验的专业人才，在医疗与科技深度融合的当下，本书是一本不可多得的佳作。它聚焦医药与 AI 技术的结合，带你洞悉前沿技术如何重塑医疗行业。从辅助医生精准诊断，到加速药物研发进程，书中案例翔实，分析透彻。通过阅读本书，你能窥见未来医疗的崭新图景，把握行业发展脉搏。无论是医科专业人士，还是关注医疗创新的大众，都能从中收获满满，我强烈推荐本书！

王昊奋

同济大学教授，知名人工智能学者

在全球人工智能技术飞速发展的今天，医药行业正迎来前所未有的变革，而医药大模型则是引领这一变革的重要引擎。高飞老师撰写的这本书，以其丰富而全面的内容，从技术框架、行业场景到实际落地，不但系统性展示了医药大模型从理论到实践的全景，还契合了当下行业需求，为大模型技术的医疗应用提供了清晰的指南和深刻的洞见。其问世犹如一场及时雨，为技术研究者和行业从业者提供了宝贵的实践指南和理论支撑，是医药领域迈向智能化的重要参考之作。

王威

拜耳医药处方药事业部数据科学与用户洞察总监

本书深入探讨了医药大模型在推动生命科学与健康领域创新方面的巨大潜力。从药物研发到临床诊疗，它揭示了如何借助先进的 AI 技术，提升医疗服务效率、发现生命的奥秘，并为人类健康长寿做出贡献。作者通过多个真实应用场景，生动展示了大模型如何在医药行业中发挥关键作用，如何推动科技进步，赋能未来医疗。对于致力于医疗创新的科研人员、医生和行业专家来说，这无疑是一本值得阅读的必备参考书。

王文佳
天士力国际基因网络药物创新中心首席执行官

　　这是一本真正把医药智慧装进 AI 的实用指南！作者高飞先生基于多年实战经验和对医药各个领域的研究，深入浅出地讲述了复杂的技术。在中医大模型方面，从如何让 AI 听懂中医术语，到训练模型开出靠谱药方，每一步都基于真实案例，堪比老中医的手把手教学。

叶盛强
参天制药大中华区研发总监

　　本书详细介绍了医药大语言模型的定义、功能、应用场景及法律要求，并探讨了其在药物研发、临床医学、医药情报洞察、市场评估等方面的应用。叶中楷先生在人工智能章节中的贡献，展示了他在软件开发和人工智能领域的深厚积累，以及他对医药行业的深入洞见。这本书将推动 AI 在医药研发中的应用，加速为患者提供新的疾病解决方案。

张成洪
复旦大学教授

　　叶中楷先生是一位深耕人工智能领域的技术达人，对大模型的技术细节和未来趋势有着深刻的洞察和理解；他更是一位知行合一的技术管理专家，成功推动了医药领域大模型在企业中的高效建设与应用落地；同时他还是大模型知识的热心传播者，在这本精心撰写的著作中，中楷详尽地阐述了生物医药大模型的应用场景、数据准备、模型构建以及企业知识平台的构建，为药企、生物医药行业乃至其他领域的大模型建设与应用提供了宝贵的实践指南。

推荐序

大语言模型等新兴技术的蓬勃发展，让该技术逐渐走进了医药领域的视野，为整个行业带来了前所未有的机遇与挑战。当算法穿透基因序列的符号迷雾、解构蛋白质折叠的时空密码时，人类对生命本质的追问将不再局限于实验室的试管与显微镜，而是在数字孪生的超维空间里展开虚实相生的哲学思辨。这种认知范式的跃迁，或将重构"疾病—健康"的传统二分法，在分子轨迹与生命叙事的交织中，催生出基于动态熵变的精准医疗新伦理。多模态大模型作为连接生物微观世界与临床宏观实践的认知桥梁，不仅加速着药物发现从"试错式探索"向"可计算创造"的范式转换，更在医患关系的重构中孕育着人机共生的诊疗新生态。

大语言模型以其强大的数据处理能力和复杂模式的识别能力，正在重塑医药研发、疾病诊断、治疗方案制订以及医疗资源管理等各个环节。从海量的医学文献、临床数据中挖掘潜在的药物靶点，加速新药研发进程；通过对患者多维度数据的深度分析，实现精准的疾病预测与个性化治疗方案的定制；在医疗影像诊断中，辅助医生快速准确地识别病灶，提高诊断效率与准确性。这些应用场景仅仅是大模型在医药领域应用的冰山一角，其潜力之巨大、前景之广阔，令人瞩目。

DeepSeek 已经成为医药界未来发展的新式武器，在药企的应用广泛深入，正逐步成为推动药物研发与生产智能化转型的重要工具。通过其强大的自然语言处理和深度学习能力，DeepSeek 能够高效分析海量科研文献、临床试验数据及化学分子数据库，加速新药靶点发现与化合物筛选。在药物设计阶段，其生成式 AI 模型可预测分子活性与毒性，优化候选药物结构，显著缩短传统研发周期。在临床研究环节中，DeepSeek 能辅助设计试验方案，分析患者组群特征，并实时监测不良反应数据，提升试验的安全性与效率。此外，在药物警戒与合规领域，该系统可自动追踪全球监管动态，生成符合申报要求的文档，同时通过智能问答系统快速响应内部研发人员的复杂查询。从分子发现到商业化生产的全链条中，DeepSeek 为药企提供了数据驱动的决策支持，有效降低研发成本并提高创新成功率。

　　本书的编写，正是基于对大模型在医药领域应用这一重要课题的关注与思考。本书的主要作者高飞先生是 CMAC 医学事务生成式 AI 联盟委员，是难得的拥有数学、计算机、药学多学科交叉背景的人才，他在医药与人工智能结合应用领域有深厚的基础，长期从事医药大语言模型的应用开发与研究。高飞先生从应用场景与案例落地的角度，深入剖析大模型在医药领域的现状、应用案例、技术难题以及未来发展趋势。希望这本书能为医药领域的专业人士、科研人员、技术开发者以及对这一领域感兴趣的读者，提供一个全面、深入、系统的知识宝库，帮助大家更好地理解大模型在医药领域的应用，激发更多的创新思维与实践探索。

李景成

CMAC 创始人

DCT 联盟负责人

CMAC 介绍

北京协同医药医学创新促进中心（BeiJing Collaboration Medical Advance Center, CMAC），是获得北京经济技术开发区管委会和北京市民政局批准的非营利社会组织。

CMAC 宗旨意在开展生物医药领域的课题研究，为生物医药领域的人才进行专业技能培训提供会展交流机会，以及搭建生物医药领域的各类型项目平台，从而为广大创新药企服务、为创新驱动发展服务、为增进群众健康福祉，为推动我国新药研发和临床研究规范化、标准化、专业化进程，全面提升我国医药行业发展水平，保障人民健康做出积极贡献。

过去十年 CMAC 以医学和临床为特色，业务逐渐延伸至药品研发的各个核心环节。CMAC 平台吸引了来自国内外药企、研究者、医药合同研发机构（CRO）等众多专家和领军人物，汇聚了丰富的行业资源。CMAC 敏锐洞察行业热点，快速响应客户需求，注重行业实践，支持行业发展。CMAC 将秉承自己的优势，聚集更多的国内外行业资源和专家智慧，与行业专家、行业协会和社会各界携手，持续推动政产学研的合作，助力监管法规体系的持续完善，共同推动医药行业的创新和进步，为医药行业的积极变化、为公众健康做出更大的贡献。

CMAC 医学事务生成式 AI 联盟

CMAC 医学事务生成式 AI 联盟是 CMAC 旗下从事医药智能化研究与应用的组织。汇聚医院科研院所，国内外药械营养保健企业医学事务、临床研究、市场和 IT 数字化、法律合规等相关部门，咨询机构、期刊出版等内容提供方，以及 AI 技术服务提供商等产学研全链条成员，通过联盟成员共建、共享、共赢，从而促进生成式 AI 在医学事务领域的合规实践落地，加速中国的医学事务数智化转型，并辐射全球。联盟当前汇聚了知名医生、药企研发科学家、人工智能专家等多维度、多学科交叉的人才，为探索大语言模型及其他人工智能技术落地奠定基础，共同形成产学研一体化的合作模式。

自　序

在当今智能化浪潮席卷全球的时代，大语言模型技术正以前所未有的速度重塑着各个行业的格局，生物医药行业作为科学领域的明珠，也随着人工智能的发展迎来了新的范式。DeepSeek 的成功，对全球人工智能格局产生了深刻的变化，同时也带来了更大的机会。

2025 年，生物医药行业市场价值接近 5000 亿美元，其中人工智能助力生物医药领域的市场规模到 2026 年将超过 30 亿美元。大语言模型技术的发展，能够更好地让人工智能赋能于生物医药领域。智慧芽生物医药产品能够提供全球生物医药情报、序列专利文献检索数据服务，并率先构建业内领先的生物医药大语言模型，拥有独特的生物医药数据与符合医药行业的分析逻辑，能够服务全球医药研发与临床工作者。本书聚焦于医药大语言模型这一前沿领域，旨在深入探讨其在生物医药领域的应用前景、构建方法以及对行业生态的深远影响。全书内容丰富、结构清晰，涵盖了从理论基础到实践应用的全方位知识体系，是生物医药从业者以及对医药人工智能领域感兴趣的读者不可多得的权威指南。本书首章介绍医药大模型的概念，其与通用模型的区别及法律要求；第二章展示医药大模型在药物研发、临床诊疗等多场景的应用潜力；第三章聚焦数据准备，强调数据质量对模型性能的重要性；第四章深入讲解模型构建技术；第五章探讨企业知识平台建设，助力企业数字化转型；第六章进行了落地场景案例分析。从行业发展的角度来看，医药垂直大语言模型的出现是医药行业数字化转型的关键一步。它不仅能够提升医药研发的效率和精准度，缩短药物研发周期，降低研发成本，还能够在临床诊疗中提供个性化的治疗方案建议，提高诊疗质量，改善患者就医体验。在医药市场领域，大语言模型能够精准分析市场动态，助力企业制定更科学的市场营销策略，把握市场机遇。本书的出版恰逢其时，它不仅为医药行业的从业者提供了一本系统学习医药垂直大语言模型知识的教材，更为医药行业的未来发展提供了一种全新的思考视角和实践路径。

希望广大读者能够通过本书深入了解医药大语言模型的魅力与潜力，积极探索其在实际工作中的应用，共同推动医药行业迈向更加智能化、高效化、人性化的未来。让我们一起踏上这场医药行业与人工智能深度融合的探索之旅，见证大语言模型为生物医药行业带来的无限可能。

本书的出版有很多需要感谢亲人、同事、朋友。首先需要感谢我的妻子 Elena 女士，在本书的创作过程中承担了大量家庭事务，在此深表感谢；需要感谢裴立东先生，他在医药数据库与医药智能化策略方向的先进工作给我很大指引；需要感谢胡玮博士，在报告生成案例中提出了诸多建议；感谢谢飞女士在医药专利方面对我的指导；还需要感谢李熙娟女士对本书页面设计提出了宝贵建议；感谢王菁女士对本书稿件的校正工作；感谢王为磊、夏宇彬、陈林卿的技术指导；感谢另外两位作者叶中楷先生与吴刚先生，他们能在百忙之中共同合作完成本书。

未来是一个智能化的时代，每一个人、每一个企业都需要掌握并运用人工智能，迎接产业革命的新浪潮。

高飞
2025 年 6 月于北京

CONTENTS

目　录

153 | 第三章
生物医药大语言模型的数据准备

193 | 第四章
大语言模型构建

305 | 第五章
医药企业内部知识平台建设

355 | 第六章
落地场景案例分析

第一章

DeepSeek 与医药大语言模型

在当代智能化社会中，AI 技术已广泛渗透至多个领域，并对社会运作产生了深远影响。在人机交互领域，自然语言处理技术扮演着至关重要的角色，其重要性日益凸显。自然语言模型经过不断集成架构，使用的训练参数不断扩大，从而构成当前的科技热点——大语言模型。自从美国人工智能研究公司 OpenAI 推出 GPT3.5 之后，人们发现大语言模型对知识的驾驭能力已经逐步开始超越人类。当前大语言模型能够通过各类医学、法律等专业考试，甚至能够进行绘画以及影视作品的创作。

杭州深度求索人工智能基础技术研究有限公司的 DeepSeek 出现则标志着人工智能领域的重大突破，其通过深度融合深度学习与多模态数据处理技术，显著提升了信息检索效率和智能化水平，解决了传统引擎的语义理解不足等问题。作为开源且低成本的 AI 模型，它打破了西方技术垄断，促进了全球 AI 竞争的多元化，尤其为发展中国家缩小"智能鸿沟"提供了可能。

1. 大语言模型的基本概念

大语言模型是指在自然语言处理领域中，具有大量参数的深度学习模型。这些模型通常包含数十亿甚至数千亿的参数，训练过程中的迭代优化使得模型能够更好地理解和生成自然语言。大语言模型是自然语言处理技术进步的重要标志，它们在处理复杂的语言任务时展现出卓越的性能。

2. 大语言模型的基本原理

大语言模型的基本原理可以从两个阶段来表述：训练阶段和应用阶段。

训练阶段：此阶段中，大语言模型利用大规模文本数据集进行训练，这些数据集包括但不限于书籍、文章、对话记录等，它们蕴含了丰富的语言信息和多样的语境。通过训练过程，模型学习并识别数据中的模式与规律，同时又不断优化其内部参数，以实现对语言深层次的理解。

应用阶段：经过训练的大语言模型能够处理新的输入数据，并进行相应的预测。例如：在机器翻译领域，模型能够将一种语言的文本转换为另一种语言；在问答系统中，模型能够根据用户的查询，从大量文本资料中检索信息并生成精确的答案。

大语言模型是自然语言处理技术的又一项重要突破。随着技术的持续进步和深入研究，它们在解决复杂语言问题上展现出了显著的潜力。为了实现更广泛的应用，需要不断探索和改进大语言模型，以应对当前面临的挑战。通过算法的优化、数据的增强、迁移学习、微调以及模型可解释性的研究等方法，可以有效提高大语言模型的性能和适用性，进而推动自然语言处理技术向更高层次发展。

医药大语言模型属于大语言模型的一个垂直分支，也是本书讨论的核心。在医药相关问题上，能够给出更专业更科学的解决方案。医药大语言模型是面向复杂、开放的医药场景，具有大数据、大算力、大参数等一系列关键要素，呈现出良好的涌现能力与泛化能力。医疗大语言模型可以为生物医药研发、临床医疗提供高效、准确、个性化的服务与支持。

本章将从通用大语言模型与垂直大语言模型的区别与联系，医药大语言模型助手的定义与场景，医药智能体功能介绍，医药大语言模型的具体意义与场景，以及医药大语言模型的法律要求等几个方面，给大家介绍医药大语言模型的功能与实践。

1.1 通用大语言模型与垂直大语言模型

通用大语言模型是人工智能领域中的重要工具，它们旨在处理多种任务和应用，不受特定领域限制。这类模型通常在大规模的多领域数据集上进行训练，以学习到广泛的知识和技能，从而具备跨领域的泛化能力。通用大语言模型之所以通用，是因为其具有广泛的适用性。包括可以处理各类问题的通用任务，例如续写文章、总结段落等。通用大语言模型能够处理多种数据类型，完成多模态问答与生成，包括语音、文本、图片以及视频等。

　　垂直大语言模型则专注于特定行业或应用领域，它们在特定的场景中表现出更高的精度和深度。这些模型通常在特定的、具有专业性质的数据集上进行训练以满足特定的业务需求。与通用大语言模型相比具有以下 4 个特点，如图 1-1 所示。

图 1-1　垂直大语言模型的特点

　　专业训练集：垂直大语言模型的训练依赖于特定领域的专业数据，这使得模型在特定场景下的表现更为出色。专业数据集都是由业务数据构成，具有鲜明的业务特点。

　　定制化服务：垂直大语言模型能够满足客户对定制化需求和工程化落地能力的追求。这种定制化服务的模式相对固定，在构建垂直大语言模型时需要考虑这类模式任务。

　　业务专精：垂直大语言模型针对特定行业或应用，如医疗、金融、教育等，能提供更精准、专业的解决方案。

　　快速响应：由于专注于特定领域，垂直大语言模型能够快速响应市场变化，提供实际应用价值。新产生的行业数据也能够快速反馈给模型，形成正向迭代机制。

　　在人工智能的实际应用领域，通用大语言模型与行业垂直的大语言模型均展现出其独特的优势，并且它们之间存在显著的互补性。通用大语言模型，凭借其广泛的适用性和灵活性，可以作为基础工具，通过微调或领域特定的知识注入，转化为适应特定应用场景的垂直大语言模型。这种策略有效地降低了模型训练的成本，同时又确保了模型在特定领域的性能表现。

　　此外，通用大语言模型的技术进步，同样能够促进行业垂直大语言模型的迭代更新。两者在技术层面的相互作用和相互促进，共同推动了人工智能技术的创新和发展。这种动态的互补关系不仅优化了资源配置，还加速了人工智能技术在各个领域的应用进程，从而为解决复杂问题提供了更为高效和精准的工具。

　　医药大语言模型属于典型的垂直大语言模型，专注于医药相关业务方向的问答与解决方案。针对医药行业术语，医药大语言模型解释得也更加专业，数据也更加准确且能够溯源。在医药大语言模型的构建过程中，需要严格遵守循证医学原则，模型生成的答案语言更加学术化，符合医药人群沟通的学术习惯。例如，当用户询问"抗体偶联药物专利保护策略"这样的问题时，医药大语言模型将给出更加专业的回答，如表 1-1 所示，由于抗体偶联药物的结构由抗体、连接子、毒素三个部分组成，故针对这三个部分都有不同方向的保护策略。通用大语言模型的回答，只描述了专利通用的保护策略，无法满足医药专业人士的真正需求。

表 1-1　通用大语言模型与医药大语言模型回答对比

通用大语言模型的回答维度	医药大语言模型的回答维度
1. 药物分子主体的保护	1. 抗体偶联药物的分子结构
2. 专利布局策略	2. 抗体保护策略
3. 专利申请的时机	3. linker 保护策略
4. 专利的地域性	4. 毒素保护策略
5. 专利的维护和监控	5. 制剂保护策略
6. 专利的商业化策略	6. 医药用途保护策略
7. 专利的法律风险管理	7. 药物全球专利布局策略
8. 专利的国际布局	8. 专利的商业化策略
	9. 对标产品专利监控策略
	10. 风险管理

1.2　医药业务助手

医药业务助手是一个以大语言模型为技术基础，能够充分围绕医药业务与用户工作流的工具。可以设想，在浏览一篇发表在《柳叶刀》上的文献时，需要将一段英文翻译成中文；或在浏览新闻时，需要系统快速统计出新闻中提到多少个药物名称；在分析临床结果时，需要看到同一种药物其他适应证的临床结果。这些都是工作中经常遇到的问题，医药业务助手可以快速完成上述任务。

业务助手在于简化用户的工作流，用户还可以创建自己的业务助手，以满足工作流的需要，如图 1-2 所示，用户可以通过提示词创建符合自己需求的业务助手。业务助手需要通过大语言模型进行控制，用户可以通过向大语言模型输入提示词来构建业务助手，业务助手会执行应用并给用户反馈相关的结果。提示词的具体创建过程，将在 4.5 节中进行详细讨论。

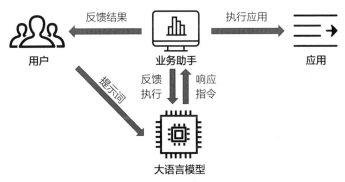

图 1-2　AI 业务助手工作流程

医药业务助手的重点在于连接用户与医药业务场景，是用户在工作中能够快速唤起的一个小程序或插件。如图 1-3 所示，右侧的是一个智慧芽公司的生物医药业务助手"芽仔"，能够帮助用户完成提问、上传分子式检索、导出页面内容等一系列工作。

医药业务助手能够服务的场景非常广泛，医药名词解释、段落翻译、指南查询、临床结果总结、专利概述、靶点概述、医药交易时间轴等，这些都是医药工作中流程的重点需求。表 1-2 列举了医药业务助手的典型场景。

图 1-3　智慧芽医药业务助手"芽仔"

表 1-2　医药业务助手的典型场景

需求类型	功能描述
文本处理	翻译、名词解释、文本总结、改写
信息抽取	药品名词抽取、靶点名词抽取、适应证名词抽取、公司名词抽取
特定识别	药物化学结构识别、生物大分子序列识别
问答类	当前页面信息问答
总结功能	当前页面总结生成报告

1.3　什么是智能体与模型上下文协议

大语言模型就像一个军团的总司令来做总体部署，智能体就像是各个前线的指挥官，需要根据当时的天气、地形进行专业化的调度指挥。而且，这些智能体是有专业属性的，有的善于指挥山地作战，有的善于指挥平台，在不同的情况下需要接受"总司令"的调度。由此可见，智能体可以理解为一个需要接受大语言模型调度的特定任务分析执行模块。图 1-4 体现了智能体与大语言模型的关系。从操作的角度，用户只需要向智能体下达任务，智能体就能够反馈最后的结果。大语言模型首先指导智能体理解用户

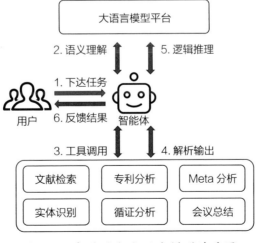

图 1-4　智能体与大语言模型关系图

的指令，在理解指令后帮助智能体完成一些下游任务，包括如何调用相关工具与数据进行初步解析，最后再由大语言模型进行最后的数据汇总与逻辑推理。大语言模型相当于智能体的大脑，能够帮助智能体完成用户指令的语义理解，以及最后数据的逻辑推理等复杂任务。

智能体是一类能够通过外界环境、用户意图输入与自身逻辑进行判定并执行任务的程序实体，一般来讲任何具备独立思考能力并能与环境进行交互的实体，都可以被抽象地描述为智能体。这个英文词汇在人工智能领域被普遍采纳用以指代那些能够自主活动的软件或硬件实体。在国内我们习惯将其译为"智能体"，过去的智能体也曾出现过"代理""代理者"或"智能主体"等名称。智能体构建在大语言模型的推理能力基础上，对大语言模型规划的方案使用工具执行，并对执行的过程进行观测，来保证任务的落地执行。

智能体可以理解找一个人来帮你完成一项工作。在这个过程中需要交代自己的需求，这就是用户的意图输入。这个人需要根据现有条件决定用什么工具完成，这就是对外部环境的评估；这个人需要根据业务特点来决定如何完成这项工作，这就是自身逻辑分析。当用户意图评估、外部环境评估、自身逻辑分析评估，这三项评估都完成后，就可以执行这项任务，具体过程如图1-5所示。

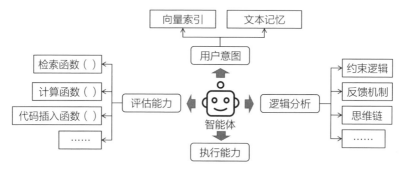

图1-5　智能体的基本任务

（1）用户意图：智能体依托大语言模型，需要将复杂的大任务细分为小的、可操作的子任务，这种能力对于高效、有序地处理大型任务至关重要。理解复杂问题的智能体大脑通常来讲由一个独立的大语言模型完成，就像我们自己的大脑一样，这个大语言模型与智能体息息相关又保持联动，是构成完成任务分析的决策单元。

（2）评估能力：智能体需要根据现有情况对工作进行评估，决定使用哪种工具完成。例如，在内部存储的知识不足时能主动到互联网上查询，包括查询百度或必应，以及一些专业数据库。如果没有专业数据库的权限，那么就要使用免费数据库查询等。这些都是要对外部环境进行评估后，才能得到相应的结论。

（3）逻辑分析：智能体的逻辑分析能力与业务直接相关，这就要求智能体具有相对垂直的业务属性，是一个垂直领域的"专业户"。负责发邮件的智能体，能够知道商务邮件的写作规范，查论文的智能体能够理解如何通过影响因子判定杂志的重要性。逻辑分析的过程，是一个遵循业务逻辑的过程。

（4）执行能力：按照上述一系列的分析过程，智能体需要完成相应的任务。当出现异常或结果不符合目标时，智能体会提出应对策略，重新规划并启动新的任务循环过程。

对于生物医药领域的智能体而言，需要明确其不同的任务类型。例如，用户需要检索奥希替尼在非小细胞肺癌治疗方向的研究，具体流程如图 1-6 所示。用户将任务下发给大语言模型，由大语言模型调度不同的文献检索智能体，这些智能体能够出色完成对应文献库的检索任务，它们可以自行按照相应的规则组织文献查询语句。中英文文献分别检索中国知网与 PubMed，分别调度两个专属的智能体完成检索任务。

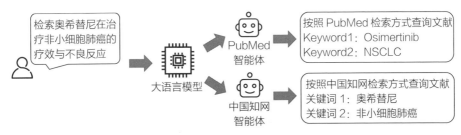

图 1-6　智能体的工作流程

针对更加复杂的任务，例如，研究三代酪氨酸激酶抑制剂（TKI）的竞争格局，则需要大语言模型对问题进行拆解后分配给不同的智能体完成。具体如何针对问题进行拆解，则需要垂直大语言模型基于业务进行分析，图 1-7 描绘了对任务"研究三代 TKI 的竞争格局"问题的拆解样例。拆解的颗粒度与拆解逻辑，由需求者进行定义。

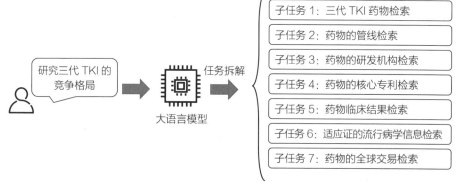

图 1-7　大语言模型对复杂问题的拆解

子任务 1：首先确定三代 TKI 都有哪些药物，才能对于具体药物进行分析。

子任务 2：基于子任务 1 检索得到的药物，分别检索这些药物的研发管线。

子任务 3：基于子任务 1 检索得到的药物，检索这些药物的研发公司，以及这些公司的基本信息。

子任务 4：基于子任务 1 检索得到的药物，检索这些药物的核心专利，覆盖不同国家的到期日等内容。

子任务 5：基于子任务 1 检索得到的药物，检索这些药物的临床试验与临床结果，得到有效性指标与安全性指标。

子任务 6：基于子任务 1 检索得到的药物，检索这些药物覆盖适应证的流行病学数据。

子任务 7：基于子任务 1 检索得到的药物，检索这些药物有哪些全球交易，以及交易的详细信息。

当前有不少智能体（Agent）平台，用户可以使用这些平台搭建自己的业务流。智能体平台是一类专注于低代码或无代码开发与自动化流程构建的工具，旨在帮助用户快速创建、部署和管理智能化应用或自动化任务。例如，Dify 是一个以 0 代码为核心的智能体开发平台，支持集成大语言模型（如 GPT、Claude、DeepSeek 等系列模型），提供可视化界面让开发者通过简单配置即可搭建对话机器人、知识库助手等智能化应用，大幅降低用户建立一个新工作流的落地的技术门槛。N8N 智能体平台则聚焦于工作流自动化，以开源、可扩展为特色，允许用户通过节点式拖拽连接数百种应用（如 Slack、Notion、数据库等），设计复杂的数据处理或跨系统协作流程，适用于企业级自动化场景。这类平台共同特点是强调易用性、灵活性和集成能力，使非技术用户也能高效实现业务数字化与智能化从而推动技术普惠化发展。

如图 1-8 所示，对于前文中提到的例子（图 1-6），可以使用 Dify 工具创立如下工作流。在完成提问后，利用大模型进行意图拆解，分别检索中国知网与 PubMed 数据库，之后汇总检索结果，由 DeepSeek-R1 进行回答。

智能体平台的能力会随着技术的发展越来越强大，但是智能体能够完成任务的基础，是其使用外部工具的能力。例如有一个指令让大语言模型到 PubMed 上检索信息，但是 PubMed 如果拒绝大语言模型的请求，那么该任务还是无法完成。本质上讲 PubMed 是一个独立于大语言模型的外部工具，大语言模型应该能够根据指令使用各种各样的外部工具才能完成任务，否则大语言模型只能是一个聊天机器人。大语言模型对外部工具的使用协议引出了一个重要的概念——模型上下文协议（Model Context Protocol，MCP）。

模型上下文协议是一种为人工智能系统设计的结构化交互框架，旨在规范模型与外部环境之间的动态信息传递与状态管理。其核心功能是定义多模态数据输入输出的标准化格式、上下文依赖关系的描述方式以及交互流程的控制规则，从而增强复杂场景下 AI 模型的推理连贯性和任务适应性。从本质上来说，MCP 是一种技术协议，智能体（Agent）开发过程中共同约定的一种规范。这就好比秦始皇的"书同文、车同轨"，在统一的大语言模型使用外部工具的规范下，大家的协作效率就能大幅提高。

大语言模型调用外部工具是如何实现的呢？MCP 的思路是在大语言模型与外部工具之间，创建一个外部函数（function）作为中介，一边传递大模型

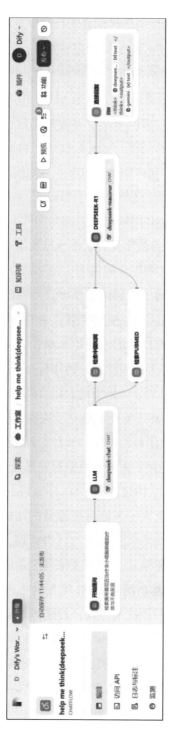

图 1-8 使用 Dify 智能体工作流平台建立工作流

的请求，另一边调用外部工具，最终让大模型能够间接地调用外部工具，如图 1-9 所示。MCP 作为一个协议，定义了大语言模型部分为 MCP 的客户端，外部函数作为 MCP 服务器。统一 MCP 客户端和 MCP 服务器的运行规范，并且要求 MCP 客户端和服务器之间，也统一按照某个既定的提示词模板进行通信。

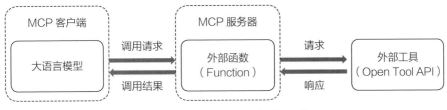

图 1-9　MCP 协议架构设计

图 1-8 中的工作流中实际也运用了 MCP 协议，其中外部工具就是 PubMed 与中国知网的检索接口，不过这两个接口需要符合 MCP 协议。

未来模型上下文协议（MCP）与智能体（Agent）将深刻影响人工智能与人类交互的范式。随着技术的演进，MCP 有望实现动态化、轻量化的上下文管理能力，通过协议层抽象兼容 Transformer、扩散模型等异构架构，打破模态与设备间的数据壁垒，推动跨语言、图像、视频的语义统一。在应用层面，MCP 可能重构人机协作生态，从个性化医疗中实时整合患者多模态数据，到工业物联网中实现边缘端模型的自主决策协同，甚至为元宇宙构建可跨场景迁移的认知框架。其社会价值将体现在降低 Agent 的开发门槛、提升系统透明性以及促进知识普惠，但同时也需应对隐私安全、伦理对齐与算力资源分配等挑战。未来，MCP 或将成为智能时代的"数字语境基座"，在机器理解人类意图与人类驾驭机器能力之间建立双向进化通道。

1.4　医药大语言模型的意义

医药大语言模型的出现重新定义了医药研发模式，也给临床医疗问诊方式提供了新的可能。在新药研发方面，对多模态数据进行融合理解与专家自然交互人机协作，提高药物研发成功率。在临床问诊领域，可以结合更多参考病历、病史、各类检验提高疾病的诊断效率，可以更快更准地对患者进行随访照护，可以提高临床科研以及现实世界研究的效率。

从场景上来划分，可以将医药大语言模型分为 4 个体系：辅助干试验、医药情报分析、临床诊疗、医药事务。如图 1-10 所示，医药大语言模型的 4 个体系，分布在药物早期研发到临床应用的不同阶段。

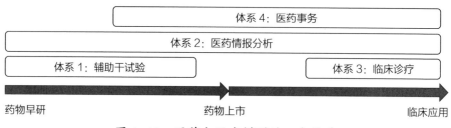

图 1-10　医药大语言模型的 4 个体系

1. 辅助干试验

干试验是指通过计算机模拟、数据分析、分子理论计算等领域进行的研究。使用算法与模型可以模拟化学或生物过程，如分子动力学、药代动力学、分子亲和力预测等。可见干试验是一类通过计算机模拟生物学的各类过程，从而加速药物研发的试验。

湿试验通常指的是在实验室环境中进行的，涉及物理或化学过程的试验，这些试验往往需要操作液体试剂、生物样本等。湿试验是科学研究中验证理论、揭示真相的关键环节，能够直接观察和记录试验结果，感受物质间的化学反应和物理规律的微妙变化。湿试验的结果是真实的实验室结论，通常被认为是真实和可重复的，是科学发现和技术创新的直接来源。在药物研发领域，湿试验包括但不限于药物的合成、制剂、生物活性测试、药理学研究等。例如，药物的引湿性试验就是湿试验的一种，它用来评估药物在一定温度和湿度条件下吸收水分的能力，这对于确定药品的包装和储存条件具有重要意义。稳定性试验也是湿试验的一部分，它考察原料药物或制剂在温度、湿度、光线等影响因素下随时间变化的规律，为药品的生产、包装、贮存、运输条件提供科学依据，并帮助建立药品的有效期。湿试验是科学方法论中不可或缺的一部分，它与干试验相辅相成，两者共同构成了科学研究的完整链条，确保理论与实践的无缝对接，推动着科学知识的不断进步。

人们早在 20 世纪 60 年代就已经开始探索辅助干试验的模型，当时赛勒斯·利文索尔将计算机模拟与分子图像相结合，为科学家提供了一个全新的工具来理解和研究生物大分子。随后，分子图形学的出现使得科学家能够以三维方式可视化分子结构。20 世纪 70 年代末到 80 年代，分子动力学模拟的发展让研究人员能够实时观察和理解分子行为。20 世纪 90 年代，虚拟高通量筛选技术的出现允许研究人员通过计算手段快速筛选大型化学文库，寻找有潜力的候选药物分子。

医药大语言模型可以基于当前大语言模型的能力，对多模态数据进行融合理解，与人类专家进行自然交互的人机协作，从而重新定义药物研发模式。在生物医药领域中，分子语言与自然语言有诸多相似之处。例如，蛋白可以通过氨基酸序列进行表达，分子式可以通过 SMILES（Simplified Molecular Input Line Entry System）、MOL 或 InChIKey 的书写语言表达，蛋白序列与核酸序列的表达都可以使用一串字母来进行描述，如图 1-11 所示。DNA 编码的功能又决定了下一次基因突变的生存和遗传概率，只有真

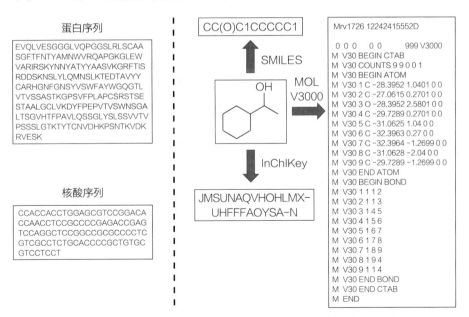

图 1-11　蛋白 / 核酸序列与分子结构在计算机中的语言

正合理的序列才会被自然选择出来。只有对分子结构与蛋白序列进行多维度的研究，才能筛选出真正有药物活性的大分子或小分子。

在药物研发领域，目前已累积了包括蛋白质大分子、潜在药物小分子、单细胞测序数据以及科学文献和知识图谱等多种形式的多模态数据。各类数据模态均能通过自监督学习方法训练得到相应的大型模型。以 Her3 蛋白靶点为例，可以利用大语言模型学习得到的向量表示来描述其特性。同理，针对该靶点的小分子药物，亦可通过相应的模型获得其向量表示。除了基于分子序列的信息模态外，还可以利用人类整理的大量科学文献和知识图谱等数据资源，通过自监督学习的方法来捕捉和表示靶点与小分子药物之间的相互作用和关联性。这种方法能够整合多源信息，为药物发现和生物标记物的识别提供更为全面的数据支持。

2.医药情报分析

在药物研发阶段与临床研究阶段都有大量数据需要分析。研发人员需要检索文献、专利、新闻等各类内容，分析收集药物科研数据、市场数据、专利数据、临床数据等。在传统模式下，医药数据情报分析面临以下两个问题：

（1）信息离散程度高。研发人员需要进行大量数据的搜集、整理和分析，且这些数据非常分散，收集难度大且耗费时间长，一份高质量的立项报告的输出需要专家投入大量精力。例如，对于蛋白序列数据需要使用 GO 数据库，对于小分子结构可以检索 PubChem 数据库，对于临床试验需要检索 Clinicaltrial 数据库等。

（2）经验依赖程度高。医药情报数据分析对分析人员的经验依赖极高，还存在数据分析不全面的问题，也可能对项目的决策和发展产生负面影响。

医药大语言模型可以采用自然语言交互方式，将专家知识模型参数化，只需以简单回答的方式，就能直接检索各类重点数据源（PubMed/KEGG/DrugBank 等），使研究人员更高效地收集分析数据。如图 1-12 所示，通过对话可以直接获取各类数据源信息。

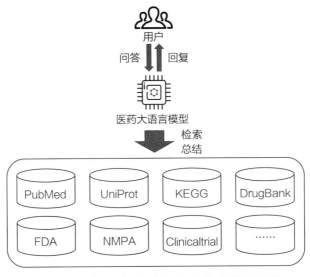

图 1-12　大语言模型集成多类医药数据源

3.临床诊疗

临床诊疗最接近百姓生活,医药大语言模型能够提供临床辅助诊疗,方便百姓问诊。基于合规性与安全性要求,医药大语言模型不能直接进行疾病诊断,但可以通过生成证据辅助医生进行判断。在临床研究方面,医药大语言模型可以帮助研究者进行数据分析,提高研发效率。

在临床预问诊中,医药大语言模型的应用具有显著的潜力。互联网技术和自然语言处理技术已被用于辅助医生进行耗时但必要的预诊流程。然而,由于智能化水平的限制,现有的算法往往难以准确提取患者的主诉信息,且在回答患者在就医过程中提出的问题时也存在精确度不高的问题。相比之下医药领域的大语言模型凭借其逻辑分析能力,能够有效地从多轮对话中整合和分析数据,提取关键信息,并据此提供符合患者需求、全面且有效的医疗建议。这种模型的应用有望优化预诊流程,提高医疗服务的效率和质量。

医药大语言模型可以帮助医生书写或整理病历。在医生的日常工作中,病历的理解与书写是一个极为重复耗时的过程,而大语言模型能将医生从这些烦琐的工作中抽离出来，帮助他们发挥更大的价值。

医药大语言模型可以对患者进行精准画像，制定个性化治疗方案建议，帮助医生实现精准患者管理策略。医生可以根据患者的不同特性有针对性地关注患者药物依从性、联合用药预防以及疾病康复管理，通过大语言模型数字化应用为患者生成定制化疾病科普和药品服务。针对 CT、核磁共振等影像学的判定，在大语言模型出现之前有诸多人工智能模型可以进行影像判定。大语言模型技术出现后，医药大语言模型可以联合影像与患者主诉综合帮助医生对疾病进行判定。

医药大语言模型可以帮助医生进行患者随访。当前患者随访采用电话录音或患者自评的方式收集数据。这样收集到的数据是一类非结构化的文本描述，医生很难用于整合分析。医药大语言模型可以自动地帮助医生处理这些文本，将这些内容转变为结构化数据，便于医生或其他临床研究人员进行要素提取，以及药物的临床研究。

4. 医药事务

在临床与药物研发之外，医药行业还有很多场景可以应用大语言模型。例如，药品评审、监管、医保、内审、全周期风险预警、药物经济学评价、药物警戒、营销等一系列医药事务相关场景，都可以使用大语言模型提高效率，也能使政策咨询更规范。

在药物辅助审查方面，在药品注册申请的审评过程中，大语言模型技术展现出显著的应用潜力。通过将数字化的药品注册申报文件输入至经过训练的大型语言模型，可以利用特定的分析模板指导模型对文件内容进行结构化解析，从而自动提取关键信息，例如药物成分、适应证、使用指南、检验数据、审评反馈等。这种自动化处理不仅显著减少了审评人员在整理申请材料时的工作量，而且还提高了整个审评流程的效率。大语言模型自动化文本比对算法能够自动对比企业提交的补充材料与原始文件，智能地识别并指出两者之间的差异，从而减少了重复性劳动。此外，通过进一步的训练，可以将大型语言模型应用于审批文件的整理和技术分析核查中，辅助审评人员缩短审核周期。大语言模型技术还能够自动比较企业提交的附条件审批药品上市后的研究报告与原批准条件，以及药品上市后的变更情况与变更验证结果。通过 AI 的辅助，审评人员可以将更多的注意力集中在专业判断和决策上，从而提高药物审评工作的整体质量和效率。

在药品企业远程监管方面结合大语言模型技术，可以对药品品种的安全信息、上市许可持有人的信用记录、生产检验流程、生产场所状况、监测评价的风险数据以及产品追溯信息等关键环节进行综合分析，以识别潜在的风险因素。通过这种方法，可以开发出专门针对生产检验数据的靶向分析模型和远程监管风险预警模型，为监管机构提供强有力的数据支持，并预测各种风险趋势。大语言模型可以自动进行数据联动分析，自动核算并智能分析原料供应商与生产企业之间，以及生产企业与经营企业之间的相关记录和数据，以识别信息不一致和逻辑错误。这种分析有助于提高监管效率，确保药品供应链的透明度和安全性。通过这些技术的应用，监管机构能够更有效地监控和管理药品生产和流通过程，预防和减少潜在的风险。

在药物不良反应监测领域，利用大语言模型可以辅助监管人员进行不良反应和不良事件报告的评估工作。通过应用自然语言处理技术，能够从个体安全性报告中自动识别和提取关键信息，实现数据的结构化处理，并有效排除重复的报告。此外，大语言模型系统还能够根据提取的信息内容的质量，自动对报告进行分级，筛选出信息量充足且具有评估价值的安全性报告，以便于进一步的分析和处理。这种工作模式显著提高了评估的效率和质量，优化了药物安全监管流程。

药企生产与销售的全周期风险监控方面，可以利用大语言模型技术实现对注册药品相关资料的持续监测，有效追踪药品从研发、生产到流通等各个环节的风险变化。大语言模型能够识别数据中的异常模式和不合规行为，及时发出预警信号，促使监管部门迅速采取响应措施。通过结合历史数据与实时监测数据，大语言模型可以构建动态的风险预测模型，对药品监管风险指标的未来走势进行预测，从而帮助监管部门提前规划和制定应对策略。例如，利用大语言模型对历年的国家和省级抽检数据进行综合分析，对于同一企业在不同年份、不同品种、不同地区的抽检不合格情况，以及多年未能抽检到样品的情况，进行实时预警和风险预测。这有助于监管部门更准确地掌握企业产品质量状况，科学指导监管工作。

大语言模型不仅能够对单一风险因素进行评估，还能综合分析多个因素之间的复杂交互作用。通过构建多层次的风险评估模型，为每个风险因素赋予量化标签，监管人员可以迅速识别出最需要干预的风险点。这种方法提高了风险分析的精确性，有助于监管机构更高效地分配资源，对高风险领域实施有针对性的监管措施。

总之，医药大语言模型给整个医药、医疗行业带来了新的生产力。随着研究的不断深入，业务场景的不断细化。未来大语言模型技术会赋能更多的场景。我们将在第二章生物医药大语言模型场景中，更加细化地讨论大语言模型是如何应用的。

1.5　DeepSeek 与未来医药发展

DeepSeek 的横空出世，其革命性的创新震撼世界，并迅速被各行各业争相为己所用。投射到医药健康行业，创新研发、医疗服务场景、市场思维都在被大语言模型革新。DeepSeek 问世以来，已经有大量药企医院宣布接入 DeepSeek，并且 DeepSeek 开源了代码框架，并且提供了低价的训练与知识蒸馏策略，能够实现企业或医疗机构的私有化部署。当前已经有大量药企宣布接入 DeepSeek，包括恒瑞制药、先声制药等头部研发型药企，都开展使用 DeepSeek 挖掘内部文献专利挖掘与药物机理相关的研究工作。

1. 对药物研发与市场分析的影响

DeepSeek 的 AI 模型通过分析海量生物医学文献、临床试验数据和化学数据库，能够快速识别潜在药物靶点或候选化合物，显著缩短传统药物研发周期，可将原本 10 ~ 15 年的研发时间缩短 30% ~ 50%。在临床试验阶段，利用自然语言处理技术解析患者病历数据，DeepSeek 可以精准匹配受试者，优化入组标准，并预测试验结果，降低试验失败率。例如，AI 可以协助设计适应性临床试验，根据实时数据动态调整试验方案。在药物机理研究方面，DeepSeek 有望凭借更高效的文本与数据挖掘技术，推动类似的突破性进展。

在推动精准医疗方面，DeepSeek 的模型能够整合患者的基因组数据、电子健康记录和实时监测数据，生成个性化的用药建议，例如预测癌症患者对特定化疗方案的反应。在诊断方面，DeepSeek 通过医学影像识别（如 CT、病理切片）和症状文本分析（如患者主诉），提供高精度的辅助诊断，减少漏诊率。与 IBM Watson Oncology 类似，但 DeepSeek 更贴合中文语境与本地数据，能够更好地服务于本地医疗需求。

通过分析社交媒体、搜索数据及医疗报告，DeepSeek 能够对传染病暴发进行早期预警，例如流感和新冠病毒（COVID-19）疫情，并模拟疾病传播路径，辅助政府制定精准防控策略。此外，AI 还可以预测不同地区的药品需求和急诊负荷，优化供应链和床位分配，缓解三级甲等医院的拥堵问题，从而提升医疗资源的整体利用效率。

2. 对于医疗领域的影响

DeepSeek 通过深度学习框架与多模态数据处理能力，正在重塑医疗核心场景。在临床诊断领域，其卷积神经网络（CNN）可精准分析医学影像（如 CT、MRI），自动识别病变区域，显著提升早期肺癌、脑卒中等疾病的检出率。而在复杂病例中，DeepSeek 通过整合患者症状、病史及文献数据，提供鉴别诊断建议，辅助医生突破思维盲区，例如在罕见病诊断中识别易被忽略的病理特征。此外，基于基因组与影像数据的融合分析，DeepSeek 已能制定个性化治疗方案，尤其在肿瘤靶向治疗和术后康复计划中展现潜力。

DeepSeek 并非替代医生，而是以"华生式助手"角色重构诊疗流程。在病历管理中，它可自动生成基于循证医学的病程记录，如肺炎患者的病情摘要与诊疗计划框架，使医生能将精力集中于患者沟通与体征观察。医患互动层面，其自然语言处理技术将专业术语转化为通俗解释，并通过主动提问优化信息采集，减少因沟通偏差导致的误诊风险。胸外科领域更出现革命性应用：借助虚拟现实（VR）与手术预演功能，医生可模拟食管癌侵犯大血管等高难度操作显著降低手术风险。

康复领域正成为 DeepSeek 技术渗透的蓝海。通过分析患者运动数据与生理信号，模型可动态调整康复方案，例如针对脊髓损伤患者设计个性化神经功能恢复训练，缩短 30% 的康复周期。在慢性病管理中，其预测算法能提前 3 ~ 6 个月预警糖尿病并发症风险，结合可穿戴设备实现实时干预。这种数据驱动的康复模式，使医疗资源从"粗放式覆盖"转向"精准化服务"，尤其惠及基层医疗机构。

DeepSeek 在医药行业未来发展中扮演着关键角色，无论是推动个性化医疗的普及、引领数据驱动决策，还是助力优化特征提取与模型构建，都为医药行业的创新发展开辟了广阔空间。

第二章

生物医药大语言模型场景

生物医学领域是人工智能技术的重要应用场景，也是目前大语言模型应用前景最为清晰的领域之一。针对如何将大语言模型技术应用于生物医学场景，如基因组学、蛋白质结构预测、临床研究以及临床诊疗，这些垂直化的场景将是本章重点讨论的内容。

在这一章中我们基于医药、医疗的实际场景探索讨论大语言模型的落地应用。从药物研发阶段到上市后的管理，从医疗问诊到院外随访，从不同的场景来分析解析医药大语言模型的解决方案。

2.1　药物研发与临床医学场景概述

药物研发是指药物在上市批准前与上市后进行的研究工作的总称，临床医学场景更多是指在临床诊疗中的医患场景。这两个典型场景构成了医药生态的完整闭环，对于大语言模型的落地应用也提出了挑战。本章的宗旨是分析大语言模型在医药、医疗全方位的应用场景，随着技术的发展会有越来越多的 AI 应用为整个健康体系赋能。

2.1.1　药物研发场景概述

在药物研发领域，AI 尤其是大语言模型的应用，正在为新药发现和开发带来革命性的变化。AI 技术通过机器学习和深度学习在药物靶点发现、化合物筛选等环节大幅提升了研发效率。通过使用大语言模型等 AI 技术能够缩短前期研发时间约一半，提高新药研发成功率，并为全球节约大量化合物筛选和临床试验费用。

大语言模型通过训练大量文本数据，学习语言的语法、语义和上下文信息，从而在自然语言处理领域以及多模态能力中展现出广泛的应用潜力，包括但不限于药物研发中的信息提取、科研信息重构与文献分析。图 2-1 展示了在新药研发过程中部分大语言模型的应用场景以及相关的数据系统架构。

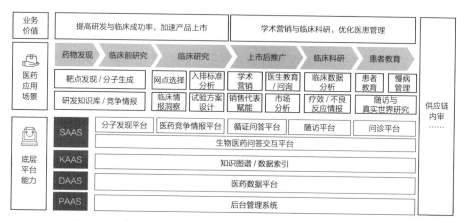

图 2-1　新药研发过程中的部分大语言模型的应用场景

在药物研发中分为两个不同阶段：药物批准上市前与药物批准上市后。

药物批准上市前，所有的工作都围绕提高临床前药理与临床试验成功率，加速药品上市。在此阶段中，医药大语言模型在分子设计、文献整理、竞争情报分析、临床试验中心选择、入排标准分析、临床试验方案设计等方面，都具有非常落地的应用场景。例如，大语言模型可以自动总结历史临床文献，提取分析出既往受试者入排标准与试验方案，用于生成新的临床试验入排方案建议。药物批准上市前，医药大语言模型可以提高分子设计的成功率，加快临床试验进程，为新药的快速上市提供了强有力的技术支持。

药物审批上市后，主要围绕药物学术营销与临床科研展开。包括展开更大规模的药物真实世界研究、学术营销、不良反应追踪、患者教育等。大语言模型可以自动化总结患者真实世界数据，构成问诊队列，方便真实世界研究；可以将难懂的医学数据改写成患者能够看得懂的用药指南；可以总结全球最新临床结果，方便药企向医生提供学术营销材料。药物上市后才是真正药物市场竞争的开始，医药大语言模型能够帮助药企加速市场推广，提高新药在市场中的竞争力。

对于药物早期研发场景，特别是分子设计、蛋白质构象预测、药物药理药代预测、生物信息学分析等与干试验相关的内容，本书不展开讨论。这部分内容有大量理论与计算方法，感兴趣的读者可以参考相应的文献或著作。

本书主要讨论对医药相关文献的收集整理、竞争情报分析、临床试验数据分析以及医药市场推广方面的应用，这也是大语言模型最能够产生价值的核心场景。

2.1.2　临床医学的场景概述

在临床医学领域，医疗专业人员在各种不同的场景中与患者互动，包括在门诊提供常规检查和治疗，在急诊室处理紧急情况，在住院部进行长期治疗，医生在进行手术操作，在重症监护室密切监护危重患者，以及在临终关怀中为末期患者提供舒缓治疗和心理支持。这些医疗过程，都是与百姓最相关的民生问题。把医药大语言模型能够惠及百姓的就医场景，应用于门诊服务，通过大语言模型进行预问诊，帮助医生了解患者基本情况。在临床电子病历质量控制方面，大语言模型可以帮助医生自动检查电子病历的格式与信息准确性。在临床决策支持方面，大语言模型能够自动根据患者自述与检验报告，形成具有医学逻辑的诊断建议。如图 2-2 所示，在临床医学领域有很多大语言模型应用场景。

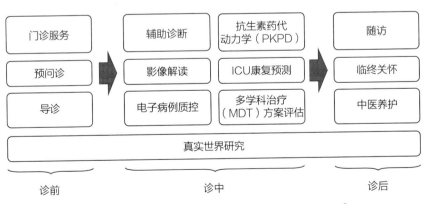

图 2-2　临床医学领域的大语言模型应用场景

无论是药物研发角度还是临床诊疗角度，这些场景都是大语言模型在整个医药健康领域的应用范例。只有更多地将 AI 技术与实际医疗环境相结合，医疗智能水平才能获得真正的进步。

2.2　医药情报洞察

情报洞察是医药大语言模型擅长的领域，也是最容易落地的场景。在药物研发过程中，需要检索大量的文献专利来设计自己的药物分子。对于药企未来战略方向，需要检索收集到全球同类药物开发的竞争格局来综合分析。在临床研究中，需要分析大量临床试验文献，形成临床分析的二次型研究。这些场景都是医药情报洞察的范畴，也都是医药大语言模型赋能加速的对象。

2.2.1　药物竞争格局分析

药物竞争格局分析是指对特定治疗领域内现有及潜在竞争产品进行多维度研究，为药物研发、市场策略、临床应用和项目估值提供重要依据。在研发阶段，通过比较竞争对手的在研管线、技术水平、创新程度和研发进度，可以帮助研究机构或企业识别尚未满足的临床需求，明确差异化研发方向和产品定位，从而提高研发成功率和投入产出比。在市场层面，竞争格局分析能够揭示目标市场饱和度、定价空间以及主要竞争对手策略，为企业制定市场准入、定价及推广方案提供客观依据。从临床意义而言，竞争格局分析可帮助医生、患者以及制药企业评估不同治疗方案的风险收益比，促进更具有临床价值的药物脱颖而出，加速优质药物的临床转化与推广。在项目估值方面，通过全面了解同类或替代药物的商业化表现、专利壁垒以及竞争优势，投资方或企业，可在并购、合作开发及融资决策中进行更准确的价值评估。竞争格局分析还能协助企业前瞻市场走势，及时调整资源分配，保持长期竞争力。

药物竞争格局分析在我们实际的应用中，主要覆盖三个场景：药物立项、药物管线交易、医药投资分析。

药物立项是指在药物研发的早期决策阶段。根据市场需求、科学和技术可行性以及财务可行性，选择和确定特定药物项目的过程。在全球化背景下，制药企业面临来自市场、技术和法规等多方面的挑战，如何有效进行药物立项成为制药企业成功的关键。药物立项需要对竞争产品进行充足的分析，基于相同靶点或相同适应证的药物研发竞争情况，以避免进入过于拥挤的赛道。通过对竞争产品的分析，可以找到尚未得到满足的临床需求，或者寻找可以改进的现有药物的缺陷，以此确定差异化的研发方向。在市场与临床需求方面，通过调研和分析确定目标适应证的市场规模和潜在需求，确保研发的药物能够满足未被满足的临床需求。这一步骤可以通过文献检索、专利分析、临床研究等途径来发现潜在的靶点和机会。同时，还需要考虑药物的成本和价格，以及是否能提供比现有药物更优越的疗效和安全性。药物立项多维度思考的决策过程，也是药企战略发展的核心内容。

药物管线交易是制药行业一种常见的商业行为，通常涉及药物研发企业（管线出方）将其研发的药物或技术以一定的条件转让给其他制药企业（管线入方），以获得资金或其他形式的回报。药物管线交易就需要对目标管线进行估值，包括未来疾病市场容量、竞争产品拥挤程度、临床获益等诸多角度。药物管线交易对于制药公司来说是一个复杂且高度战略性的操作，涉及从识别有潜力的研发项目到最终的市场化。

医药投资分析是另一个高频应用场景，特别对于价值投资。药物管线赛道的拥挤程度、疾病谱变化、产品技术壁垒与临床效果等因素，都会成为投资者思考分析的要点。无论是股票、基金、私募方面的投资，药物竞争格局的分析都十分必要。除此之外，对于医疗政策调整与国内外市场机会的变化，也是医药投资重点分析的内容。

药物竞争格局分析是药企战略部、市场部、投资部的日常工作。无论药企针对新品种的立项、未来战略的发展、药物管线估值，以及后续收并购与投资决策，都离不开药物竞争格局的分析。药物竞争格局分析主要指在研究同靶点、同适应证、同剂型的药物时，需要分析了解全球全部竞争者的研发市场状态。

药物的竞争格局分析总体逻辑分为三个部分：价值评估、竞争性产品分析、市场评估，如图 2-3 所示。整个分析的核心是价值评估。对于药物立项、BD 并购管线或卖出管线的场景，首先需要评估自己项目的价值，这就需要分析专利、临床结果等内容。但是自己项目的价值是由竞品决定的，这就需要通过同靶点、同适应证、同药物类型查询到全球药物管线，并分析这些药物管线的价值，这个过程中包含了竞品分析与价值评估两个部分。市场评估是指药物治疗的适应证有多少发病人数，以及治疗费用相关的问题。市场评估根据适应证来分析，代表了自己的药物管线与竞品管线共同竞争的市场份额。

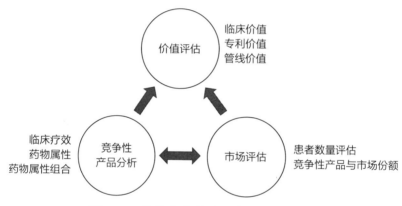

图 2-3　药物竞争格局分析维度与场景

理想的药物管线应包含较高的科学价值与商业价值，明确自身产品在全球市场中的定位才能更好地确定研发与市场战略。大语言模型技术的出现能够加速药物竞争格局的研究，可以自动化地总结各个维度信息，高效完成竞争格局的分析。

大语言模型更新了我们人机交互的方式，由数据库检索的方式变更成为信息问答以及任务下达的方式。传统的数据库检索方式，我们需要自己提炼关键词去进行药物检索。而使用大语言模型，我们只需要提出问题，其余的都交给大语言模型进行生成即可。具体模式如图 2-4 所示，用户只需要输入自己希望获得的信息，大语言模型就能够根据语意检索文献，并组织成专业语言来回答。

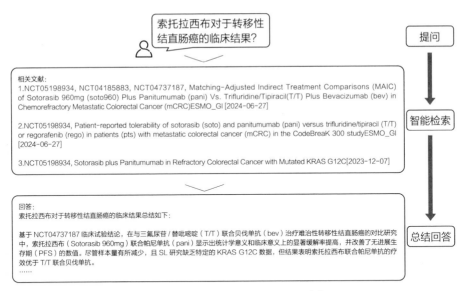

图 2-4　大语言模型的应用模式

由此可见，整个问答流程中涉及多个技术与多类底层能力，如图 2-5 所示。在大语言模型背后分为多个过程，在用户开始一个提问后，大语言模型可以完整理解用户的语意，并开启智能检索找到能够回答问题的文献，最后基于文献内容进行回答。这样回答出的内容都能够找到文献支持，能够让使用者方便看到信息的原始出处。知识图谱能够找到医药数据与数据之间的关系，在检索时能够覆盖关联性数据。

图 2-5　大语言模型的技术路径

本节分为四个部分介绍医药市场竞争格局分析。第一部分从药物项目分类评估的角度进行讨论，不同的创新药类型需要不同的分析框架。第二部分主要讨论价值评估，也是本节的重点，药物竞争格局情报的分析核心是对比自身项目与竞争产品项目间的价值，以及如何使用大语言模型高效进行价值评估。第三部分主要讨论如何获取竞争性产品，用于评估赛道的拥挤程度，使用大语言模型可以快速总结相关的竞争性产品信息。第四部分讨论如何评估药物的市场份额，这部分对药物管线项目发展与估值至关重要，大语言模型可以通过提示来完成市场价值分析的计算。

1. 药物项目分类评估

药物研发是一个高投入的项目，不同的研发项目分类对于投入的要求也不同。本节主要从药物创新分类与研发状态（未上市／上市）两个方面来对整体项目进行界定。

要做好医药项目分析，首先需要对不同的项目进行分类。对于创新药的项目，我们主要分成以下 5 个类型：靶点创新、分子实体创新、制剂创新、用途创新、治疗方案创新，如图 2-6 所示。不同的药物创新类型具有不同的分析框架。

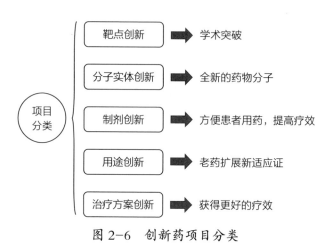

图 2-6　创新药项目分类

（1）靶点创新。靶点创新是一类突破式创新，代表新的科学研究结果首次发现某个生物靶标与人类特定疾病的因果关系，通过干扰该靶标的生物学活性或功能，可以达到治疗该疾病的目的。这种创新说明之前从未被人研究过的靶点现在有了第一条药物管线，也可以被称为"First in Class"。靶点创新是科学的突破，但是从投资或项目分析的角度，靶点创新药物的前景充满未知，毕竟之前没有任何成功的先例，甚至之前相似的研发数据都无法获取，这是风险最大的一类项目。靶点创新大多来自高校或研究所，通过早期项目转化的方式直接将管线卖给企业继续未来的研发。靶点创新类项目的估值不确定性因素大，还需要评估是否能够解决未满足的临床需求，并结合药物研发管线进度来综合分析。人类物种总共40000多个靶点蛋白，但是有药物研发的靶点只有4000多个，可见靶点创新药物还有巨大的研发空间。

靶点创新是充满未知的，所有的研发过程都需要自己摸索出来。这类项目往往存在于高校与科研院所，当一个新靶点的研究出现进展时，可能将该分子直接售卖给企业继续研发。该类项目的分析需要围绕新靶点蛋白家族的成药性，以及不同蛋白间形成复合体与信号通路对疾病的影响。

我们以HER（ERBB）家族为例，当前HER家族的4个成员EGFR、Her2、Her3、Her4均有对应的上市药物，其中保护小分子药物及生物药类型。HER家族有11种配体，这些配体从胞外选择性地与受体结合后，可诱导受体形成同源或者异源二聚体，进而激活胞内激酶结构域，开启下游信号通路。例如HER2+EGFR会激活MAPK-ERK（RAS-RAF-MEK-ERK）通路从而引发细胞增殖，HER2+HER4则会激活PI3K-AKT-mTOR通路引起细胞继续存活。当前Her3药物的研究还处于前沿阶段，全球只有1个上市药物。该药物的机理为与HER2结合，阻断NRG1与HER3的相互作用，抑制HER2与HER3形成二聚体并阻止NRG1与HER3的结合。通过减少细胞增殖及PI3K-AKT-mTOR信号通路传导发挥作用。

可见，对于新靶点创新药物的分析主要在于基础研究成果的分析。药物未来的疗效、不良反应都难以判断参考。

（2）分子实体创新。分子实体创新是指作为药品批准或销售的活性成分，这一类创新是全球创新药发展的"主战场"。新分子实体的靶点是全球管线中已经存在的靶点，对于新分子实体的分析中主要包含两个方面：靶点评价与新药物类型。

新分子实体药物的靶点不是一个全新的靶点，或许已有该靶点的上市药物，或许该靶点的药物最高研发状态刚到达临床一期。分子实体的创新药物，对竞争格局分析就显得尤为重要，公司必须了解全球该靶点的药物研发进程，该靶点其他相关公司的专利以及药物研发的临床结果。对于一个有药物上市的靶点，则证明了该靶点研发的可行性，但同时也给后来者更大的市场调整。在此基于智慧芽生物医药分析方法，结合药物研发进展总结了不同靶点分级，如表 2-1 所示。

表 2-1　靶点成熟度分级表

靶点成熟度分级	指标	评估重点
新靶点	在研药物数量 =0	靶点成功性评估
挑战性潜在靶点	上市药物数量 =0，在研药物研发阶段 < 临床 2 期	
探索性潜在靶点	上市药物数量 =0，在研药物研发阶段 > 临床 2 期	
机会成熟靶点	1< 上市药物数量 <3	
成熟靶点	上市药物数量 >3	市场价值评估

新靶点的创新药物主要在于评估分子的成药性。由于没有任何一个可参考的同类分子试验数据参考，新靶点创新药的评估属于科研工作的一部分，在上一节中已经进行了讨论。挑战性潜在靶点、探索性潜在靶点的创新药物均未出现已上市的药物，评估的重点不但包括靶点成功性评估，还包含了同类靶点研究者竞争格局的分析。对于机会成熟靶点与成熟靶点的创新药来说，技术上相对安全，已有同靶点的药物获批可以参考，此类项目的评估应重点考虑未来市场竞争的相关因素。对于成熟靶点的创新药，也可以研发新的药物类型，这样与已上市药物能够形成明显的差异化竞争。

从新靶点到成熟靶点，我们需要分析的内容和目的都有所区别。对于新靶点的药物创新，我们更倾向于价值评估，需要尽快将药物推向临床试验。对于挑战性潜在靶点、探索性潜在靶点、机会性潜在靶点的项目，需要平衡价值评估与市场评估，不但需要保证药物快速上市，也需要认真评估市场销售份额。对于成熟靶点的项目，基本能够保证上市成功率，所以更倾向于进行市场评估。如图 2-7 所示为不同类型靶点创新项目的评估重点。

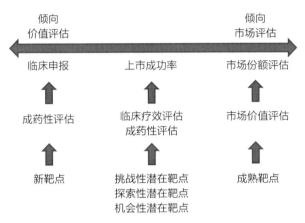

图 2-7　不同类型靶点创新项目的评估重点

竞争性产品评估需要将该靶点下全球研发管线进行罗列，具体分析这些管线的最高研发阶段，具体针对哪些适应证，在不同国家的研究进度等内容。需要从全球同靶点药物的管线进展、覆盖国家、覆盖适应证以及当前开展的临床数量与临床结果评价进行综合分析。具体分析方法，将在竞争性产品评估与价值评估中具体讨论。对于挑战性靶点的药物项目，由于上市同靶点药物数量较少，更应该重视竞争性产品评估的部分，市场评估可作为辅助分析。

市场评估主要针对全球疾病发生数量与药品费用进行市场评估。需要分析全球同靶点与同适应证药物的管线信息，具体包括哪些药物已经上市，当前治疗哪些具体的适应证，这些适应证的治疗周期与费用等问题。对于成熟靶点这类药物项目，由于有不少同靶点药物已经上市，重点是对市场进行评估。

还有一类分子实体的创新是药物类型的创新。随着全球生物药的深入研发，抗体偶联药物、蛋白偶联药物（PDC）、双抗药物以及纳米抗体等多种较新的药物类型已经成为创新药重要的新生力量。

我们以近年来创新药最热的药物类型抗体偶联药物为例，对于新的药物类型创新项目应该如何把握整体竞争格局进行分析。抗体偶联药物是一种结合了单克隆抗体的高靶向性和小分子细胞毒性药物的高效杀伤力的新型药物。抗体偶联药物由三个主要部分组成：单克隆抗体、细胞毒性药物和连接子。单克隆抗体负责识别并结合肿瘤细胞表面的特定抗原，连接子则将抗体与细胞毒性药物连接在一起。当抗体偶联药物与肿瘤细胞表面的抗原结合后，会被内吞进入细胞，随后在细胞内释放出细胞毒性药物，从而杀死肿瘤细胞。

面对一个抗体偶联药物项目，我们依然少不了进行竞争性产品评估、价值评估与市场评估，但是在寻找竞品时会有更多的维度。刚才提到抗体偶联药物由 3 个部分组成：单克隆抗体、细胞毒性药物和连接子。所以在竞争性产品评估时也需要从单克隆抗体、细胞毒性药物、连接子的维度寻找相关的竞争性产品。例如恩美曲妥珠单抗与德曲妥珠单抗，两个药物都使用曲妥珠单抗作为药物的单抗部分，两种药物在首先获批的适应证都是Her2 阳性的乳腺癌，如表 2-2 所示。

表2-2　恩美曲妥珠单抗与德曲妥珠单抗的基本信息

药物名称	单抗	连接子	载荷	首批适应证	首批时间
恩美曲妥珠单抗	曲妥珠单抗	MCC	Maytansinoid DM1	Her2 阳性乳腺癌	2013-02-22
德曲妥珠单抗	曲妥珠单抗	MC-GGFG	DXd	Her2 阳性乳腺癌	2019-12-20

在德曲妥珠单抗立项之初，一定细致地调研过恩美曲妥珠单抗这款药物。首先可以确定使用曲妥珠单抗作为抗体偶联药物单抗部分是可行的，这样就减少了项目失败的风险。其次对于连接子与载荷的创新可以作为德曲妥珠单抗的创新部分，DXd 是一种针对 DNA 拓扑异构酶 I 的抑制剂，属于喜树碱类化合物，与 DM1 载荷相比其临床前治疗窗口有所改善。可见对

于特定的药物类型，我们需要根据药物特点来提出具有针对性的竞争性产品选择策略。对于价值评估与市场评估的部分与标注评估方法一致，但是需要主要评估新的药物类型可能的益处，比如毒性小、不良反应小。当然这些都需要和同类竞品比较后才能得出结论。

（3）制剂创新。制剂创新的药物通常针对成熟靶点，由于采用了新的剂型，从而赋予了分子新的治疗效果和安全性。从用药便利性方面，制剂创新药物可能由注射剂进化到口服制剂，再由口服制剂进化到透皮制剂。从临床效果来讲，制剂创新一定朝着能解决更多临床问题的方向发展。

制剂创新产品一定要获取相关竞争性产品的剂型信息，临床收益与市场评估是制剂创新产品主要分析的内容。临床收益是价值评估中的一个方面，药物新机型解决的问题主要包括方便患者用药、减少不良反应、提高疗效等因素。所以按照我们之前提出的分析框架，价值评估主要从临床与患者使用获益的角度来进行评估，竞争性产品分析方面需要将剂型维度一同纳入来寻找竞争性产品，市场评估方面应该重点从目标药物的市场情况进行分析，如图 2-8 所示。

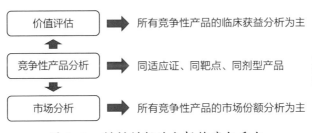

图 2-8　制剂创新的分析维度与重点

（4）用途创新。用途创新指的是药物重定向，即老药新用。用途创新通常是根据药物对靶点蛋白所在的信号通路交联作用来进行分析，而得到新适应证的启示。蛋白信号通路十分复杂，针对老疾病调控的蛋白，可能也在其他疾病信号通路中起到潜在调控作用。

用途创新是面向老的药物开拓新的适应证，这类型项目立项时，主要评估临床收益与适应证的覆盖程度。前者属于价值评估的范畴，后者属于市场评估的范畴。

（5）治疗方案创新。治疗方式的创新是指开发新的联合用药或新疗法。这类项目在立项评估时，主要考虑临床获益。通常来讲治疗方案的创新，不会带来更新的市场，但这也由临床收益来决定。治疗方案创新的立项，通常是决定是否开展一项新的临床研究，同样需要分析目标的适应证当前是否有足够好的治疗方案，这也是价值评估与竞争性产品评估的范畴。

在肿瘤领域治疗方式创新非常普遍。传统化疗药物联合靶向药物、免疫药物在不同肿瘤分期、不同肿瘤分子分型的前提下，均存在不同的治疗方式组合。针对不可手术的非小细胞肺癌III期患者，辅助疗法可以包括：顺铂＋依托泊苷＋度伐利尤单抗；卡铂＋紫杉醇＋度伐利尤单抗；顺铂＋多西他赛＋舒格利单抗；顺铂＋培美曲塞＋度伐利尤单抗等。当进展到IV期非小细胞肺癌且无突变基因时，推荐疗法为：铂类＋培美曲塞单抗等疗法。可见对于患者的不同情况，不同的治疗方式也是创新的重要组成部分。对于治疗方案的创新可以参考图2-9，其中展示了肿瘤治疗中需要考虑的分析维度。

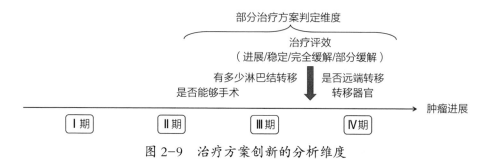

图 2-9　治疗方案创新的分析维度

本节内容主要讨论不同类型的药物创新需要进行有重点的评估，几乎所有的评估内容可以使用价值评估、竞争性产品分析、市场评估的评估框架来完成。在应用大语言模型进行整体药物竞争格局分析时，大语言模型也会根据不同的药物创新类型，主动选择适合的评估重点。

2. 价值评估

医药价值评估是我们评估体系中最重要的部分，这部分是体现这个产品的科学价值与商业价值。价值评估包含了一种药物在立项前，或某个确定药物管线分析前，对本赛道价值的预估，以及相关竞争产品价值的判定，只有通过同类竞争性产品价值对比，才能综合评定出本产品的价值，如图2-10所示。

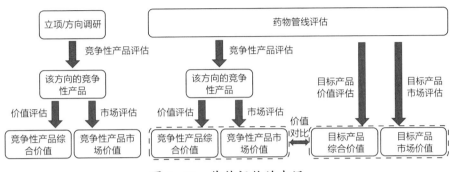

图 2-10 价值评估的内涵

价值评估包括临床价值、专利价值、管线价值、交易价值等多个方面的评估，价值评估同样包含目标产品方向的竞争性产品。竞争性产品从哪些角度获取将在下一节中进行讨论。

（1）临床价值。药物的临床价值是指药物在实际医疗实践中对患者健康的影响，包括疗效、安全性、成本效益和患者依从性等方面。药物的临床价值可以通过其疗效来衡量，疗效是药物治疗效果的关键指标，通常通过临床症状缓解、生理指标改善、病情恢复时间缩短以及生存期延长等来评估。药物的安全性也是其临床价值的重要组成部分，安全性评价涉及药物使用过程中可能出现的不良反应和风险，确保患者在使用药物时能够获得最大的安全保障。药物的临床价值还受到疾病流行程度、治疗地位以及药物的创新性等因素的影响。例如，对于严重或危及生命的疾病，缺乏有效治疗手段时，新药的临床价值通常较高。创新药物往往因其在治疗效果、安全性或给药方式上的优势而具有较高的临床价值。

临床价值的评估有以下几个方面，如图2-11所示。临床疗效指标是临床价值评估核心指标，主要针对药物疗法的有效性与安全性进行评估。临床经济指标主要包含药物经济性与患者的可支付性，该指标是关于患者经济承受能力的评估。临床需求指标包括临床需求强度与治疗周期，主要用于评价未满足的临床需求。

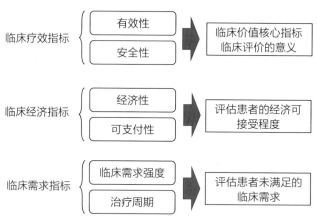

图 2-11　临床价值评估的维度

有效性与安全性是评估药物或治疗手段的最重要因素。有效性指药物在治疗疾病时的实际效果，安全性考察的是药物在使用过程中对患者可能产生的不良反应或风险，通常通过临床试验数据来衡量。一个上市药物通常有多个临床研究，未上市的药物或在立项阶段的药物，使用其竞争性产品评价临床有效性与安全性。

临床试验结论是评价有效性与安全性的最佳数据。例如，LAURA 试验是针对奥希替尼开展一系列临床试验，由于临床试验开展时间很长，会在不同阶段报道出相应的研究成果。这是一篇发表在欧洲肿瘤内科学会（ESMO）上，对于三期不可切除 EGFR 突变的非小细胞肺癌疾病进展期后的三期研究，主要信息如表 2-3 所示。

表 2-3　LAURA 试验在 ESMO 大会中的摘要信息

标题	Osimertinib (osi) after definitive chemoradiotherapy (CRT) in patients (pts) with unresectable stage (stg) III epidermal growth factor receptor-mutated (EGFRm) NSCLC: Primary results of the phase 3 LAURA study.

背景　EGFR mutations occur in up to one-third of pts with unresectable stg III NSCLC. Consolidation durvalumab is standard of care (SoC) for pts who do not progress after concurrent CRT (cCRT), yet the benefit of consolidation immunotherapy specifically for EGFRm NSCLC remains uncertain, with limited data available. Osi, a 3rd-generation CNS-active EGFR-TKI, is recommended for EGFRm advanced/metastatic NSCLC and as adjuvant therapy for resectable EGFRm NSCLC. We report primary results from the global, double-blind, placebo (PBO)-controlled Phase 3 LAURA study (NCT03521154), assessing efficacy/safety of osi in unresectable stg III EGFRm NSCLC without progression after definitive CRT.

方法　Eligible pts: aged ≥ 18 years (≥ 20 in Japan), WHO PS 0/1, unresec-table stg III EGFRm (Ex19del/L858R) NSCLC, had received definitive platinum-based cCRT/sequential CRT (sCRT) with no progression. Pts were stratified (cCRT vs sCRT; stg IIIA vs IIIB/IIIC; Chinese vs non-Chinese) and randomized 2:1 to receive osi 80 mg or PBO QD until progression (blinded independent central review [BICR]-confirmed)/discontinuation. Imaging, including brain MRI, was mandated at baseline, every 8 wks to wk 48, then every 12 wks, until progression by BICR. Open-label osi was offered after progression by BICR. Primary endpoint: progression-free survival (PFS; RECIST v1.1) assessed by BICR. Secondary endpoints included overall survival (OS) and safety. Data cut-off: January 5, 2024.

结果　Overall, 216 pts were randomly assigned: osi n=143, PBO n=73. Baseline characteristics were generally balanced across osi/PBO arms: female 63/58%, stg IIIA 36/33%, IIIB 47/52%, IIIC 17/15%, Ex19del 52/59%. Osi significantly improved PFS by BICR vs PBO: HR 0.16; 95% CI 0.10, 0.24; p<0.001. Median PFS was 39.1 mo (95% CI 31.5, not calculable) for osi vs 5.6 mo (95% CI 3.7, 7.4) for PBO; 12-mo PFS rate was 74% (osi) vs 22% (PBO); 24-mo PFS rate was 65% (osi) vs 13% (PBO). Investigator-assessed PFS (HR 0.19; 95% CI 0.12, 0.29; nominal p<0.001) was consistent with PFS

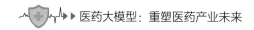

续表

结果	by BICR. PFS benefit was consistent across predefined subgroups. Interim OS analysis (20% maturity) showed a trend in favor of osi: HR 0.81; 95% CI 0.42, 1.56; p=0.530; 81% of pts (PBO arm) received osi after progression. All-causality AEs were reported in 98% vs 88% pts; ≥ Grade 3 AEs in 35% vs 12%; serious AEs in 38% vs 15% for osi vs PBO, respectively. Radiation pneumonitis AEs (grouped term): 48% (osi) vs 38% (PBO), majority Grade 1/2. Any AEs leading to discontinuation were reported in 13% vs 5% for osi vs PBO, respectively.
总结	Osi after definitive CRT demonstrated a statistically significant and clinically meaningful improvement in PFS, for unresectable stg III EGFRm NSCLC, with no unexpected safety signals. These results establish osi as the new SoC for EGFRm NSCLC in this setting. Clinical trial information: NCT03521154.

按照传统的方式，我们应该仔细阅读临床结果的报道来获取相应信息。但是在大语言模型的帮助下，我们可以使用大语言模型帮助阅读，提取出有效性与安全性信息。图 2-12 显示了大语言模型提取出的有效信息。

分组	分组 1 试验组	分组 2 安慰剂对照组
受试者	143	73
分组特征	-	-
用药方案	Osimertinib	Placebo
﹀ mPFS, month, (95% CI) Primary	39.1 (31.5 ~ not calculable)	5.6 (3.7 ~ 7.4)
HR, (95% CI)	分组 1 vs 分组 2 : 0.16 (0.10 ~ 0.24), P-Value = <0.001	
﹀ OS Secondary	-	-
HR, (95% CI)	分组 1 vs 分组 2 : 0.81 (0.42 ~ 1.56), P-Value = 0.530	
PFS(12-month), %	74	22
PFS(24-month), %	65	13
﹀ PFS(Investigator-assessed)	-	-
967146b3a8ce454ea6953261ba24cb70, (95% CI)	分组 1 vs 分组 2 : 0.19 (0.12 ~ 0.29), P-Value = <0.001	
AE, % Secondary	98	88
AE(≥Grade 3), % Secondary	35	12
SAE, % Secondary	38	15
AE(Radiation pneumonitis), % Secondary	48	38
AE(discontinuation), % Secondary	13	5

图 2-12 大语言模型提取的临床信息

从图中我们可以看出，大语言模型提取了试验的主要终点指标无进展生存期，奥希替尼实验组生存期达到 39.1 个月，高于安慰剂组 5.5 个月，风险比 0.16。安全性方面大于 Grade 3 级的不良反应发生率实验组为 35%，安慰剂组为 12%；严重不良反应发生率实验组为 38%，安慰剂组为 15%。由不良反应导致的试验停止，实验组占比 13%，安慰剂组占比 5%。这些信息的准确提取，可以使用提示词来完成。

提示词参考如下，操作过程中还需按照实际情况调整。

>>>prompt =
""

请作为一位专业的临床医学人士，将以下文本进行分析，提取临床终点数据与不良反应数据。具体提取规则描述如下：

①主要研究终点及其具体数值、统计学结果等信息。

②次要研究终点的相关数据，若有提及。

③不同治疗组在关键临床终点上的对比情况，如中位值、发生率等差异。

④与临床终点相关的其他重要指标，如风险比、置信区间（CI）等。

""

临床价值不能仅仅从某一个临床试验结论中完成评估，我们通常还需要对比当前的标准治疗来进行评价。在上述 LARUA 试验中描述，EGFR 突变发生在将近 1/3 的三期不可切除非小细胞肺癌患者，但是对于标准治疗为度伐利尤单抗巩固治疗为同步放化疗（cCRT）后无进展的患者，巩固免疫治疗对 EGFR 突变的非小细胞肺癌特异性获益仍不确定。由此可见，标准治疗为度伐利尤单抗联合放化疗，那么 LARUA 试验的治疗方案使用奥希替尼组合用药，相比非小细胞肺癌标准治疗到底有多少获益？这需要进行临床结果的对比才能进行客观评价。

首先我们找到使用度伐利尤单抗联合放化疗的临床结果信息，该试验代号为 Pacific。在 Clinicaltrial 数据库中，我们可以找到 NCT03519971 的临床试验，名为 *Study of Durvalumab Given With Chemoradiation Therapy in Patients With Unresectable Non-small Cell Lung Cancer*。Clinicaltrial 数据库

中详细地记载了临床结果、基线、用药方案等详细信息，并且还在不断更新中。由于内容过多，不在此展示，读者可以在 Clinicaltrial 数据库中检索 NCT03519971 获得数据。

临床结果比较中，获得更好的疗效与更少的不良反应，被认为是具有较高临床价值的标志。通常我们首先与标准治疗相比观察是否能有更大获益，其次在与竞争性产品的临床结果相比观察是否能够比竞品有更大优势。例如上文中对于非小细胞肺癌的案例中，标准治疗为度伐利尤单抗联合放化疗，我们要使用奥希替尼的临床结果与标准治疗相比观察获益情况。但是由于不同临床试验之间的临床终点不同，患者入组情况也可能不同，所以对临床结果的比较需要遵循以下两个要点：临床终点比较与基线比较。

对临床终点的比较首选需要进行终点对齐，只有同类临床终点才能进行比较。例如在 LAURA 与 Pacific 临床试验中，总生存期之间才能比较，无进展生存期之间才能比较。例如 LARUA 试验中生存期可以达到 39.1 个月，Pacific 试验中生存期为 13.8 个月。但是能够说明对于三期不可切除的非小细胞肺癌治疗中，使用奥希替尼的治疗方案优于度伐利尤单抗治疗方案吗？显然是不能的，我们需要继续对入组患者基线进行比较。

基线的比较是指入组人群的基本情况进行类比。由于入组人群情况复杂，基线比较中一般不存在直接进行数量的对比，而是采用类比的方式对客观事实进行阐述。在 LAURA 试验中，由于使用奥希替尼作为治疗方案，入组人群基线为 EGFR 突变（Ex19del/L858R）的非小细胞肺癌患者。而在 Pacific 临床试验中，并没有这样的限制。所以不能机械性地说明哪种治疗方案更好，而是应对基线数据进行客观陈述比较。

所以综合以上分析，LAURA 试验表明了，EGFR 突变（Ex19del/L858R）的非小细胞肺癌患者，使用奥希替尼联合放化疗的方案能够使患者具有较大获益，并且在 LARUA 试验背景中描述，EGFR 突变发生在将近 1/3 的三期不可切出非小细胞肺癌患者，这就使奥希替尼方案，在治疗 EGFR 突变的非小细胞肺癌患者中具有非常高的价值。

基于以上的逻辑，医药大语言模型根据通用大语言模型微调得到临床价值，完全可以替代人工复杂的分析过程，从而实现快速对比临床试验结论，也能够评价临床价值。医药大语言模型可以设计调度不同的智能体来完成上述逻辑。如图 2-13 所示，医药大语言模型完成临床价值判定的过程。

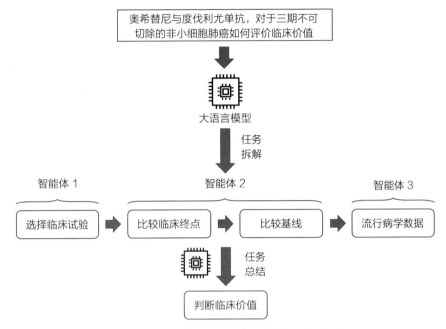

图 2-13　医疗大语言模型判定临床价值

利用医疗大语言模型，用户只需要输入一个药的名称，或一个靶点的名称，模型就能够自动查找出所有相关方向的药物，并对临床试验结果进行价值判定。检索某一方向的竞争性产品，我们将在竞争性产品评估中具体讨论。

我们换一个角度来思考，如果从需求出发，未满足的临床需求永远具有较高价值。临床需求是一切药物研发进展的根源，所有的药物研发初衷应满足临床需求。在未满足的临床需求中，有 5 个典型场景，可以使用紧急程度与重要程度进行评价。

①临床上尚无有效药物（紧急程度：5；重要程度：5）。

例如，胰腺癌没有有效的手段保证患者长期存活。

②现有药物在安全性上存在不足（紧急程度：4；重要程度：5）。

例如，抗生素的过敏反应。

③现有药物存在价格过高，对医疗保险及病人经济负担过重（紧急程

度：2；重要程度：4）。

例如，当前 PD-L1 免疫治疗药物价格通常偏高。

④现有药物在使用的方式方法上对医生、患者存在巨大的不便利性（紧急程度：3；重要程度：2）。

例如，一些肛门注射类药物，对患者来说非常不便。

⑤临床上的效果不佳，希望提升效果（紧急程度：1；重要程度：2）。

例如，肿瘤药物一直在提高疗效，让患者获得更长的生存期。

未满足的临床需求程度分值，可以将紧急程度加重要程度来综合体现。分值越高的代表着越强烈的临床需求，但是并不代表这类项目的市场规模。分值高的药物研发项目，更容易获得药物审批的加速与市场推广的便利。以上 5 个场景，均可使用医药大语言模型进行打分。具体流程如图 2-14 所示。

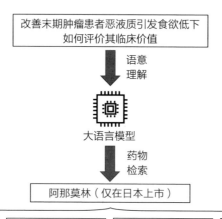

图 2-14 医药大语言模型对未满足的临床需求的价值评估

　　总体而言，临床价值评估是一个复杂的过程，核心的价值因素是药物疗效、不良反应、患者使用周期以及医疗保险的情况都会影响到临床价值。使用医药大语言模型可以自动化检索到相关因素，还需要根据当前适应证的情况以及公司的发展战略制定落地的临床价值指标。

　　（2）专利价值。药物专利制度在全球范围内受到广泛关注和调整，以求在创新药物的研发和仿制药的供应之间达到平衡。许多国家都在重新确定新药专利的范围和限制，实施药品专利期补偿制度、专利链接制度、强制许可制度等，来调节原研药和仿制药的关系，以实现创仿平衡和总体社会福利的最大化。例如，专利期补偿制度延长了原研药的市场独占期，鼓励企业继续投入研发，同时通过数据保护制度等手段保障创新，同时考虑到患者的药品可及性和医疗费用的控制。

　　药物专利的地域性特征也会影响其经济价值。不同国家对专利的保护程度和政策不同，会影响药品的市场表现和研发动力。例如，在中国，随着知识产权保护的加强，国内药物创新发展迅速，中国逐渐成为全球医药创新的重要市场之一。专利制度的完善直接影响到药品研发的热度和企业的投资回报，体现了专利对不同国家药品市场的不同影响。

　　专利对制药企业的财务绩效有显著影响。对中美上市制药公司的研究表明，企业的专利数量与销售额之间存在显著的正相关关系。专利数量的增加会在 1 ~ 3 年后对企业的销售额产生正面影响。这说明药物专利不仅直接影响企业的市场收入，还可能影响到企业在资本市场上的表现和投资吸引力。专利的地域性特征也表明，美国上市公司的美国专利数量与财务指标的相关性更强，而中国公司在中国市场的专利也同样对其绩效有正面影响。因此，药物专利在全球范围内都被视为企业的重要资产，对企业的财务绩效有着直接和间接的影响。

　　药物专利不仅保护药品的成熟阶段，还可以涵盖药品研发的各个阶段，包括早期的高通量筛选、临床试验等环节，激励整个研发链条的技术创新。专利制度的设计需要能够覆盖整个研发过程中的创造性成果，从而为药品技术的不断进步提供持续的激励。

　　药物专利的价值通过两个大的方面进行评估：通用价值与业务价值。

这两个方面的具体内涵如图 2-15 所示。

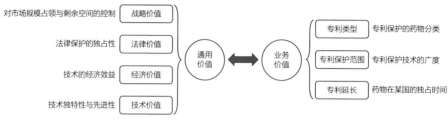

图 2-15　专利价值的评估维度

通用价值是指不涉及医药业务内容的评价方法。主要包括：战略价值、法律价值、经济价值、技术价值。通用价值可以从专利中各个属性计算得到，不过也需要对比竞争性产品的专利数据进行判定。

战略价值主要通过专利的攻防能力以及时间和空间上的影响力进行评估，关键指标有：独立权利要求数量、无效情况、异议情况、许可频次等。需要计算出独立权利要求数量越多价值就越大。被无效或异议的权利要求数量越少价值就越大。

法律价值主要对专利的权利稳定性、保护范围等方面进行评估。关键指标有：专利法律状态、专利法律事件、布局地域、权利要求数量等。专利的简单同族分布国家越广价值就越大，专利保护年限越久价值就越大。

经济价值主要以技术价值为基础、以法律价值为保障，通过专利权在商业环境中的运用进行体现，关键指标有质押、许可、转让等。同类技术专利数量增长率越大，专利价值就越大。

技术价值主要对专利的技术领先程度等方面进行评估，关键指标有：引用情况（包括前后引用，自引他引等），申请人数量、发明人数量，技术独立性指数等。被引用数量越多专利价值就越大。

业务价值是生物医药专利对于专业描述的部分。从药品专利上分析，专利可以分为八个类别：化合物专利、序列专利、复方专利、组合物专利、晶型专利、制备工艺专利、医药用途专利、医疗装置专利。从既往的经验来看，化合物专利和序列专利类的专利保护药物的结构信息，其价值高于其他几类专利，但这并不是绝对的。如果一个专利能够同时保护多个类别，那么也会提高该专利的价值。药品专利业务价值的评估还需要根据不同专业技术而定，例如抗体专利可以使用亲和力与表位限定，也可以用抗体可变区（CDR）序列限定。亲和力与表位的限定方式由于保护范围大，所以必然具有很高的专利价值。CDR 序列限定的专利价值不如使用亲和力与表位限定的专利价值高。

使用大语言模型进行医药专利分析的内容，请参考 2.2.3 节的内容。专利价值的评估更多是在管线交易时用于管线估值使用，不过进行管线估值更多地需要参考管线价值、临床价值与市场价值。

（3）管线价值。药物管线是一个药物研发情况的整体概览，能够表明一个药物在研发哪些适应证，每类适应证研发到什么临床阶段，这些适应证都在哪些国家研发等一系列信息。对于立项场景，首先需要检索得到该方向的全部竞争性产品，通过评估竞争性产品的管线价值来确定该赛道的机会大小。对于评估某个确定药物的管线，需要对比该药物与其竞争性产品的管线价值来确定。

药物的管线价值最核心的要素是最高研发状态，最高研发状态的推进能够给管线价值带来最大程度的提升。除此之外，所有在研适应证的种类、研发的国家、在研适应证研发状态等多个因素都能够决定该药物管线的价值。图 2-16 所示为药物 Cevostamab 的部分管线。由图中可见，多发性骨髓瘤在每个国家的临床阶段有所不同，不同适应证方向参与国家也不相同。

管线的价值评估也是在药物立项或分析投资赛道时使用，在某个投资方向找到竞争性产品后，需要对每个竞争性产品的管线进行价值评估。管线价值的影响因素非常多，表 2-4 体现了某个确定药物管线价值的诸多因素。

适应证	国家/地区	最高研发状态	机构	日期	数据源
多发性骨髓瘤 [查看所有临床 »]	波兰	临床2期	Hoffmann-La Roche,Inc.	2023-11-14	CTgov(NCT05583617)
	韩国	临床2期	Hoffmann-La Roche,Inc.	2023-11-14	CTgov(NCT05583617)
	日本	临床1期	Genentech,Inc.	2021-07-26	CTgov(NCT04910568)
	捷克	临床1期	Genentech,Inc.	2021-07-26	CTgov(NCT04910568)
	以色列	临床1期	Genentech,Inc.	2021-07-26	CTgov(NCT04910568)[+1]
	意大利	临床1期	Genentech,Inc.	2021-07-26	CTgov(NCT04910568)
	英国	临床1期	Genentech,Inc.	2021-07-26	CTgov(NCT04910568)
	中国	临床申请批准	F.Hoffmann-La Roche Ltd.	2024-02-29	CDE 临床默示许可 (JXSL2300228)
[-折叠]					
难治性多发性骨髓瘤 [查看所有临床 »]	美国	临床2期	Genentech,Inc.	2023-07-11	CTgov(NCT05801939)
	澳大利亚	临床2期	University of Pennsylvania	2023-07-11	CTgov(NCT05801939)
	比利时	临床2期	Hoffmann-La Roche,Inc.	2022-10-18	CTgov(NCT05535244)
	法国	临床2期	Hoffmann-La Roche,Inc.	2022-10-18	CTgov(NCT05535244)
		临床2期	Hoffmann-La Roche,Inc.	2022-10-18	CTgov(NCT05535244)

图 2-16 药物 Cevostamab 的部分管线

表 2-4　药物管线价值的部分决定因素

影响因素	解释
首批适应证	药物首次获得上市批准的适应证。通常来讲，患病人群数量越大管线价值越大，疾病越严重管线价值越大，未上市药物不存在首批适应证
最高研发状态（核心要素）	药物最高的研发阶段。药物已经上市，则最高研发状态为上市。临床阶段的药物，最大研发阶段为临床分期。最高研发状态越靠后（临床 1 期＜临床 2 期＜临床 3 期＜上市），管线价值越大
首批国家 / 地区	药物首次批准的国家 / 地区。通常在中国、美国、欧洲获批认为价值较高
批准适应证	药物所有上市获批的适应证。药物可能获批多个适应证，适应证范围越广证明应用性越强，管线价值越大
批准国家 / 地区	药物所有上市获批的国家 / 地区。药物在某国家地区获得首批后，会不断寻求在新的国家 / 地区获批。获批国家 / 地区越多管线价值越大
特殊评审	药物在不同国家 / 地区药监局中获得的特殊审评加速。特殊审评越多管线价值越大
在研适应证	药物正在研究的适应证。药物会同时研究多个适应证，适应证覆盖越广价值越大
在研适应证状态	药物正在研究的所有适应证的临床阶段。临床阶段越靠后（临床 1 期＜临床 2 期＜临床 3 期＜上市），管线价值越大
在研适应证国家 / 地区	药物正在研究的适应证的所在国家 / 地区。国家 / 地区覆盖越多管线价值越大，中国、美国、欧洲价值大于其他国家
总管线数量	药物研究的全部适应证在不同国家 / 地区的研发数量总和。总管线数量越多管线价值越大

　　医药大语言模型通过用户输入的信息能够直接评估管线价值。无论是立项还是具体药物管线的评估，都能按照一定的逻辑流程自动执行。例如，对 siRNA 药物治疗胰腺癌进行管线评估如图 2-17 所示，目前治疗胰腺癌的 siRNA 药物没有获批药物，全球最高研发状态为临床 1 期。可见这是一个处在非常早期的管线赛道方向，所有该方向的药物管线价值都较低。

　　首先通过医药大语言模型检索胰腺癌方向全球的 siRNA 药物管线，可直接生成分析视图 2-18。由图可知该赛道最高研发阶段仅为临床 1 期，主要研发国家为中国与美国。药物管线 ENB-401 在研适应证还包含非小细胞肺癌，药物管线 NBF-006 在研药物包含结直肠癌与 KRASm 非小细胞肺癌。总体分析得出该赛道的所有竞争性产品的管线价值较低，属于加大投资抢占赛道的立项方向。

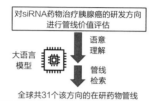

全球共31个该方向的在研药物管线

序号	药物	靶点	在研适应证	在研机构	最高研发状态	原研机构
1	siRNA-EphA2-DOPC	EphA2	卵巢癌|胰腺癌	Texas MD Anderson Cancer Center	临床1期	Texas MD Anderson Cancer Center
2	Nek2 siRNA therapy(Nagoya University)	NEK2	胆管癌|胰腺癌	Nagoya University	临床1期	Nagoya University
3	NBF-006	GSTP1	结直肠癌|胰腺癌	Nitto Biopharma, Inc.	临床1期	日东电工株式会社
4	Anti-KRAS(Micromedmark Biotech)	KRAS	肺癌|胰腺癌	江苏命码生物科技有限公司	临床申请	江苏命码生物科技有限公司
5	ENB-401	PMVK	肺癌|胰腺癌	EnhancedBio, Inc.	临床前	EnhancedBio, Inc.
...	...	...	...	...	...	...

图 2-17　siRNA 药物治疗胰腺癌进行管线评估逻辑

当然，立项分析全过程需要将管线价值、临床价值、交易价值、专利价值、市场价值等系列评估进行综合汇总才能确定。

（4）交易价值。药品管线交易是指药品研发企业或药品生产企业之间进行的药品研发项目、技术、专利等相关权益的买卖或授权等形式的交易行为。这些交易通常涉及尚未上市的药品，尤其是处于不同研发阶段的药物品种，包括临床前研究、临床试验阶段或已获批准但尚未商业化的药品。企业通过这些交易可以获得新的药品管线、技术或专利，从而丰富其产品线，提升竞争力和市场地位。

管线交易的价值评估，通常是在立项与投资之前，需要证明该项目方向是否具有较高价值。对管线交易价值的判定通常有 4 个维度：交易数量、交易金额、权益地区、临床研究阶段。交易数量越多证明市场活跃度越高，交易金额越大能越够证明项目的价值，权益地区代表能够代表其市场价值，临床研究阶段越靠后价值越高，如果相同临床阶段也具有较高交易价值，

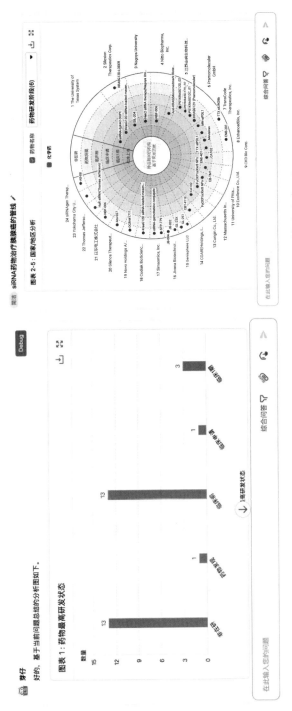

图 2-18 医药大语言模型生成胰腺癌方向 siRNA 管线分析图

则证明项目本身价值较高。还需要注意的是，评估交易价值时最好选择同等技术成熟度的药物类型或靶点，一个相对成熟的靶点与一个新成药的靶点显然交易数量会有较大差距。交易价值评估在于检索交易内容与对比交易属性，可以使用医药大语言模型来自动生成。

例如用户希望评价 Her2 靶点抗体偶联药物与 Her2 靶点双抗药物的交易价值，医药大语言模型处理逻辑如图 2-19 所示。交易价值与时间相关，医药大语言模型会自动按照三年内的交易进行分析。

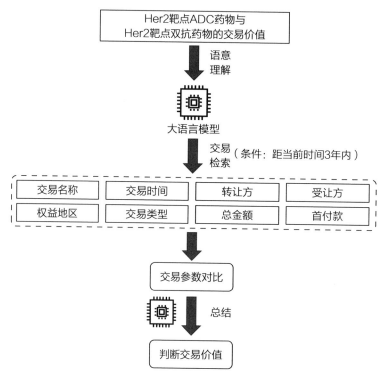

图 2-19　医药大语言模型评估交易价值

基于使用提示词大语言模型的输出结果如表 2-5 与表 2-6 可知，抗体偶联药物的全球交易数量与金额均大于双抗药物。其中抗体偶联药物相对临床阶段多元化，包括已上市的权益与早期研发的相关权益。从交易金额角度，抗体偶联药物交易总金额更高，预示该赛道当前具有更大的价值。从交易数量、交易金额、临床研发阶段的多样性等方面，都可以看出抗体

表2-5　Her2靶向的抗体偶联药物全球交易（2021—2024年）

序号	交易时间	转让方	受让方	药物	权益地区	交易类型	总金额	首付款	里程碑
1	2024-09-29	江苏康宁杰瑞生物制药有限公司	上海津曼特生物科技有限公司	JSKN-003（临床3期）	包括：中国	许可	—	$57M	$382M
2	2024-02-15	Dragonfly Therapeutics, Inc.	Gilead Sciences, Inc.	1. 戈沙妥组单抗（-）2. Azerutamig（-）	—	合作	—	—	—
3	2024-01-08	Ambrx Biopharma Cayman, Inc.	强生制药有限公司	1. 人源化HER2单抗-AS269偶联物（Ambnx）（临床2期）2. ARX-517（临床1期）	—	企业收购	$2000M	—	—
4	2023-12-27	信达生物制药	轩竹生物科技股份有限公司	1. 信迪利单抗（批准上市）2. KM501（临床1期）	—	合作	—	—	—
5	2023-09-18	Zymeworks, Inc.	BeOne Medicines Ltd.	1. 泽尼达妥单抗（临床1期）2. Zanidatamab Zovodotin（临床申请）	包括：澳大利亚、亚洲、新西兰（排除：日本）	合作｜许可	—	$40M	$390M
6	2023-05-08	百力司康生物医药（杭州）有限公司	Eisai Co., Ltd.	BB-1701（临床1/2期）	中国以外的地区	合作｜期权	$2000M	—	—
7	2023-04-03	映恩生物制药（苏州）有限公司	BioNTech SE	1. DB-1303（临床前）2. DB-1311（临床前）	中国以外的地区	许可	$1670M	$170M	$1500M

续表

序号	交易时间	转让方	受让方	药物	权益地区	交易类型	总金额	首付款	里程碑
8	2022-10-18	Zymeworks, Inc.	Jazz Pharmaceuticals Plc	1.泽尼达妥单抗（临床3期）2. Zanidatamab Zovodotin（临床1期）	包括：日本、欧洲、美国	许可	$1762M	$50M	$1712M
9	2022-08-15	Quantum Leap Healthcare Collaborative	ALX Oncology, Inc.	1.德曲妥珠单抗（批准上市）2. Evorpacept（临床2/3期）	—	合作	—	—	—
10	2022-08-06	Mersana Therapeutics, Inc.	GSK Plc	Calotatug ginistinag（临床前）	全球	许可	$1460M	$100M	$1360M
11	2022-06-23	三生国健药业（上海）股份有限公司	成都科岭源医药技术有限公司	SMP-656（药物发现）	全球	合作	$152M	—	—
12	2022-06-01	联宁（苏州）生物制药有限公司	四川科伦博泰生物医药股份有限公司	舒泰来（临床2期）	—	合作	—	—	—
13	2022-05-03	Byondis BV	medac Gesellschaft für klinische Spezialpräparate mbH	Trastuzumab duocarmazine(临床3期)	包括：欧盟、英国	许可｜合作	—	—	—
14	2022-03-24	台耀化学股份有限公司	台康生技股份有限公司	T-DM1生物类似药（Formosa）(临床前)	—	合作	$30M	—	—

表2-6　Her2 靶向的双抗药物全球交易（2021—2024年）

序号	交易时间	转让方	受让方	药物	权益地区	交易类型	总金额	首付款	里程碑
1	2024-12-02	Merus NV	Partner Therapeutics, Inc.	泽诺库珠单抗（申请上市）	包括：美国	许可	—	—	—
2	2024-08-01	Sanofi	Vir Biotechnology, Inc.	1. SAR-446368（临床申请）2. AMX-500（临床1期）3. AMX-818（临床1期）	全球	许可	—	—	—
3	2024-04-08	Boehringer Ingelheim GmbH 公司	中国生物制药有限	1. 佐博替尼（临床3期）2. Brigimadlin（临床3期）3. Obrixtamig（临床2期）4. DLL3/CD3双特异性T细胞衔接器（临床前）	包括：中国	合作|许可	—	—	—
4	2023-11-07	Jazz Pharmaceuticals Plc	The University of Texas MD Anderson Cancer Center	泽尼达妥单抗（临床3期）	—	合作	—	—	—
5	2023-04-26	丹生医药技术（上海）三生国健药业（上海）	沈阳三生制药有限责任公司	重组抗EGFR人鼠嵌合单抗（临床2期）SSGJ-705（临床1期）SSGJ-707（临床1期）	包括：中国、美国	许可	—	$3043M	—
6	2022-10-18	Zymeworks, Inc.	Jazz Pharmaceuticals Plc	1. 泽尼达妥单抗（临床3期）2. Zanidatamab Zovodotin（临床1期）	包括：日本、欧洲、美国	许可	$1762M	$50M	$1712M
7	2022-09-21	Abpro Corp.	Celltrion, Inc.	ABP-102（Abpro）（临床前）	全球	许可	$1760M	—	—

偶联药物当前比双抗药物具有更大的交易价值。

交易价值总体代表本赛道的热度，或者可以概括为在医药市场的活跃度，随着时间的推移交易价值也会随之变化。交易价值可以很好地评价管线的流通性，对药企 BD 或投资评估有重要意义。

3. 竞争性产品评估

在药物立项之前，需要进行竞争性产品的价值评估，这是对目标赛道的拥挤程度进行判定。在研究某个药物或靶点的投资方向时，也需要进行竞争性产品的价值评估，用于判定是否值得投入。本节讨论竞争性产品评估讨论的重点在于如何找到竞争性产品，以及使用大语言模型快速确定竞争性产品。

在研究某个方向或产品时，需要基于一些维度来寻找竞争性产品。常用的维度有同靶点、同适应证、同药物类型的药物。对于特定药物例如抗体偶联药物，可以通过同类单抗、同类连接子、同类载荷的维度来进行分析。总结下来，我们主要从以下 3 个维度进行竞争性产品的筛选。

1）临床疗效。寻找目标适应证中最具竞争优势的药物和新药产品，有证据提示优于或属于当前标准治疗的药物；对于没有标准治疗或现有标准治疗失败后的疾病，有证据提示患者获益显著优于自然病程发展的药物。

2）药物属性。同靶点、同适应证、同药物类型的药物。同类属性的药物会与目标药物形成竞争性关系，从而抢占同一赛道。对于某特殊的药物类型，需要关注其特有的属性，如抗体偶联药物、siRNA 药物等。

3）药物属性组合。药物多个属性组合作为条件进行竞争性产品筛选，这样的方式能够筛选出更加细致的赛道。例如检索靶向 GLP-1 的口服剂型的竞争性产品，即把靶点与剂型进行了组合。

图 2-20 体现了从不同维度检索分析竞争性产品的过程。在找到竞争性产品后，对其中每个药物进行价值分析。

临床疗效方面，需要选择在相同临床环境下的治疗方案药物构成竞争性产品。例如，对于转移性或复发食管胃交界腺癌的治疗方案，包括帕博利珠单抗 + 顺铂 + 氟尿嘧啶；纳武利尤单抗 + 奥沙利铂 + 氟尿嘧啶类；

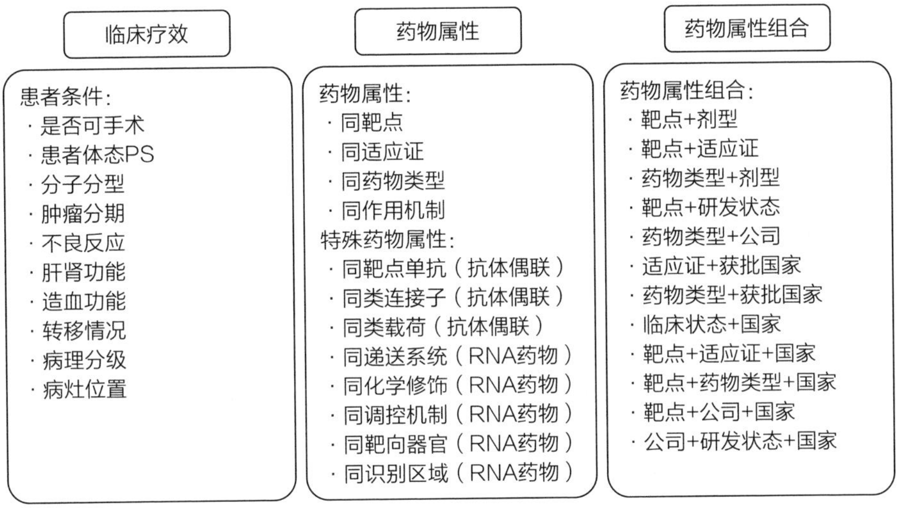

图 2-20 竞争性产品确定维度

信迪利单抗＋奥沙利铂＋卡培他滨；替雷利珠单抗＋奥沙利铂＋卡培他滨。这些疗法中的免疫治疗药物帕博利珠单抗、纳武利尤单抗、信迪利单抗、替雷利珠单抗构成竞争性产品。药物属性方面，图 2-20 中提到的药物属性都可以列为竞争性产品，对于一些特殊的药物类型，例如抗体偶联药物或核酸药物，可以通过药物结构的特殊属性来确定竞争性产品。药物属性组合是为了寻找不同场景下的竞争性产品。例如适应证＋获批国家，可以看到某个疾病在该国所有的获批药物，这些药物都是本赛道的竞争性产品。

结合刚才讨论的竞争性产品筛选思路，在我们对 KRAS G12D 靶点的某个药物进行立项或投资时，需要分析全球所有 KRAS G12D 靶点药物的信息，具体思路如图 2-21 所示。

用户只需要将自己需要调研的方向输入大语言模型，模型就能够对用户问题进行语义识别，自动执行检索任务。大语言模型针对关系型数据库，可以将用户输入的内容转变为检索式进行检索。如图 2-22 所示，对于"KRAS G12D 赛道有没有临床三期药物"与"ALK 突变的非小细胞肺癌药物"两个用户的问题都能够改写成标准的检索式。

全球132种药物

序号	药物	靶点	在研适应证（疾病名）	在研机构	最高研发阶段	原研机构
1	HRS-4642	KRAS G12D	胰腺导管癌 | KRAS G12D突变实体瘤	江苏恒瑞医药股份有限公司	临床2期	江苏恒瑞医药
2	Anti-KRAS G12D mTCR PBL(NCI)	KRAS G12D	结肠癌 | KRAS G12D突变胰腺腺癌 | 直肠癌 | 胃癌	National Cancer Institute	临床1/2期	National Cancer Institute
3	AZD-0022	KRAS G12D	晚期恶性实体瘤 | 结直肠癌 | 非小细胞肺癌 | 胰腺导管腺癌 | KRAS G12D突变实体瘤	AstraZeneca PLC	临床1/2期	AstraZeneca PLC
4	DN-022150	KRAS G12D	KRAS G12D突变实体瘤	江西科睿药业	临床1/2期	上海迪诺医药
5	GDC-7035	KRAS G12D	晚期恶性实体瘤 | 转移性实体瘤	Genentech, Inc.	临床1/2期	Genentech, Inc.
6	GFH-375	KRAS G12D	晚期恶性实体瘤 | KRAS G12D突变实体瘤	劲方医药科技（上海）	临床1/2期	劲方医药科技
7	TSN-1611	KRAS G12D	KRAS G12D突变实体瘤 | 晚期恶性实体瘤	泰励生物科技（上海）	临床1/2期	泰励生物科技（上海）
……	……	……	……	……	……	……

4个药物类型

22个研发机构

26个适应证

图 2-21　KRAS G12D 靶点赛道的竞争性产品筛选

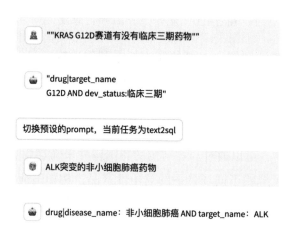

图 2-22　大语言模型的用户语意理解

对于标准的药物数据库我们可以直接进行检索，对于非结构化文本数据，大语言模型可以启动 BM25 算法进行检索。

4. 评估药物的市场份额

药物市场价值评估是指通过一系列科学方法和指标体系，对药物在市场中的价值进行量化和分析的过程。这一过程旨在为药物研发、定价、市场准入以及投资决策提供依据。药物市场价值评估通常涉及多个维度的考量，包括药物的临床疗效、成本效益、市场需求、竞争格局以及社会政策环境等因素。例如，通过因子分析法可以构建一个包含多个指标的评价体系，这些指标经过降维处理后，可以计算出综合得分，从而帮助评估药物的市场价值。

药物市场价值评估还涉及对药物在特定市场中的潜在需求和竞争态势的分析。例如，一个药物如果能够满足未被充分解决的医疗需求或服务于小众市场，可能会获得更高的市场价值。此外，创新药物的市场价值评估还需要考虑其研发成功率、销售曲线和生命周期等因素。

在真实市场情况下，药物市场价值评估的方法多种多样，包括但不限于成本效益分析（如增量成本效果比）、风险–效益评估、多标准决策分析等。这些方法不仅帮助评估药物的经济价值，还考虑了药物的社会和伦理价值。药物市场价值评估是一个复杂且多维度的过程，它结合了科学数据、市场分析和社会政策等多个方面的信息，以确保药物能够在市场上获得合理的定价和有效的推广。

药物市场评估非常复杂，不但有经济学属性，也存在医保等政治因素。在本节中讨论的重点是市场评估，我们不做药物研发成本与市场营销管理更多的扩展，主要关注于药物市场容量的评估过程。药物市场评估一般涉及两个环节：患者数量评估与竞争性产品评估。这里讨论的竞争性产品与前文中的不同，本节主要讨论竞争性产品对市场的份额的影响。总体市场评估就要分析得到精准的能够用药人群，从而估计出市场容量，如图 2-23 所示。

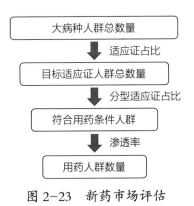

图 2-23　新药市场评估

（1）患者数量评估。患者数量高于用药患者的最高数量。对于像肿瘤这种发展性疾病，患者数量在每个分期都会变化。患者被诊断也不一定会用药，同样一种药物也会伴随多种治疗方案。患者数量需要检索流行病学数据库，可以使用 WHO 的流行病学数据库查询。中国 2015 年的肺癌发病人数为 78.7 万人，到 2019 年增加为 89.53 万人，其间复合年增长率达 3.3%。预计之后将以 2.8% 的复合年增长率增加到 2030 年的 122.55 万人。肺癌患者中非小细胞肺癌患者占比约 86%，非小细胞肺癌患者中Ⅲ期患者占比约 22%。其中病灶不可手术切除、接受铂类药物为基础的化疗同步放疗的患者占比 65%。其中，EGFR 阳性者约 42.5%，ALK 阳性者约 7%。我们以非小细胞肺癌为例，按照上述资料选取 2023 年数据评估。

当前我们需要计算免疫治疗药物度伐利尤单抗的市场价值。度伐利尤单抗为 PD-L1 免疫检查点抑制剂，当前该药物在中国已经获批应用于非小细胞肺癌、子宫内膜癌、晚期胆道癌等多个癌种。我国国内肺癌患者确诊早期的较少，通常在确诊时处在Ⅲ或Ⅳ期，我们主要考虑这部分患者使用度伐利尤单抗，而早期患者从基数上较少并且几乎不使用免疫治疗。度伐利尤单抗与铂类放化疗进行联用，但并非所有的患者都会接受度伐利尤单抗方案。患者在存在有效基因突变时，会优先使用靶向疗法。主要的突变包括 EGFR 和 ALK，当然其他比较罕见的驱动基因也越来越多地被检测到。

基于以上数据计算如下：

（2023 年中国肺癌发病人数为 106.6 万）* 86% * 22% * 0.65 *（100%-42.5%-7%）≈ 6.62 万

2023 年，符合度伐利尤单抗使用的中国非小细胞肺癌患者为 6.62 万人。这样该药物市场在非小细胞肺癌方向的销售额"天花板"能够大概评估出来。按照相同的方式，可以计算胆道癌、子宫内膜癌等其他肿瘤的患者人群的相关数据。超适应证用药则是个非常难以计算的数据，不同的疾病有不同的放大系数。

适用度伐利尤单抗的非小细胞肺癌患者有 6.62 万人，这是一个用药患者数量的最大上限，真正可能用药的患者数量还需要评估竞争性产品对市场份额的切分。

（2）竞争性产品评估。竞争性产品的选择我们在之前的章节中已经进行了分析，本节的内容主要讨论竞争性产品对市场份额的切分。同样的疾病有多种药物和疗法可以选择，渗透率用于表述某种药品在医生与患者间的认可程度。

通常来讲，渗透率的计算公式如下：

$$\gamma_t = \frac{n_t}{N_t}$$

γ_t：某年渗透率；

n_t：某年用药物患者数量；

N_t：某年患者总人数。

但是这种方式只能用于上一年的计算，对于未来一年的计算需要考虑是否有新的竞争性产品获批，竞争性产品是否有有效的临床试验结果，是否有新的竞争性产品纳入医院集采，或本产品是否能够纳入医院集采。需要对这些影响因素进行预判，才能对下一年度渗透率进行评估。

按照以上的分析，下一年渗透率预测公式如下：

$$\gamma_t = \gamma_{t-1} + \sum \varepsilon$$

γ_t：某年渗透率；

γ_{t-1}：上一年渗透率；

$\sum \varepsilon$：评估系数（t 年之前的竞争性产品事件对本年市场的影响而产生的评估系数）

对于评估系数需要进行进一步解释，由于竞争性产品的临床试验结果等信息被市场接受具有滞后性，故上一年的临床结果对本产品下一年渗透率的影响，需要纳入评估范畴。由于事件评估非常复杂，通常自己产品的优效性临床评估系数为正值，竞争性产品优效性临床评估系数为负值，需要列举事件进行加和作为总的评估系数。总体来讲越早批准的药物渗透率越高，越容易占领市场，当前这要在确保疗效与控制不良反应的前提下。

在 2023 年，已上市的 PD–L1 药物有 7 个，如今已经有十多个 PD–L1

药物上市。除了这些同靶点竞争性产品，同样用于治疗非小细胞肺癌的 PD-1 药物已经有将近 20 个获批。根据阿斯利康公司公布的信息，2023 年度伐利尤单抗中国非小细胞肺癌适应证的销售额，可以计算出有 1.26 万非小细胞肺癌患者使用了度伐利尤单抗作为新辅助治疗，2023 年在非小细胞肺癌适应证的渗透率根据公式计算为 19%。2022—2023 年经过 Pacific 研究证明，度伐利尤单抗能够改变不可切除的 III 期治疗模式，5 年总生存率高达 42.9%，同时作为一线治疗进入各个国家指南。但是由于未纳入医保使得其渗透率有所降低，同样其竞争性产品 K 药与 O 药也未能进入医保。但是近几年国产 PD-1 药物信迪利单抗、特瑞普利单抗、替雷丽珠单抗、卡瑞丽珠单抗均进入医保。由于度伐利尤单抗价格较高，单次治疗费用为 5.4 万元人民币，虽然有两次使用后的赠药优惠，但费用依然较高。这些因素都给渗透率带来负面影响。

药物市场评估维度多、数据复杂，医药大语言模型能够对制药企业年报进行快速解读，也能够检索流行病学数据资源，帮助大家快速获得分析数据。图 2-24 为医药大语言模型分析药企财报的场景。

2.2.2 医药文献分析

深入分析医药文献对于药物研发至关重要，文献不仅提供了研究背景、理论基础和先前研究的成果，还揭示了研究中的空白和挑战。通过对这些文献的系统性挖掘，研究人员能够识别出新的研究方向、验证假设、优化试验设计、分析药物临床结果、预测潜在的药物相互作用等。此外，文献分析有助于发现新的靶点、生物标记物和疾病机制，加速药物发现和开发过程。文献可以整合不同领域的知识，从而推动创新疗法和药物的快速进展。

医药文献的大语言模型应用主要分为两个方面。第一个为从文献中提取相应的信息，如药物合成信息、分子标准、药物构效关系、亲和力以及药物靶点作用机理等。研究者阅读分析文献，需要利用这些信息推动自己的研究工作。大语言模型可以快速帮助研究者抽取关键信息。第二个为对大量同类文献进行综述，大语言模型能够智能化地提取多篇文献的关键信息，并组合润色成综述性文字。

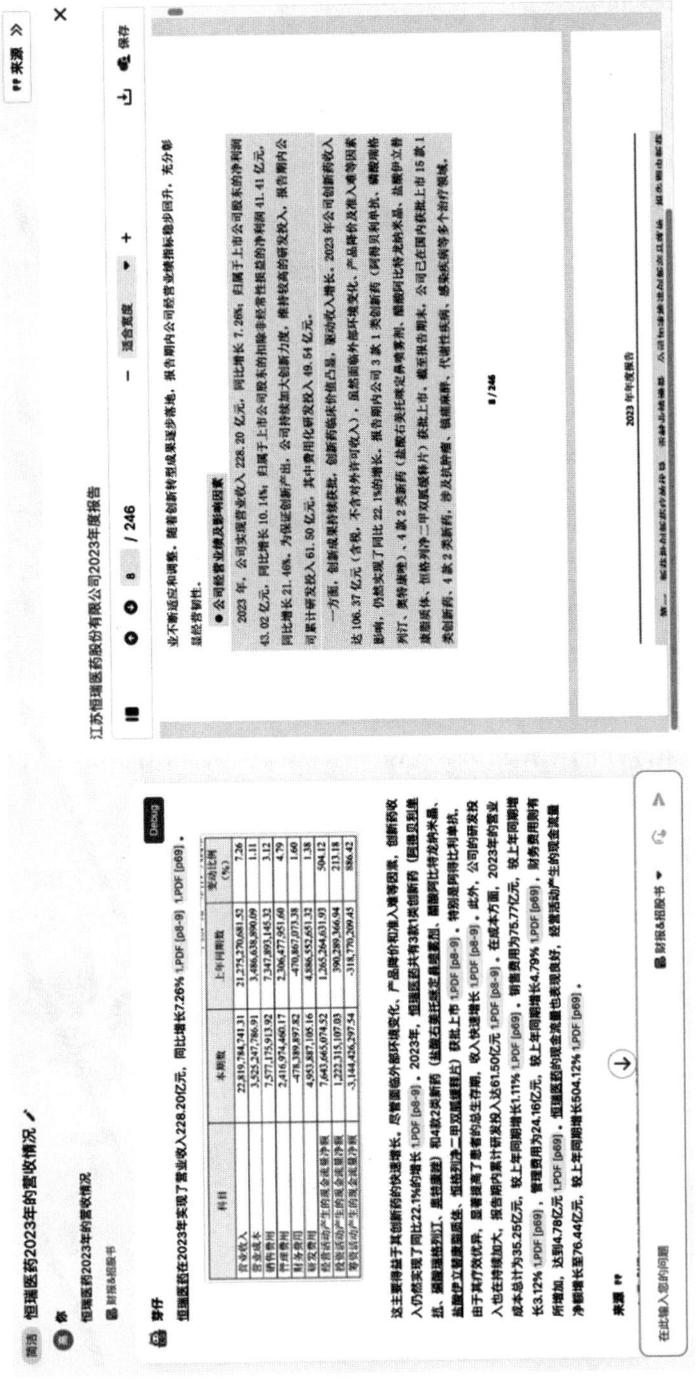

图 2-24　医药大语言模型分析药企财报

1. 核心要素抽取

（1）药物作用机制

药物作用机制涉及药物在体内对特定生物分子或细胞结构的影响过程和效果，这些靶点包括基因位点、受体、酶、离子通道和核酸等生物大分子。药物通过与靶点的亲和作用、代谢产物的分解过程、药物转运物质的小分子转运等形式发挥作用，其作用可以是抑制、诱导、激活或复活靶点的功能。药物靶点的类型多样，包括基因靶点、蛋白质靶点、细胞信号转导靶点、免疫靶点和表观遗传学靶点等。例如，离子通道作为靶点时，药物可以通过改变离子通道的构象使通道开放或关闭，进而调节细胞膜内外无机离子的分布。抗体药物的作用机制相对复杂，通常包括抑制细胞毒性、抑制细胞增殖、调节细胞的激活和相互作用、调节人体自身免疫系统、中和抗原等多种方式。这些相互作用构成了药物作用机理的复杂性，是药物研发和治疗疾病的关键所在。

利用医药大语言模型，可以直接将文献中对药物作用机制的描述提取输出。包括文献中的插图，大语言模型也能够解析成为语言描述。图 2-25，描述了药物 AMG757 的作用机制。AMG757 是一个靶向 CD3/DLL3 的双抗药物，其作用为将 DLL3 阳性肿瘤细胞连接到 CD3 阳性 T 细胞，并诱导肿瘤细胞的连续溶解和 T 细胞的伴随增殖。

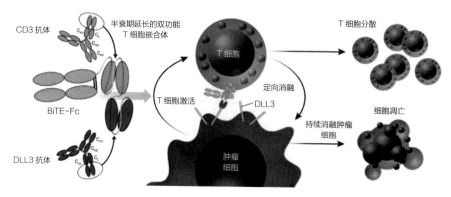

图 2-25　AMG757 的作用机制

将这张图直接上传到医药大语言模型中，可以直接得到如下所示的回答。该回答虽然不能说十全十美，但也足以证明医药大语言模型具有强大的解析药物作用机理的能力。

这张图片展示了一种利用双特异性 T 细胞激动剂（HLE BiTE）来治疗肿瘤的方法。

1. 左侧部分展示了两种抗体：一种是抗 CD3 抗体，另一种是抗 DLL3 抗体。它们通过一个连接结构结合在一起，形成了一个双功能抗体，即 BiTE-Fc 分子。

2. 中间部分显示了这种 BiTE-Fc 如何与 T 细胞和肿瘤细胞相互作用。首先，BiTE-Fc 能够激活 T 细胞，使其增殖并准备攻击目标。

3. 右侧部分则描绘了被激活的 T 细胞对肿瘤细胞的杀伤作用。当这些活化的 T 细胞遇到带有 DLL3 标志物的肿瘤细胞时，会对其进行连续裂解，导致肿瘤细胞凋亡。

整个流程可以概括为以下几个步骤：

1. 抗体识别并结合到特定的靶点（如 CD3、DLL3 等）；

2. 通过生物工程技术将这些抗体组合成具有双重功能的 BiTE-Fc 分子；

3. BiTE-Fc 引导 T 细胞到达肿瘤部位并进行攻击；

最终实现肿瘤细胞的清除或抑制其生长。

（2）有机合成操作步骤提取

针对化学药物的文献，结构提取至关重要。在医药文献中，结构式可能是药物的结构，也可能是前药或代谢后产物。对这种结构的提取并不是一种图片的复制，而是基于化学式结构的 SMILE 或 MOL 文件的存储方式，具体可以参考 3.2 节中医药工业语言中的内容。

药物合成路线是指在实验室内从原材料出发，经过多步合成制备目标分子的一系列反应步骤。它是药物设计和合成的关键环节之一，需要考虑原料的可得性、反应条件、反应效率和中间体的稳定性等因素。合成路线的确定对于药物的最终成本、生产效率和环境影响都有重要影响。在药物合成路线的设计中，逆合成分析法是一种常用的方法，它从复杂的目标分子推导出简单的起始原料，是一种逆向逻辑思维过程。设计合成路线时，通常希望路线尽量简捷，以最少的反应步骤完成药物分子的构建，同时又要确保药物的纯度等关键指标。此外，合成路线的设计还需要考虑反应的选择性，尽量使用高选择性反应，减少副产物的生成。药物合成路线的设计和选择还涉及模拟类推法，这种方法通过比对分析和归纳整理类似物的多条合成路线，形成对文献报道的类似物合成路线设计思路的广泛认识和深刻理解。

通常来讲，文献中的有机反应路线图与反应条件步骤不会在一起写出，而是分布在文中的上下不同位置，需要根据化学反应式中产物的名称，在整个文献中根据对应的名称，才能找到该物质的试验操作步骤。图 2-26 所示，S-1a 与 S-1b 是两个化合物，所以有机合成操作过程也不一样。

HATU,collidine,DMF

Ac-EVC-OH:R=AC
Ac-EEVC-OH:R=AC-Glu(OtBu)

S-1a:R=Ac
S-1b:R=Ac-Glu(OtBu)

图 2-26　文献中的有机反应式

通过医药大语言模型，可以自动找到文献中合成化合物的具体操作步骤。例如图 XXX 中使用黑框圈定的化合物 S-1a，医药大语言模型可以根据此名称自动在全文中寻找对应的操作步骤，并能够将此步骤提取出来与原反应式合并。如下所示，为医药大语言模型提取出的 S-1a 化合物合成操作流程。

Mal-Exo-EVC-Pyrene Synthesis

tert-Butyl(4S)-4-Acetamido-5-(((2S)-1-(((2S)-1-((4-(1-hydroxy-2-methoxy-2-oxoethyl)phenyl)amino)-1-oxo-5-ureidopentan-2-yl)amino)-3-methyl-1-oxobutan-2-yl)amino)-5-oxopentanoate (S-1a).

Ac-Glu(OtBu)-Val-Cit-OH (19.9 mg, 39.7 μmol) was dissolved in DMF (400 μL), and 1-[bis(dimethylamino)methylene]-1H-1,2,3,triazolo[4,5-b]pyridinium 3-oxide hexafluorophosphate (18.1 mg, 47.6 μmol) and 2,4,6-trimethylpyridine (6.27 μL, 47.6 μmol) were added and stirred at room temperature (rt) for 10 min. Subsequently, p-amino-mandelic acid methyl ester (35) (8.63 mg, 47.6 μmol) was added, and the mixture was stirred at rt for 21.5 h and then purified by reverse phase preparative chromatography. The fraction containing the product was collected, concentrated under reduced pressure to remove acetonitrile, and freeze-dried to obtain compound S-1 (28.5 mg, quant).

---

^{1}H NMR (400 MHz, DMSO-d6): δ 9.95 (s, 1H), 8.07 (d, J = 7.4 Hz, 1H), 7.99 (d, J = 8.0 Hz, 1H), 7.66 (d, J = 8.4 Hz, 1H), 7.50 (d, J = 8.4 Hz, 2H), 7.25 (d, J = 8.4 Hz, 2H), 5.92 (br s, 1H), 5.36 (br s, 2H), 5.01 (s, 1H), 4.34 - 4.29 (m,1H), 4.26 - 4.20 (m, 1H), 4.14 - 4.10 (m, 1H), 3.53 (s, 3H), 3.00 - 2.83 (m, 2H), 2.18 - 2.13 (m, 2H), 1.94 - 1.89 (m, 2H), 1.84 - 1.23 (m, 17H), 0.79 (d, J = 6.8 Hz, 3H), 0.75 (d, J = 6.8 Hz, 3H).
MS (ESI) m/z: 665.30 [M + H]+.

这个案例看似简单，但是如果在一篇文献专利中出现几百个有机反应，通过人工去整理合成步骤将会是一件非常耗时的工作。使用医药大语言模型，只需要将文献上传，模型会自动化输出每个化合物的有机合成操作步骤。该工作对于未来自动化合成设备的发明具有重大意义。

（3）临床结果

药物临床试验结果主要包含有效性与安全性两个方面。有效性和安全性是药物研发过程中至关重要的两个方面，它们直接关系到新药能否成功上市，或某个组合疗法的评价。对于肿瘤患者，不同疗法的组合对于不同的肿瘤分期、不同的肿瘤标志物指标，都意味着不同的预后效果。

临床试验的有效性是指通过试验能够科学地证明药物在治疗、预防或诊断疾病方面的能力。临床试验中评价药物有效性主要是通过观测和评价有效性指标来实现的。这些指标可以是疾病的临床终点（如死亡、残疾、功能丧失），也可以是影响疾病进程的重要临床事件（如心肌梗死、骨折的发生），或者是通过量表或其他形式的定量、半定量或定性指标来评价社会参与能力、生活能力、临床症状和体征、心理状态等。为了比较试验药物和安慰剂或标准治疗之间的差异，临床试验通常采用随机对照设计，以确定试验药物的效果是否显著。对有效性综合分析的简要总结，其内容范围与有效性综合分析一致，不包括有效性综合分析以外的任何分析和结论。

临床试验的安全性评估是指对试验药物可能引起的不良反应和副作用进行系统的监测和评价。在进行人体临床试验之前，必须有足够的非临床研究结果来说明药物在人体研究中有可接受的安全性基础。在临床试验过程中，会对试验药物的不良事件进行详细记录和报告，包括不良事件和伴随疾病的记录和报告程序，以及不良事件的随访方式与期限。对药物的全部临床安全性研究数据进行系统分析，描述总体安全性特征，并确定应纳入药品说明书的风险声明。为了保证试验数据的完整、准确、可靠，电子数据管理系统应通过可靠的系统验证，并符合预先设置的技术性能。

临床试验的有效性和安全性是药物研发中不可或缺的两个环节，它们共同确保了新药的安全性和疗效，为患者提供了科学、有效的治疗选择。通过精心设计的临床试验，可以全面评估新药的疗效和安全性，为新药的上市提供坚实的科学依据。

通过医药大语言模型，能够快速提取有关药物有效性和安全性的数据，并能够根据医学习惯进行绘图分组。如图 2-27 所示，在 ESMO 上报道的 LAURA 试验中临床研究进展。

经过医药大语言模型的处理，对于临床结果的部分要素进行了提取。如表 2-7 所示，模型根据用户设置的提示词，可以完整提取出分组信息以及主要终点的数据，对于文中展示的不良反应与严重不良反应数据也能准确抽取。

表 2-7　医药大语言模型提取结果

组别	分组 1（试验组）	分组 2（对照组）
受试者	27	13
用药方案	Osimertinib 80 mg	Placebo
mPFS（95%CI）（主要终点）	NR（17.4 ~ NR）	3.7（1.8 ~ 7.7）
mOS（次要终点）	—	—
AE%	96	77
AE%（G>3）	30	8
SAE%	41	23

医药大语言模型用于临床结果数据结构化具有非常重大的意义，对于临床试验疗效的比较，对药物安全性的评价都可以使用模型直接完成。在肿瘤治疗中，患者的情况千奇百怪，需要大量前沿的临床试验结论，结合肿瘤学相关指南，医生才能够得到更加优效的治疗方案。医药大语言模型

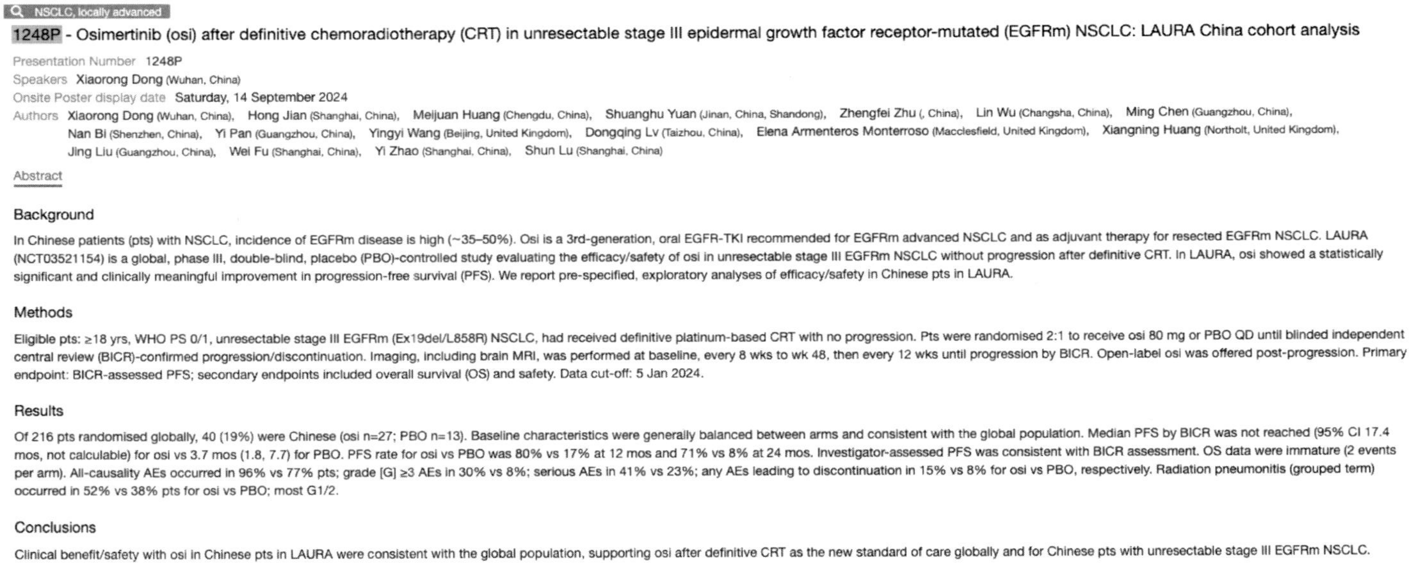

NSCLC, locally advanced

1248P - Osimertinib (osi) after definitive chemoradiotherapy (CRT) in unresectable stage III epidermal growth factor receptor-mutated (EGFRm) NSCLC: LAURA China cohort analysis

Presentation Number 1248P

Speakers Xiaorong Dong (Wuhan, China)

Onsite Poster display date Saturday, 14 September 2024

Authors Xiaorong Dong (Wuhan, China), Meijuan Huang (Chengdu, China), Shuanghu Yuan (Jinan, China, Shandong), Zhengfei Zhu (, China), Lin Wu (Changsha, China), Ming Chen (Guangzhou, China), Nan Bi (Shenzhen, China), Hong Jian (Shanghai, China), Yi Pan (Guangzhou, China), Yingyi Wang (Beijing, United Kingdom), Dongqing Lv (Taizhou, China), Elena Armenteros Monterroso (Macclesfield, United Kingdom), Xiangning Huang (Northolt, United Kingdom), Jing Liu (Guangzhou, China), Wei Fu (Shanghai, China), Yi Zhao (Shanghai, China), Shun Lu (Shanghai, China)

Abstract

Background

In Chinese patients (pts) with NSCLC, incidence of EGFRm disease is high (~35–50%). Osi is a 3rd-generation, oral EGFR-TKI recommended for EGFRm advanced NSCLC and as adjuvant therapy for resected EGFRm NSCLC. LAURA (NCT03521154) is a global, phase III, double-blind, placebo (PBO)-controlled study evaluating the efficacy/safety of osi in unresectable stage III EGFRm NSCLC without progression after definitive CRT. In LAURA, osi showed a statistically significant and clinically meaningful improvement in progression-free survival (PFS). We report pre-specified, exploratory analyses of efficacy/safety in Chinese pts in LAURA.

Methods

Eligible pts: ≥18 yrs, WHO PS 0/1, unresectable stage III EGFRm (Ex19del/L858R) NSCLC, had received definitive platinum-based CRT with no progression. Pts were randomised 2:1 to receive osi 80 mg or PBO QD until blinded independent central review (BICR)-confirmed progression/discontinuation. Imaging, including brain MRI, was performed at baseline, every 8 wks to wk 48, then every 12 wks until progression by BICR. Open-label osi was offered post-progression. Primary endpoint: BICR-assessed PFS; secondary endpoints included overall survival (OS) and safety. Data cut-off: 5 Jan 2024.

Results

Of 216 pts randomised globally, 40 (19%) were Chinese (osi n=27; PBO n=13). Baseline characteristics were generally balanced between arms and consistent with the global population. Median PFS by BICR was not reached (95% CI 17.4 mos, not calculable) for osi vs 3.7 mos (1.8, 7.7) for PBO. PFS rate for osi vs PBO was 80% vs 17% at 12 mos and 71% vs 8% at 24 mos. Investigator-assessed PFS was consistent with BICR assessment. OS data were immature (2 events per arm). All-causality AEs occurred in 96% vs 77% pts; grade (G) ≥3 AEs in 30% vs 8%; serious AEs in 41% vs 23%; any AEs leading to discontinuation in 15% vs 8% for osi vs PBO, respectively. Radiation pneumonitis (grouped term) occurred in 52% vs 38% pts for osi vs PBO; most G1/2.

Conclusions

Clinical benefit/safety with osi in Chinese pts in LAURA were consistent with the global population, supporting osi after definitive CRT as the new standard of care globally and for Chinese pts with unresectable stage III EGFRm NSCLC.

图 2-27　LAURA 的原始报道

能够帮助医生、在药物研发中快速对文献进行要素抽取与结论比较，为循证医学的应用起到积极的作用。

2. 文献文体润色

大语言模型能够帮助作者润色论文语句，让表达更清晰，也更符合高水平论文的表述方式。大语言模型应提供准确的术语说明，确保语言逻辑关系清晰，避免模糊表达，并使用简洁明确的语言。此外，还需要帮助作者正确使用专业术语和医学领域的缩略词，避免重复性表达，提高论文的紧凑性和清晰度，同时注意篇幅的控制，确保论文内容既丰富又精练。大语言模型能够有效地协助作者提升论文的质量，使其符合专业学术期刊的语言风格和发表标准。医药大语言模型专门针对医药相关文献文体进行优化，使对医药专有名词的描述更专业。一般来讲，医药相关论文有如下三个维度：医药术语规范化、SCI语言风格优化、翻译优化。经过大语言模型优化过的论文，有更加科学严谨的阅读体验，但也需要注意投稿杂志是否会对来稿做生成式语言检测。

2.2.3 医药专利分析与挖掘

专利在生物医药行业中扮演着至关重要的角色。专利为创新药物和技术提供了必要的知识产权保护，确保研发投资能够通过市场独占权得到合理的回报。这对于生物医药企业来说尤其重要，新药的研发周期长、成本高，且风险大，一个新药从研发到上市可能需要超过10亿美元的投入和超过10年的时间。专利保护还能促进技术进步和创新。通过专利企业可以保护其独特的治疗方法、药物配方或生产技术，从而在市场上保持竞争优势。此外，专利的存在鼓励企业进行更多的研发投入，以改进和开发新的医疗产品。

专利还是生物医药企业进行技术转让、许可和合作的重要资产。通过专利授权，企业可以将技术许可给其他公司，从而获得额外的收入来源。专利也是评估企业创新能力和市场价值的重要指标。专利保护也带来了挑战，如专利"饱和现象"，即当专利数量达到一定水平后，其对企业利润的促进作用可能会减弱。这要求企业在专利策略上进行精细化管理，合理规划专利布局，以最大化其价值。在实际操作中，生物医药企业需要关注专利申请的策略和时机，以及专利审查标准的变化。医药企业需要及时准确地理解和把握这些变化，以确保其专利权的有效性和稳定性。

制药企业在药物立项、药物研发、药物生产、药物销售各个阶段都需要对竞品专利进行监控分析，也需要根据这些分析结果调整自己的专利布局。对于创新药研发而言，需要分析竞争对手的专利保护内容，确保自身产品、工艺等不落入竞争对手专利的保护范围，避免因侵权而带来的法律纠纷。与此同时，还需要对自己产品的专利进行布局，确保不同发明点的专利对自身产品具有最长的保护期限。对于仿制药研发企业，关注原研专利的到期时间，做好产品规划，力争确保第一时间将自己的仿制药产品上市。药品专利研究是一个学科，在这里不再一一赘述其中细节。

医药大语言模型应用于专利分析，主要应用于以下四个方面。

专利发明点的探究。利用医药大语言模型，可以直接判定出药物专利的分类，以及保护的具体内容。专利分类包括化合物、序列、晶型、组合物、制剂、医药用途等。例如大语言模型通过专利的权利要求，可以直接判定出该专利保护药物的化合物或晶型。

专利中提取实验数据。专利中保护大量的药物试验数据，并且很多是文献中无法找到的试验数据。对这些内容医药大语言模型可以直接提取，帮助药物研发人员获取目标分子的试验信息。

生成专利交底书。研发人员完成发明后，需要让专业代理机构撰写专利交底书。通过医药大语言模型，帮助研发人员生成交底书能够降本增效，加速专利提交。

生成专利检索式。专利检索是一项技术，很多专利工作者都会编辑很长的检索式，用于完成复杂的专利检索。医药大语言模型针对医药类专利检索，只需要用户输入检索意图，就能够直接转化成所需要的检索式。

1. 专利发明点的研究

专利发明点的研究是一个非常复杂的过程，化学药与生物药有不同的分子保护策略。专利的核心诉求是对产品的保护，一个专利不但需要保护目标药物的结构，还需要保护所有和目标药物相似的结构。所以专利对药物的保护是一种对整个分子结构空间的保护，或对所有晶型结构的全面保护。专利是一个法律文件，需要通过知识的手段形成法律的护城河。医药大语言模型能够帮助研究者，从专利的权利要求与说明书中分析药物的专利保护策略。

（1）小分子保护策略探究

小分子药物，主要是指化学合成药物，通常是分子量小于1000的有机化合物，小分子药物具有使用广泛、理论成熟等优势。小分子药物结构具有良好的空间分散性，其化学性质决定了其良好的成药性能和药物代谢动力学性质。

医药专利按照保护内容，可以分为化合物专利、序列专利、复方专利、晶型专利、制备工艺专利、医药用途专利等。在一篇专利中，也可能同时保护药品的化合物结构与晶型，或者其他的各种组合。在分析专利保护策略时，必须明确专利中保护药物的哪个属性，才能确定专利的保护范围。

例如在药物盐酸佐利替尼的中国专利 CN105209456B 中，标题、摘要、权利要求如表 2-8 所示。

表 2-8　CN105209456B 专利中的基本内容

标题	表皮生长因子受体的活化突变形式的喹唑啉抑制剂
摘要	本发明涉及式（I）的化合物或其药学上可接受的盐：这些化合物拥有针对 EGFR 的活化突变形式的抑制活性，并且因此其抗癌活性在人体或动物体的治疗方法中是有用的。本发明还涉及含有它们的药物组合物并且涉及它们用于在温血动物（如人）中产生抗癌作用的药剂的制造中的用途。
权利要求	1.一种分子式（I）的化合物： （I）

或其一种药学上可接受的盐。

2. 如权利要求 1 中所述的式（I）的化合物，该化合物是 4-[（3-氯-2-氟苯基）氨基]-7- 甲氧基喹唑啉-6- 基（2R）-2，4-二甲基哌嗪-1- 羧酸酯。

3. 如权利要求 1 中所述的式（I）的化合物的药学上可接受的盐，该药学上可接受的盐是 4-[（3-氯-2-氟苯基）氨基]-7- 甲氧基喹唑啉-6- 基（2R）-2，4-二甲基哌嗪-1- 羧酸酯盐酸盐。

4. 如权利要求 1 中所述的式（I）的化合物的药学上可接受的盐，该药学上可接受的盐是 4-[（3-氯-2-氟苯基）氨基]-7- 甲氧基喹唑啉-6- 基（2R）-2，4-二甲基哌嗪-1- 羧酸酯琥珀酸盐。

5. 如权利要求 3 中所述的式（I）的化合物的药学上可接受的盐，该药学上可接受的盐是处于晶型的单 HCl 盐，该晶型具有拥有处于约 2- θ = 12.3°、13.9°、9.3°、23.3°、18.7°、16.0°、24.6°、26.8°、28.0° 处的特定峰值的 X 射线粉末衍射图。

6. 如权利要求 4 中所述的式（I）的化合物的药学上可接受的盐，该药学上可接受的盐是处于晶型的琥珀酸盐，该晶型具有拥有处于约 2- θ = 6.5°、17.7°、14.7°、9.2°、26.5°、20.2°、13.1°、27.3°、24.0° 处的特定峰值的 X 射线粉末衍射图。

权利要求

7. 一种药物组合物，包含一种如权利要求 1 ~ 6 中任一项所述的式（I）的化合物或其药学上可接受的盐，与一种药学上可接受的稀释剂或载体联合。

8. 如权利要求 1 ~ 6 中任一项所述的式（I）的化合物或其药学上可接受的盐在拥有针对 EGFR 的活化突变形式的抑制活性的药剂的制造中的用途。

9. 如权利要求 1 ~ 6 中任一项所述的式（I）的化合物或其药学上可接受的盐在用于温血动物中抑制活化突变 EGFR 的药剂的制造中的用途。

10. 如权利要求 9 所述的用途，其中所述温血动物是人。

11. 如权利要求 1 ~ 6 中任一项所述的式（I）的化合物或其药学上可接受的盐在用于对这样的治疗有需要的温血动物中产生抗癌作用的药剂的制造中的用途。

12. 如权利要求 11 所述的用途，其中所述温血动物是人。

13. 如权利要求 1 ~ 6 中任一项所述的式（I）的化合物或其药学上可接受的盐在用于非小细胞肺癌的治疗中使用的药剂的制造中的用途。

14. 如权利要求 1 ~ 6 中任一项所述的式（I）的化合物或其药学上可接受的盐在用于转移性非小细胞肺癌的治疗中使用的药剂的制造中的用途。

15. 如权利要求 14 所述的用途，其中所述转移为脑转移。

权利要求	16. 如权利要求 14 所述的用途，其中所述转移为柔脑膜转移。 17. 如权利要求 1 ~ 6 中任一项所述的式（Ⅰ）的化合物或其药学上可接受的盐与一种抗肿瘤剂的组合在拥有针对 EGFR 的活化突变形式的抑制活性的药剂的制造中的用途，其中所述抗肿瘤剂选自以下： （ⅰ）抗 CTLA-4 抗体； （ⅱ）6-（4-溴-2-氯- 苯基氨基）-7- 氟-3- 甲基-3H- 苯并咪唑-5- 羧酸（2-羟基-乙氧基）-酰胺或其药学上可接受的盐； （ⅲ）抗 PD-L1 抗体； （ⅳ）1-[（1S）-1-（咪唑并 [1，2-a] 吡啶-6- 基）乙基]-6-（1-甲基-1H-吡唑-4- 基）-1H-[1，2，3] 三唑并 [4，5-b] 吡嗪或其药学上可接受的盐； （ⅴ）抗 PD-1 抗体； （ⅵ）OX40 激动剂抗体。 18. 4-[（3-氯-2-氟苯基）氨基]-7- 甲氧基喹唑啉-6- 基（2R）-2-甲基哌嗪-1- 羧酸酯

经权利要求 1 可知，专利保护了化合物的结构，权利要求 2、3、4 进一步限定了化学物结构的保护范围。从权利要求 5、6 可知，专利保护了化合物晶型，使用 X 衍射结果限定。从权利要求 8、9、10、13、14、17 可知，专利保护这种化合物的医药用途。由此可知，经过分析该专利对药物盐酸佐利替尼保护了化合物、晶型、医药用途的内容。

医药大模型可以直接根据专利的标题、摘要、权利要求、说明书等信息，给出专利保护的实质，并且能够根据保护实质与药品说明书进行对应。具体过程如图 2-28 所示，对于专利 CN110366550A，医药大模型首选需要多输入各类专利信息进行理解，并根据标题、摘要、权利要求、说明书的描述对保护实质进行分类，并进行说明书内容对应，最后输出总结性结论。

根据标题和摘要的描述，医药大语言模型可以确定该专利是一个化合物的药物专利，如需更具权利要求的描述，医药大语言模型可以判定此类描述保护了该药物的化合物分子与衍生物分子。对于说明书的整体分析可知，该结构与药物索托拉西布一致，并且可知专利权人为安进公司，该公司是药物索托拉西布的原始研究机构。再结合专利申请时间与以上逻辑，可以判定专利 CN110366550A 为索托拉西布的化合物专利。

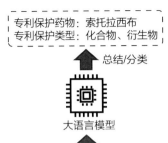

专利保护药物：索托拉西布
专利保护类型：化合物、衍生物

总结/分类

大语言模型

标题　　　　　　　　语意理解　　　　　　　摘要

作为用于治疗肺癌、胰腺癌或结直肠癌的KRAS G12C抑制剂的苯并异噻唑、异噻唑并[3,4-b]吡啶、喹唑啉、酞嗪、吡啶并[2,3-d]哒嗪和吡啶并[2,3-d]嘧啶衍生物

本文提供了作为用于治疗例如肺癌、胰腺癌或结直肠癌的KRAS G12C抑制剂的苯并异噻唑、异噻唑并[3,4 b]吡啶、喹唑啉、酞嗪、吡啶并[2,3 d]哒嗪和吡啶并[2,3 d]嘧啶衍生物以及相关化合物。

权利要求（部分）　　　　　　　　说明书（部分）

一种具有式(II)的结构的化合物 其中 E1和E2各自独立的 是N和CR1；J是N、NR10或CR10；M是N、NR13或CR13；视需要是单键或双键以给予每个原子其正常化合价；

2-氨基-4-溴-5-氯-3-氟苯并硫酰胺将劳森试剂（2.81g，6.95mmol）添加至THF（77mL）中的2-氨基-4-溴-5-氯-3-氟苯甲酰胺（中间体B，3.10g，11.59mmol）中，并将所得混合物在室温下搅拌1h。

图 2-28　医药大模型专利挖掘过程

通过医药大语言模型，可以快速分析出小分子药物的保护策略，为后面的产品专利布局提供了有力支撑。通过人工智能技术，能够快速分析大量专利的保护策略，为药物研发加速赋能。

（2）单克隆抗体药物专利保护策略

抗体是由 B 淋巴细胞转化而来的浆细胞分泌的，每个 B 淋巴细胞株只能产生一种它专有的、针对一种特异性抗原决定簇的抗体。这种从一株单一细胞系产生的抗体就叫单克隆抗体，简称单抗。单抗药物就好比生物体内的抗体发挥作用，对肿瘤、免疫疾病具有良好的效果。近年来，单抗药物的研发投入已经超过了小分子药物，是未来新药研发投入的重点赛道。与小分子药物专利保护类似，单抗药物也有特殊的专利保护策略。这些策略也可以通过医药大语言模型来进行解析。

单抗药物专利保护主要分为三个大类：序列限定、杂交瘤限定、亲和力或表位限定。这三种保护策略在授权可能性、保护范围等方面均不相同。我们需要先人工判定单抗专利的保护类型，并让医药大语言模型学习相应的权利要求叙述模式，模型后续就能够自动判定单抗专利的保护方式。

第一类：序列限定

①抗体序列通过 CDR 序列的方式进行限定。一般同时限定抗体重链和轻链的 6 个 CDR。例如表 2-9 中，专利 CN102216333B 的权利要求 1 中的内容。

表 2-9　专利 CN102216333B 的权利要求 1

权利要求	1. 一种特异性结合 c-MET 的单克隆抗体，包括三个轻链互补决定区 LCDR 和三个重链互补决定区 HCDR，其中 LCDR1 的氨基酸序列是 SVSSSVSSIYLH（SEQ ID NO:53），LCDR2 的氨基酸序列是 STSNLAS（SEQ ID NO:54），LCDR3 的 氨 基 酸 序 列 是 QVYSGYPLT（SEQ ID NO:56），HCDR1 的氨基酸序列是 GYTFTDYYMH（SEQ ID NO:65），HCDR2 的氨基酸序列是 RVNPNRRGTTYNQKFEG（SEQ ID NO:68），HCDR3 的氨基酸序列是 ANWLDY（SEQ ID NO:69）

②抗体序列通过 6 个 CDR 以及一个或多个框架区的序列限定抗体。例如表 2-10 中，专利 CN101573384B 的权利要求 1～6 中的内容。

表 2-10　专利 CN101573384B 的权利要求 1～6

权利要求	1. 一种结合 STEAP-1 的人源化单克隆抗体，其中该抗体包含重链（HC），所述重链包含： （1）HVR-H1，其包含 SEQ ID NO：14 的氨基酸序列； （2）HVR-H2，其包含 SEQ ID NO：15 的氨基酸序列； （3）HVR-H3，其包含 SEQ ID NO：16 的氨基酸序列； （4）HC-FR1，其包含 SEQ ID NO：25 的氨基酸序列。 且其中该抗体进一步包含轻链（LC），所述轻链包含： （1）HVR-L1，其包含 SEQ ID NO：11 的氨基酸序列； （2）HVR-L2，其包含 SEQ ID NO：12 的氨基酸序列； （3）HVR-L3，其包含 SEQ ID NO：13 的氨基酸序列。 2. 权利要求 1 的抗体，该抗体进一步包含至少一种、两种或三种选自下组的 HC 框架区（FR）： （1）HC-FR2，其包含 SEQ ID NO：22、75 或 76 的氨基酸序列； （2）HC-FR3，其包含 SEQ ID NO：23、78 或 79 的氨基酸序列； （3）HC-FR4，其包含 SEQ ID NO：24 的氨基酸序列。 3. 权利要求 1 的抗体，该抗体包含 SEQ ID NO：6 的轻链（LC）。 4. 权利要求 1 的抗体，其中所述 HC 包含 SEQ ID NO：10。 5. 权利要求 3 的抗体，其中所述 HC 包含 SEQ ID NO：10。

权利要求	6.权利要求1的抗体，其中该抗体是抗体片段，其选自Fab、Fab'-SH、Fv、scFv或（Fab'）2片段

③抗体序列以重链可变区（VH）和轻链可变区（VL）序列的方式限定。例如表2-11中，专利CN101415729B的权利要求1～3中的内容。

表2-11　专利CN101415729B的权利要求1～3

权利要求	1.一种治疗性抗体，包含由SEQ ID NO：26中所列序列组成的VH链和由SEQ ID NO：32中所列序列组成的VL结构域。 2.一种治疗性抗体，包含由SEQ ID NO：28中所列序列组成的VH链和由SEQ ID NO：32中所列序列组成的VL结构域。 3.一种治疗性抗体，包含由SEQ ID NO：30中所列序列组成的VH链和由SEQ ID NO：32中所列序列组成的VL结构域

④抗体序列以重链和轻链序列的方式限定。例如表2-12中，专利CN104159612B的权利要求1～2中的内容。

表2-12　专利CN104159612B的权利要求1～2

权利要求	1.药物制剂，其包含浓度范围为80mg/mL至150mg/mL的抗-IL-17抗体、浓度为20mM的柠檬酸盐缓冲剂、浓度为200mM的氯化钠、浓度范围为0.02%（w/v）至0.03%（w/v）的聚山梨酯-80，且pH为5.7，其中所述抗-IL-17抗体包括具有LC和HC的抗体，其中所述LC的氨基酸序列为SEQIDNO：4，且所述HC的氨基酸序列为SEQIDNO：5。 2.权利要求1的制剂，其中所述抗-IL-17抗体包含两条LC和两条HC的抗体，其中每条LC的氨基酸序列为SEQIDNO：4，且每条HC的氨基酸序列为SEQIDNO：5

第二类：杂交瘤限定

通过产生抗体的杂交瘤细胞进行限定，专利权利保护稳定，但保护范围狭窄。例如表2-13中所示的专利CN1215083C的权利要求1～2。

表2-13 专利 CN1215083C 的权利要求 1 ～ 2

权利 要求	1. 一种免疫球蛋白，其特征在于，它特异性地结合于 MXR7 蛋白，并且由小鼠杂交瘤细胞系 MF4C4，CCTCC No.C200111 所产生。 2. 如权利要求 1 所述的免疫球蛋白，其特征在于，所述的 MXR7 蛋白具有 SEQ ID NO：2 所示的氨基酸序列，或者所述的 MXR7 蛋白缺失 N 端 57 个氨基酸

第三类：亲和力或表位限定

抗体通过亲和力或表位的限定来进行保护，是一种效力最强的专利保护方式。这种保护方式保护的范围极宽，竞争对手很容易就会落到专利保护的范围内而形成侵权。抗体亲和力或表位的保护方式也是最难授权的一种。

1）通过与靶的亲和性或竞争性结合的方式来限定抗体。如表 2-14 中所示，专利 CN101103042A 的权利要求 1 ～ 12。

表2-14 专利 CN101103042A 的权利要求 1 ～ 12

权利 要求	1. 一种分离的单克隆抗体或其抗原结合部分，其中该抗体： （a）以 $1\times10\text{-}7M$ 或更低的 KD 与人 IRTA-2 结合； （b）基本不与人 IRTA-3 或 IRTA-4 结合；且 （c）与 Granta 519 肿瘤细胞结合，并且基本不与 Raji 或 Ramos 肿瘤细胞结合。 2. 权利要求 1 的抗体，其为人抗体。 3. 权利要求 1 的抗体，其为嵌合抗体或人源化抗体。 4. 权利要求 2 的抗体，其为 IgG1 或 IgG4 同种型的全长抗体。 5. 权利要求 2 的抗体，其为抗体片段或单链抗体。 6. 权利要求 2 的抗体，其中所述抗体以 $5\times10\text{-}8M$ 或更低的 KD 与人 IRTA-2 结合。 7. 权利要求 2 的抗体，其中所述抗体以 $5\times10\text{-}9M$ 或更低的 KD 与人 IRTA-2 结合。 8. 权利要求 2 的抗体，其中所述人 IRTA-2 包括具有如 SEQ ID NO：25[Genbank 登录号 NP_112571] 所示氨基酸序列的多肽。 9. 权利要求 2 的抗体，其中所述人 IRTA-3 包括具有如 SEQ ID NO：27[Genbank 登录号 AAL59390] 所示氨基酸序列的多肽。 10. 权利要求 2 的抗体，其中所述人 IRTA-4 包括具有如 SEQ ID NO：28[Genbank 登录号 AAL60249] 所示氨基酸序列的多肽。 11. 权利要求 2 的抗体，其中该抗体实际上与 SU-DHL-6 或 JEKO-1 肿瘤细胞结合。

续表

权利要求	12. 权利要求 2 的抗体，其中该抗体基本不与 Daudi、IM-9、Karpas1106P 或 SU-DHL-4 肿瘤细胞结合

2）通过抗原的结构域或者表位来限定抗体。如表 2-15 中所示，专利 CN102725309A 的权利要求 1 ~ 2。

表 2-15 专利 CN102725309A 的权利要求 1 ~ 2

权利要求	1. 一种抗体 Fab 片段，其与人 GPVI 特异性结合并诱导 GPVI 耗尽表型。 2. 权利要求 1 的抗体 Fab 片段，其中所述抗体 Fab 片段与人 GPVI 的构象表位结合，并接触包括 Ser 43、Arg 67 和 Asp 81 的人 GPVI 残基

经过以上的分析，经过微调的医药大语言模型，可以有效认知各类保护方式的语言描述，后续可直接将专利全文输入模型后，即可获得该专利的单抗保护策略。我们可以设计一个工作流程，让医药大语言模型成批量地处理专利，如图 2-29 所示。将专利 CN108779177B 的权利输入给医药大语言模型，该大语言模型经过监督微调数据（Supervised Fine-Tuning，SFT）微调，能够具备分辨专利保护类型的能力。按照此流程，可以将海量专利的权利要求输入医药大语言模型，直接获得专利保护类型并抽取到相应序列。

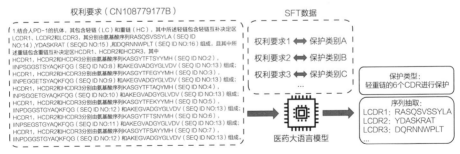

图 2-29 医药大语言模型专利处理流程

前文中分析的单抗药物保护三个大类，都有相应的权利要求进行描述，这些数据可以作为医药大语言模型的 SFT，只有经过微调的医药大模型才能够对单抗药物的保护策略进行区分。利用大语言模型技术分析专利，可以自动化完成海量专利策略的输出，对于抗体偶联药物、小核酸药物、基因疗法等专利，只要人工定义出不同药物种类的保护特点，模型就可以准确判断相应的策略。

2. 专利生成马库什保护

在小分子药物的专利中，马库什结构是一种特殊的化学结构表示方法，它允许专利申请人以一种概括性的方式描述一系列具有共同核心结构但不同取代基的化合物。这种表示方法极大地扩展了专利的保护范围，因为它涵盖了所有可能的取代基组合，而无须逐一列举。

在药物妥拉美替尼的专利 CN103204825B 中，对妥拉美替尼的马库什结构表达如图 2-30 所示。可以看到药物分子使用马库什结构进行保护，其中 R 基团代表各种可能取代的基团。

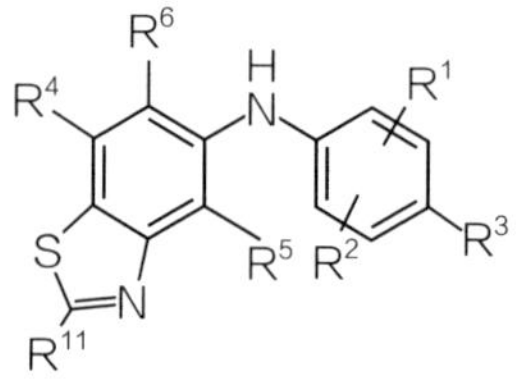

图 2-30　妥拉美替尼的马库什结构

对于 R 基团的描述可以参见图 2-31，图中对 R 基团的描述非常宽泛，例如烷氧基可以是很多烷氧的组合。使用马库什结构保护药物分子，本质是保护了基本骨架下的一大类化合物结构，从而获得更多的权益。其他研

R^1、R^2、R^4 和 R^5 各自独立地选自氢或卤素，

R^3 选自卤素、C_1-C_6 烷氧基、C_1-C_6 烷硫基、卤代 -C_1-C_6 烷氧基、卤代 -C_1-C_6 烷硫基、卤代 C_1-C_6 烷基，

R^6 为 -C（O）NR^8OR^7、-C（O）NR^8R^7 或 -$NHSO_2R^7$，

R^7 和 R^8 各自独立地选自氢、C_1-C_6 烷基、C_3-C_6 环烷基、C_3-C_6 环烷基 C_1-C_6 烷基、C_1-C_6 烷基 C_3-C_6 环烷基，

其中所述 C_1-C_6 烷基、C_3-C_6 环烷基、C_3-C_6 环烷基 C_1-C_6 烷基、C_1-C_6 烷基 C_3-C_6 环烷基可各自独立地被一个或多个选自以下的基团任选取代：羟基、巯基，

R^{11} 为氢。

图 2-31　妥拉美替尼的马库什结构 R 基团描述

究者不能够研发在专利保护下的一系列化合物，这也是专利对原始研究者的保护意义。

但是在实际的操作中，原始研究者如何定义出药物的马库什结构是一项非常复杂的工作。定义过多的 R 基团，需要说明书中有足够多的试验进行支撑，R 基团定义得较少，又无法起到保护这一系列化合物的作用。所以研究者会根据已经合成的化合物来制定马库什结构保护策略。图 2-30 中的马库什结构，可能来自图 2-32 中展示的化合物，这些化合物是马库什结构中的一些代表，通常也是药企完整活性测试的结构。研究人员总结了这些化合物的结构特点，进而概括出专利保护的马库什结构。

一般来讲，研发人员从这些示例结构中，概括出专利保护的马库什结构是一个难点。主要在于在大量示例结构出现后，很难总结出一个比较通用型的规律。R 基团设计得过多，会使保护范围很大，而专利又难以授权。R 基团设计得较少，又会导致专利马库什结构保护范围狭窄，而无法很好地发挥专利的保护产品的效力。

医药大语言模型的出现，能够辅助研发人员生成马库什结构。整个过程分为四个步骤，如图 2-33 所示。第一步需要输入已经合成好的类药结构，这些结构也可以是实施例中的结构；第二步需要输入意图，例如需要较宽泛的保护范围或较狭窄的保护范围；第三步将前两步内容输入医药大语言模型并输出相应的马库什结构；第四步给出马库什中 R 基团的描述。使用医药大语言模型，能够提高专利撰写的效率，研发人员只需要在生成好的马库什结构上进行微调，便可完成整个专利的撰写。

3. 生成专利交底书

专利交底书为专利申请提供了一个详细的技术背景和发明内容的描述，这对于专利申请的成功至关重要。专利交底书详细阐述了发明的技术领域、背景技术、发明内容、技术问题、技术方案、有益效果以及实施例等多个方面，这有助于专利审查员理解发明的创新点和实用性，确保发明符合专利法的要求。同时，它也保护了发明人的知识产权，为后续的专利申请流程打下坚实的基础，确保发明人能够获得合法的专利保护。一份清晰详尽

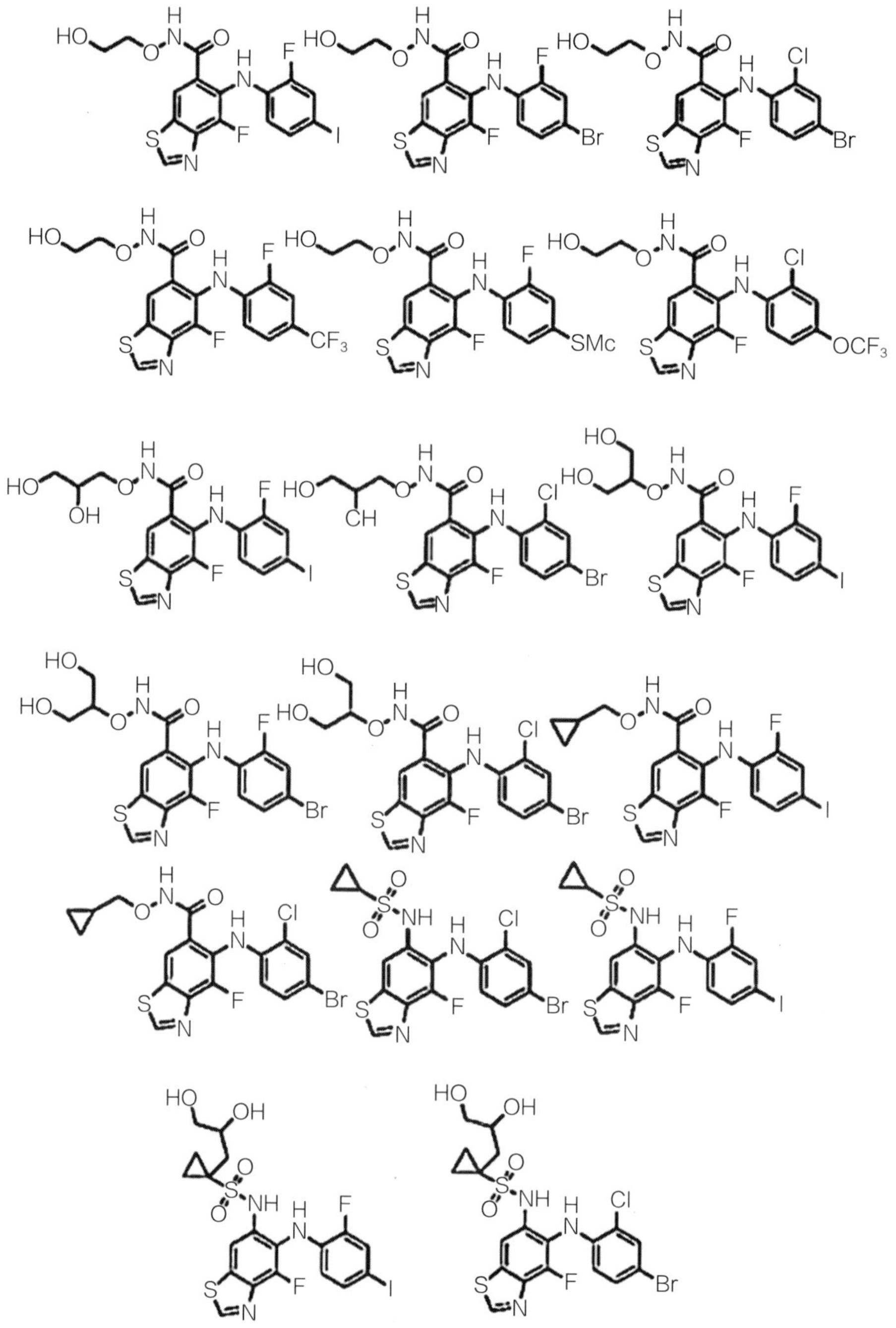

图 2-32　真实合成的类药结构

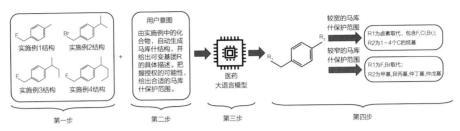

图 2-33　医药大语言模型生成马库什结构流程

的交底书还能减少专利申请过程中的沟通成本和时间，提高专利申请的效率和成功率。

当前专利的申请主要技术来源于研发人员，研发人员对专利整体并不熟悉，也对专利保护的法律依据不甚了解，通常情况下由研发人员撰写专利交底书，由合作的专利代理机构依据交底书内容完成所有专利的撰写。但是由于研发人员工作繁忙，阐述技术细节的过程不一定符合专利撰写的规则，所以能够让研发人员给出核心技术点，快速自动生成专利交底书具有非常重要的意义。

大语言模型可以完成文本生成任务，基于研发人员给出的技术要点，经过提示词调试能够自动生成专利交底书，总体流程如图 2-34 所示。

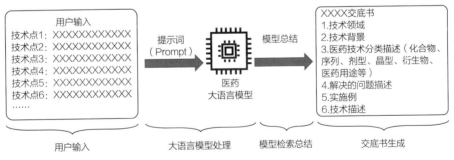

图 2-34　大语言模型生成医药专利交底书流程

（1）用户输入

用户输入的主要是对技术的描述，在输入时需要尽可能地详细描述需要保护的技术细节。在用户输入的过程中，不对用户输入做更多的要求是本场景的重点。同时，用户可以输入必要的技术路线图，以及相关的其他文档。

（2）大语言模型处理

基于用户输入的内容，大语言模型需要进行以下几类处理，如表2-16所示。

表2-16　大语言模型的处理维度

维度	内容	备注
专利保护实质与分类	专利目的是保护产品，还是保护方法工艺或用途，或都进行保护。生物医药领域，保护产品可以是保护药物分子、衍生物、组合物、药物晶型、剂型等；保护方法与用途可以是保护制备工艺、医疗用途等	医疗用途保护，不同国家专利法要求不同
技术领域	专利技术领域背景关键词提取	需要外部检索
具体技术方案	基于用户输入的产品描述与技术描述，抽取专利保护内容	
实施例	识别用户提供的具体实施方案（如果提供）	
名词解释	识别提取专业名词，并进行解释	需要外部检索

提示词参考如下，操作过程中还需按照实际情况调整。

请作为一位专利分析人士，将（用户输入内容）进行拆解。拆解分为以下维度：

①判定专利保护实质与分类。包括判定用户描述需要保护产品还是工艺过程。用户描述中判定保护产品内容为药物分子、衍生物、组合物、药物晶型、剂型等中的一种或几种；判定保护工艺过程的可以分为制备工艺、医疗用途中的一种或几种。

②技术领域。提取用户描述中有关技术的关键词汇。

③具体技术方案。基于用户描述内容，不要改变数据，不要发挥，总结出用户描述的技术方案。

④实施例。总结出用户描述中的实施过程实例，用序号标注清晰。

（3）模型检索总结

经过大语言模型处理，把用户输入的内容切分成了几个部分，一些背景知识需要大语言模型基于关键词进行外部检索。例如"技术领域"在第二部进行了技术领域背景关键词的提取，大语言模型根据这些关键词可以通过谷歌、百度、维基等知识引擎进行相关知识检索，可以通过智慧芽或PubMed 检索相关的文献与专利。对于技术领域，需要大语言模型完成检索后总结相关背景知识，名词解释部分需要大语言模型自动进行解释，相关文献部分即检索相关文献与专利，并总结这些文档的概要。

（4）交底书生成

在完成大语言模型处理与模型检索总结后，可以生成专利交底书。专利交底书结构如表 2-17 所示。

表 2-17　专利交底书结构

大纲	描述
1. 领域与背景	由大语言模型总结的领域信息与背景。例如，siRNA 药物递送系统的综述；单克隆抗体研发背景综述等
2. 专利保护实质	基于用户的描述信息，给出专利保护内容的分类，并生成需要保护的内容
3. 技术方案	经润色后，基于用户描述生成技术方案
4. 实施例	完整生成实施例
5. 补充信息	名词解释与相关文档

4. 生成专利检索式

专利检索是一项复杂而细致的工作，它要求我们能精确地定位到所需的专利文献。为了实现这一目标，我们通常会构建一个专利检索式，这是一种包含关键词、分类号、逻辑运算符等元素的表达式，旨在帮助我们能从专利数据库中提取出特定的信息。在构建检索式的过程中，布尔运算符的使用是至关重要的，它们包括"AND""OR"和"NOT"，这些运算符可以帮助我们组合不同的检索条件，以实现更精确的搜索。例如，如果我们想要找到既包含"RNA"又包含"肿瘤"的专利，我们可以使用检索式："发明名称=药物类型=（RNA）AND适应证=（肿瘤）。"这样的检索式可以帮助我们缩小搜索范围，提高检索的效率和准确性。除了使用布尔运算符，检索式中还可以包含不同的检索字段，这些字段包括申请号、公开号、发明名称、申请人、发明人等。用户可以根据自己的需求选择相应的检索字段，并在这些字段中输入特定的信息进行检索。这样做的好处是，它可以帮助我们更精确地定位到特定的专利信息，从而避免在大量的专利文献中浪费时间。

在专利检索中，分类号的使用也是一个重要的方面。通过使用国际专利分类（IPC）等分类号，我们可以进一步缩小检索范围，提高检索的准确度。例如，在特定IPC分类号下进行关键词检索，可以更精确地找到相关专利。这种方法特别适合于那些需要在特定技术领域内进行深入研究的用户。

关键词检索是专利检索中的另一个关键环节。根据专利名称、申请号、公开号、专利权人、发明人等关键词进行检索，可以帮助我们快速定位到相关的专利信息。在这个过程中，选择合适的关键词非常关键，需要考虑同义词、近义词、关联词、上位概念、下位概念等，进行多次、全面的检索。这样的全面检索可以确保我们不会错过任何相关的专利信息。

在检索式中，特殊字符的使用也是提高检索精度的一个重要手段。例如，可以使用"+"代表任意长度的字符串，"#"代表一个强制存在的字符，"？"代表一个或没有字符。这些特殊字符可以帮助我们构建更为精确的检索式，从而提高检索的效果。在一些专利检索系统中，还可以使用特定的检索操作命令。例如，在某系统中，"SS"可以进行检索，"ES"可以进行二次检索，"TZ"可以进行同族检索等。这些命令的使用可以进一步提高检索的效率和准确性。一些系统还支持对申请（专利权）人/发明人、技术领域、申请号/公开（公告）号、关键词等进行扩展检索。这种扩展检索可以帮助我们找到更多的相关信息，提高检索的全面性。通过这种方式，我们可以确保不会错过任何可能的专利信息，从而为我们的研究或工作提供更全面的支持。

专利检索式是专利检索过程中的一个关键工具，它可以帮助我们从庞大的专利数据库中快速、准确地找到所需的专利信息。通过合理地使用布尔运算符、检索字段、分类号、关键词检索、特殊字符、检索操作命令以及扩展检索规则，我们可以构建出有效的专利检索式，从而提高检索的效率和准确性。通过精确的专利检索，我们可以更好地理解现有技术，避免重复发明，同时也可以帮助我们发现潜在的技术机会和市场机会。因此，掌握专利检索式的构建和使用，对于任何需要专利信息的人来说，都是一项重要的技能。

专利检索式的构建是一个复杂的过程，很多专利分析师都曾经编写过大量复杂的检索式，并将其保存下来以确保检索到的专利不重不漏。大语言模型的出现，可以帮助专利分析师仅仅通过一段技术描述或一份专利交底书，一份专利的权利要求或产品说明，甚至是一个研讨会的会议纪要，就能够按照语义生成出目标的检索式，具体的流程如图 2-35 所示。我们以一个药物原理说明为例，经过大语言模型确定主题并扩展了相关主题下的关键词，最后生成一系列检索式。用户可以根据自己的情况进行挑选，也可以全部选择进行搜索，确保专利检索不重不漏。

图 2-35　大语言模型生成专利检索式

（1）用户输入

用户可以输入一段技术描述，也可以是会议纪要或专利的权利要求书，但一定要包含需要检索的技术要素。

（2）检索要点总结

基于用户输入的内容，利用大语言模型提取具体需要检索的技术点，同时需要给出所在领域的 IPC 分类。例如，"一种靶向 SGLT-2 的糖尿病治疗药物"，检索要素包括 "SGLT-2 靶点药物""糖尿病药物"。IPC 分类为 A16P5/00 治疗内分泌系统疾病的药物。用户输入的信息是大量的，故能够提取到很多检索要点，也会伴随有多个 IPC 分类号。

（3）关键字提取扩展

基于第二步检索要点总结后，可以利用大语言模型提取并扩展出其他关键词。例如，关键字"糖尿病"可以扩展为"一型糖尿病"与"二型糖尿病"，"SGLT-2"可以扩展为"钠-葡萄糖协同转运蛋白 2"等。

（4）生成检索式

基于以上内容，最后通过大语言模型生成检索式。通常生成正则类检索式与 IPC 类检索式，检索式需要生成多个，让用户自己选择判定。每个检索式检索得到的专利量不同，这样才能做到不漏检的目的。例如，生成检索式为（"SGLT-2" OR "钠-葡萄糖协同转运蛋白 2"）AND（"Ⅰ型糖尿病" OR "Ⅱ型糖尿病" OR "糖尿病"），IPC 类检索式为 IPC（A16P5/00）。

生成专利检索式是大语言模型在专利检索中的重要应用，也是链接传统专利数据库与用户意图的桥梁。

2.3 药物临床研究的大语言模型场景

药物上市批准前的临床试验平均需要 15 年的时间，并且需要 20 亿至 50 亿美元的研发支出，其中约一半的费用用于临床试验。由于临床试验阶段的成功概率不同，导致只有大约 10% 的化合物能够从临床试验阶段最终获得美国食品与药品管理局（FDA）的批准。临床试验的高失败率是造成药物研发周期长和效率低的主要原因之一。具体来说，只有不到三分之一的 Ⅱ 期分子能够进入 Ⅲ 期，而超过三分之一的 Ⅲ 期药物最终未能获得批准。这些关键的失败点往往出现在研发周期的后期，尤其是成本最高的 Ⅲ 期试验，其成本约占整个试验成本的 60%。

高额的成本与较高的失败率一直是药物临床试验的最大风险，投资机构、药企在开展临床试验的时候都面临巨大的挑战，药物临床试验的困难有技术的原因，也有管理方面的原因，如图 2-36 所示列举了部分挑战因素。

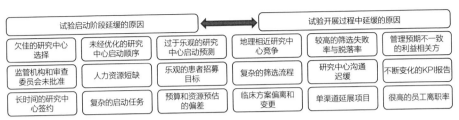

图 2-36 药物临床试验的挑战

　　大语言模型的发展可以赋能药物临床研究的各个方面。基于电子病历、医学知识库、临床试验设计规范等一系列数据资源，结合大语言模型逻辑可以有效加速病人入组、队列研究设计、患者管理等多方面服务，有效提高药物临床试验的成功率。

2.3.1　研究中心与 PI 选择

　　药物在开展临床试验前，必须选择相应的医学合作者（PI）与一个合规的临床试验中心开展临床试验工作。选择合适的 PI 与临床试验中心能够提高临床试验成功率，加速药物批准上市的进程。同时在不以申报为目的的探索性临床试验（Investigator Initiated Trial，IIT）中，好的医学合作者能够帮助药企探索公司相关药品与治疗领域的策略性医学问题，推动医学进步、提升医疗水平、造福患者。他们对新治疗方法的探索与制药企业发起的研究（Industry-Sponsored Clinical Trial, IST）互为补充，可以提供更多的临床研究数据，为患者的临床获益提供更多的证据。

　　PI 在新药临床试验中扮演着至关重要的角色，他们通常是某一治疗领域的权威专家。PI 对创新药物有深刻的理解，能够对临床设计方案做出专业判断，并提供建设性的意见。有经验的 PI 还能组织国际多中心的临床试验，为药物的国际化铺路。PI 的职责包括协助制订试验方案、负责研究伦理审批、确定研究中心、招募受试者、进行试验、监督研究团队和安全性监督等。

　　由于临床试验需要花费大量资金，选择合适的 PI 能够提高临床试验成功率，这也是所有申办方最为关注的事情。但是如何才能选择一个合适靠谱的 PI 呢？这就需要我们建立一套 PI 的画像体系，利用医药大语言模型的总结能力输出合理的分析结论。

1. 构建 PI 评价数据

在临床研究开始前，主办者需要了解目标领域内都有哪些 PI 或申办机构。可以从适应证、靶点、药物类型等多个维度来考证。例如对于进行 KRAS G12C 药物治疗胰腺癌的临床研究，就需要收集所有从事过 KRAS G12C 研究与胰腺癌研究的试验资料，并且可以分析该试验是否得到了阳性结果。在这些资料中，一般包含 PI 的基本信息，将 PI 进行提取并重新聚和这些数据，就可以获得 PI 的画像。

临床试验数据可以通过 Clinicaltrial 数据库或药物临床试验登记与信息公示平台获得。图 2-37 展示了药物临床试验登记与信息公示平台中对 PI 的信息，本书中将关键信息进行了遮蔽。在这些数据库中，还包含试验设计、入排标准、试验分组、终点指标等一系列评价数据。值得说明的是，临床试验结果需要通过临床试验登记号到文献中进行查找。一般来讲临床数据登记平台通常不呈现临床试验结果。

1. 主要研究者信息

	姓名		学位		职称	
1	电话		Email		邮政地址	
	邮编		单位名称			

图 2-37　药物临床试验登记与信息公示平台中的 PI 信息

2. 医药大语言模型服务

在完成 PI 评价数据搭建后，可以使用医药大语言模型帮助研究者进行评价，但是需要将评价逻辑用提示词的方式输入给大语言模型。评价逻辑一般包括既往临床试验结果评价，目标适应证临床试验参与数量，是否参与国际化多中心研究，是否领衔多中心研究、所在医院等级等。以 KRAS G12C 靶点药物治疗晚期胰腺癌有效性与安全性三期临床研究为例，图 2-38，体现了医药大语言模型的评价逻辑。首先检索 KRAS G12C 靶点治疗胰腺癌的临床研究，获得研究后将主要 PI 提取进行重新聚合，即可以看到每个主要 PI 历史都从事过哪些临床研究。之后通过医药大语言模型对这些 PI 开展 SWOT 分析，从临床成功率、多中心临床经验、PI 所在医院的等级、PI 本身擅长的方向等多个方面进行 SWOT 分析。

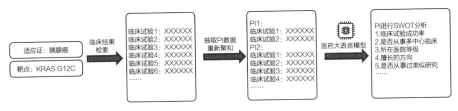

图 2-38　PI 评价逻辑

可能的提示词如下所示：

你是一个临床研究专家，需要利用临床试验相关数据来评价哪些是最佳的合作医生。

评价维度如下：

1. 评价临床试验结果：指该医生从事的所有相关临床试验阳性结果率，阳性结果率越高，则该医生越容易被推荐。

2. 评价多中心：参与过多个临床中心项目的医生，则更容易被推荐；作为主要负责人参与多个临床中心项目的医生，更容易被推荐。

3. 国际化多中心研究：参与过除了中国外，其他国家临床项目的医生，更容易被推荐。

4. 医院等级：医院等级越高的医生，越容易被推荐。

请结合以上评价标准，形成一个 SWOT 分析。

2.3.2　患者招募

临床试验是验证治疗或临床干预措施的疗效与安全性的金标准，并为医疗实践的指导和卫生政策的制定提供关键证据。在临床试验领域，患者招募一直是一个关键且具有挑战性的环节。传统的招募方式往往面临着地域限制、渠道单一、信息沟通不畅等问题，导致招募效率低下，难以满足临床试验的需求。为了提高招募效率和患者参与度，越来越多的医疗机构和企业开始采用数字化智能化的工具和平台来完成招募过程。

1.患者招募的挑战

在临床试验的执行过程中，患者招募环节往往耗时最长，通常占据整个研究周期的三分之一。事实上约有20%的试验未能达到预定的招募人数，而几乎所有试验的招募周期都超出了预期时间。为了提高招募效率，同时确保试验的安全性，一些研究团队正在探索放宽部分入选标准的可能性。患者招募在各个阶段都具有挑战性，如图2-39所示。

图 2-39　患者招募中的挑战

（1）试验知晓度

患者很少知道正在开展的临床试验，因此可能不会主动表达参与的兴趣。他们通常依赖医生提供与治疗相关的信息，而临床试验可能并不总出现在医生的脑海中，作为向患者提出的替代方案；医生可能也不知道正在开展哪些临床试验。此外，社会和文化认识上的差异，也可能会影响对参与试验的态度。

（2）患者筛选

患者可能被识别为试验的候选人，但患者筛查可能会显示该个体不符合纳入要求。在某些情况下，如果筛查过程很烦琐，患者可能会犹豫是否参与筛选过程。这个过程可能要求很高，如果同时存在更多可接受的治疗替代方案，那么该临床试验项目可能就无法吸引患者参与。

（3）治疗选择

即使项目有潜在的显著收益，患者及其家属仍可能会犹豫是否加入试验。因为临床试验治疗具有任何未经批准的治疗带来的风险，即使试验性治疗可能提供更高的潜在益处，患者也可能更愿意尝试具有已知益处和风险的获批药物。随着越来越多的获批治疗方案可及，预计选择试验性治疗的挑战将会增加。

（4）治疗可及性

在一些无法获得全民医疗保健的国家，对于那些可能是临床试验理想候选人的人来说，可能存在可及和可负担性的限制。例如，如果患者没有医疗保险，或者某些试验性治疗的共付额很高，他们就可能无法参与。许多试验在研究中心进行，有些试验研究中心可能距离太远，患者无法确保定期到访。

由于缺乏经济可行性，一些已建立的临床试验研究中心逐渐被关闭，而不得不迫使患者前往更远的地方才能参加试验，这进一步加剧了患者招募的困难。此外，许多监管机构要求一旦试验成功获批，参与试验的患者可以终生获得该疗法的治疗。为了避免承担这些苛刻的要求，即便当地可能有许多潜在的患者，试验申办者仍可能会有意规避有此类要求的国家。

（5）试验脱落

临床试验通常需要大量患者前往医疗机构，尤其是在非分散式试验中。对于日常较为忙碌或可能所剩时间不多的患者来说，让他们长期参与试验可能具有挑战性。在某些时候，患者可能会认为处理紧迫的家庭优先事项或与家人共度短暂时光比定期前往医疗机构更为重要。这可能会导致患者脱落。

以上分析的5个方面，都是招募患者过程中的困难所在。这些困难的核心，在于信息不对等与数据的流通困难。医药大语言模型能够对信息进行快速传递，患者使用简单，可以通过问答的方式获取临床试验的各类信息。在数据方面，医药大语言模型能够灵活匹配患者数据临床入排标准，自动化地完成患者入组推荐。

2. 医药大语言模型赋能患者招募

（1）患者入组服务

医药大语言模型赋能患者招募的核心思想，主要是利用大语言模型的生成能力和解释能力，能够快速地处理海量的患者信息和临床试验受试者要求。患者信息中通常会记录每个患者具体的个人信息，如年龄、性别、疾病史等。临床试验受试者要求中则会具体地描述纳入标准和排除标准。

针对的任务是将患者分配给具体的临床试验。当给定一个患者时，医药大语言模型会利用基础模型去理解患者的病历，并根据临床试验受试者要求中的纳入标准和排除标准，为患者匹配出最适合的一些临床试验，具体流程如图 2-40 所示。

在这个过程中，分为两个阶段使用医药大语言模型。

第一阶段，使用医药大语言模型从入排标准与患者基本信息中提取要素。这两类数据应具有相同的维度才能够进行合理比较。例如受试者年龄、适应证类型、外科治疗要求、内科治疗要求、病程周期等。这些数据通过医药大语言模型后，形成相对结构化的数据要素，以便于后续的对比推荐工作。

第二阶段，使用医药大语言模型对第一阶段产生的数据进行对比分析，推荐符合标准的患者作为受试者。在这个阶段中，大语言模型可以自动判定患者是否符合入排标准，并对可能入选的患者进行合适程度的排序。这样只要批量输入患者的基础病历信息，医药大语言模型就能够快速筛选出合适的入组患者。

（2）患者临床试验信息服务

临床试验中的障碍并不会因为受试者入组而结束，在试验过程中受试者退出率依然很高。在一个对 105 项临床试验的分析中，近 40% 的患者在第一年停止用药。出现这些问题的原因在于患者对临床试验信息并不清晰，也缺乏有效的途径了解相关信息。患者对临床试验的疗效、安全性、经济负担都充满着疑问，还有大量患者担心自己被分到对照组，而错失治疗的时机。

医药大语言模型可以给患者一个自由问答的平台。将所有临床试验相关的信息全都输入大语言模型中，模型可以直接回答用户的所有疑问，无人值守 24 小时能够服务所有需要咨询的患者。

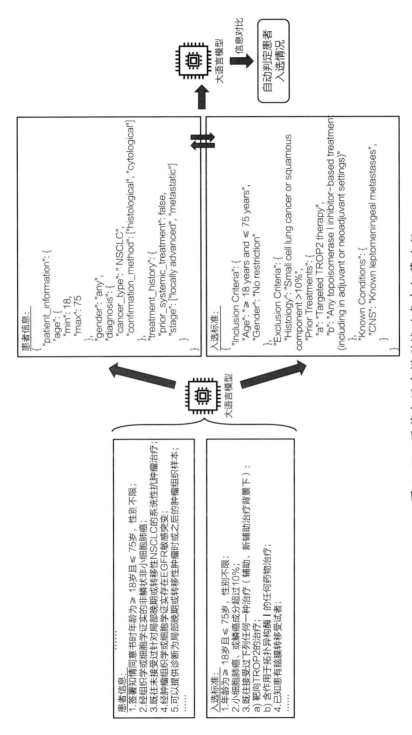

图 2-40　医药大语言模型辅助患者招募流程

2.3.3　真实世界研究

真实世界研究（Real World Study，RWS）是指针对预设的临床问题，在真实世界环境下收集与研究对象健康有关的数据（真实世界数据）或基于这些数据衍生的汇总数据，通过分析，获得药物的使用情况及潜在获益风险的临床证据（真实世界证据）的研究过程，如图2-41所示。真实世界研究的基础是获取真实世界数据，基于这些在真实世界中的用药数据得到真实世界证据，从而能够得出对药物的真实客观评价。

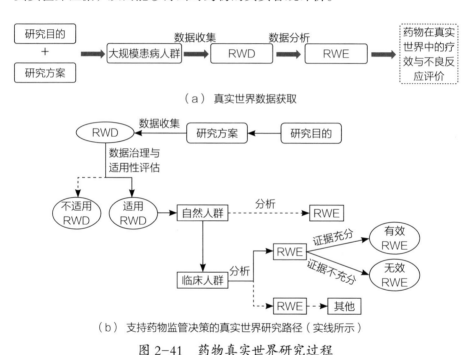

（a）真实世界数据获取

（b）支持药物监管决策的真实世界研究路径（实线所示）

图 2-41　药物真实世界研究过程

1. RWS 的数据来源

真实世界数据（Real World Data，RWD）是指来源于日常所收集的各种与患者健康状况或诊疗及保健有关的数据。并非所有的真实世界数据经分析后都能成为真实世界证据（Real World Evidence，RWE），只有满足适用性的真实世界数据在完成恰当和充分的分析后才有可能产生真实世界证据。真实世界数据通常有以下 7 个来源。

来源 1：医院信息系统

这是一种类似于电子健康档案的系统，它整合了患者的结构化和非结构化记录，包括人口学特征、临床特征、诊断、治疗、实验室检查、安全性和临床结局等信息。

来源 2：医保系统

该系统记录了患者的基本信息、医疗服务利用情况、诊断、处方、结算、医疗付费和计划保健等，所有这些数据都是以结构化字段的形式存储的。

来源 3：国家药品不良反应监测系统

该系统利用医疗机构的电子数据，建立了一个药品及医疗器械安全性的主动监测与评价系统。

来源 4：自然人群队列和专病队列数据库

指的是我国国内已经建立或正在建立的自然人群队列和专病队列的数据库。

来源 5：组学相关数据库

这些数据库收集了患者的生理学、生物学、健康、行为和可能的环境相互作用的组学相关信息，包括但不限于药物基因组学、代谢组学和蛋白质组学。

来源 6：收集患者随访数据

从各类数据库获取数据，通常是在回顾性真实世界研究中使用。对于前瞻性研究，更多的是来自收集患者的随访数据。前瞻性真实世界研究，是一种从当前时间点开始，追随到未来某个时间的过程。它要求研究者选定研究对象，预定研究方式，并将相关影响因素纳入统计范围，进行持续的追踪研究，最终在原订计划的时间内做出评估。前瞻性研究特点具有牵连性、影响性、可发展性，研究过程中注重研究对象的动态变化，以及这些变化对研究结果的影响。对于肿瘤病人的生存分析，可以客观地评价不同的疗法药物对患者生存期的影响。对于心脑血管疾病的追随，可以分析某个饮食或生活习惯对血压、胆固醇、甘油三酯的改善是否有所帮助。

来源7：其他特殊数据源

这包括部分地区医疗机构根据相关政策、法规，因临床急需进口少量境外已上市药品等用于特定医疗目的而生成的数据；以及为特殊目的创建的数据库，如法定报告传染病数据库、国家免疫规划数据库等。

这些多样化的真实世界数据源为研究提供了丰富的信息，但同时也带来了关于数据质量、编码标准性和合规性的挑战。研究项目需要解决如何合规且高效地将这些数据转化为可用于研究的真实世界证据的问题。

由于回顾性真实世界研究需要使用外部数据库获取数据，由于各类数据库结构不同，所以涉及复杂的数据清洗工作，这项工作当前可以使用大语言模型整合不同数据库的字段，形成研究者希望展示的数据集。对于前瞻性研究，随访内容基本来源与患者自身的语言描述，生物医药大语言模型可以自动将患者的语言描述转化为医学专家需要的形式，从而来帮助真实世界研究的数据分析工作。

2. RWS 的大语言模型应用场景

随访是一类典型的前瞻观察性队列研究，观察患者在真实世界下的治疗的有效性、安全性以及生存期等指标。在随访过程中，有效记录患者信息是研究的基础。特别是肿瘤患者在治疗后，需要长期随访跟踪治疗效果，按照治疗周期进行疗法评效。患者需要通过随访软件，周期性地拍照自己的血常规等各类检验报告，也会直接填写这期间的感受与新发症状。如果随访平台无法调取医院的治疗方案，还需要手动将治疗方案输入随访平台。

患者输入或拍照的数据是零散的，甚至是口语化的表述。这样就需要医药大语言模型去处理这些数据变为结构化数据，并按照时间序列形成一个治疗时间轴，如图 2-42 所示。

例如，患者张某某，在 2023 年 1 月 28 日确认晚期大肠癌，远端转移，身体状态不佳。2023 年 2 月 2 日，开展首次化疗，使用 xelox 方案（奥沙利铂 + 卡培他滨），外加 PD–L1 抑制剂度伐利尤单抗，每 21 天为一个周期。2023 年 2 月 5 日，患者自述出现皮疹。2023 年 2 月 7 日，查血常规并记录，白细胞偏低，持续皮疹。2023 年 2 月 13 日，患者自述出现咳嗽，发热，持续皮疹。2023 年

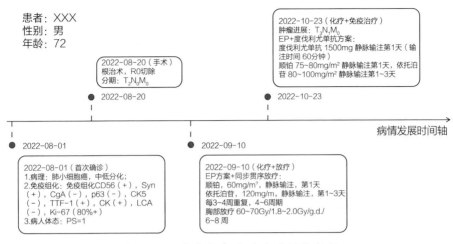

图 2-42　肿瘤患者的治疗时间轴数据

2 月 15 日就医，确认免疫性肺炎，给予抗感染治疗，使用醋酸泼尼松片、转移因子口服溶液，布地奈德福莫特罗粉吸入剂。2023 年 2 月 21 日，肺炎好转稳定，复查心电图正常，肝功正常，生化正常，白细胞偏低。2023 年 2 月 23 日，进行第二次化疗，使用 xelox 方案（奥沙利铂 + 卡培他滨），停止使用度伐利尤单抗。以上只是一个虚构的病历，很多检验数据没有细化，但这样的患者随访数据就是我们研究的对象。通过医药大语言模型，我们可以将这些随访数据按时间轴进行排列，可以打上治疗方案、症状、简言之指标等一系列方案。我们可以看出患者在治疗后出现白细胞降低、皮疹、免疫性肺炎等一系列不良反应，这也就是我们通过真实世界数据，深度研究度伐利尤单抗联合化疗，治疗大肠癌的有效性与安全性的意义。

医药大语言模型能够使患者随访数据形成队列数据，也有助于实现数据的标准化和规范化。这对于跨机构、跨地区的数据共享和比较研究至关重要。通过构建队列数据，可以更好地跟踪患者的健康状况和治疗反应，从而为个性化医疗和精准治疗提供数据基础。

2.4　医药市场的大语言模型场景

在医药营销和医药市场中，大语言模型的应用正变得越来越广泛，它们通过分析患者的医疗记录和行为数据来预测需求和偏好，实现个性化营销和患者服务。同时，大语言模型能够处理大量市场数据，预测市场趋势，为药企提供市场进入策略和产品推广计划。在客户服务方面，大语言模型作为智能客服，可以提供全天候的在线咨询服务，增强用户体验。此外，它们还协助药企进行风险评估和合规性检查，确保营销活动遵循法律法规。在疾病预测和健康管理领域，大语言模型结合医疗大数据，为药企指明市场定位和产品开发方向。内容生成方面，大语言模型制作专业医疗和健康内容，用于患者教育和营销材料，提高治疗依从性。大语言模型还能整合多模态数据，提供全面的市场洞察，助力药企从不同角度来理解市场和患者需求。

个性化营销与患者服务方面，通过分析患者的医疗记录和行为数据，大语言模型能够预测患者的需求和偏好，从而提供个性化的营销策略和患者服务。通过自然语言处理技术，模型可以从患者的咨询记录中提取关键信息，以更好地理解患者需求，并据此制定针对性的营销方案。

在学术营销方面，大语言模型也有很多应用场景。在药企内部大量医学联络官的工作中，主要为医生提供科研服务或组织学术会议。在这个过程将学术信息传递给医生，并组织临床信息的互融互通。从这个角度大语言模型可以快速地组织信息，能够良好地辅助医生开展科研工作。大语言模型可以分析大量的医药市场数据，包括政策变化、市场动态和消费者行为，以预测市场趋势和潜在的商业机会。这种分析有助于药企制定更精准的市场进入策略和产品推广计划。

此外，还有很多大语言模型在医药营销和医药市场中的应用场景。医疗教育、医药客服、风险管理、法规解读等，这些场景都可以利用大语言模型技术来赋能加速。

2.4.1 医药学术推广

药企的学术推广是药企与医生们进行医疗信息交流、新知识传播、疑难医学问题商讨的一种途径，是促进医生技能提高的重要一部分。企业赞助对于学术交流、科研项目等工作的开展具有极大的推动作用。学术交流一方面可以帮助医疗机构工作人员了解到学科最前沿的知识；另一方面国家重要的医改政策都需要各个专家进行解读，才能更快更有效地传播到医疗机构的工作人员一方，使其能更积极主动地适应政策的调整。在当前"医药分离"的背景下，药企的学术推广作为药企与医生沟通的桥梁，一直处于风口浪尖。在高强度的医疗反腐趋势下，药企学术推广应走向更加正规化、更加透明化、更加智能化的方向。

药企学术推广通常涉及两个工作角色：医学联络官与医学顾问。医学联络官重点在于专家资源的维护，组织召开学术会议等。医学顾问重点在于负责产品策略开发，最新的医学进展跟进，临床试验方案实施等。药企的学术推广工作主要是由以上两个职位的人员进行开展的。

药企学术推广有个以下五个基本任务，这五个任务基本围绕着医学数据的挖掘与组织展开，同时这也是医药大语言模型的典型应用场景。

1. 维持专家

医学专家一般被称为 KOL（Key Opinion Leader），是指各大三甲医院相关科室的主任医师、学术带头人。医学联络官需要发现并与这些专家建立良好的沟通，定期主动地将药物的科学信息以及与治疗领域相关的信息传达给这些专家。例如某个新的临床试验结果公布，或者是某大型会议的总结等信息，医学联络官需要及时将这些高价值学术信息与专家进行沟通。医学联络官属于专家的服务方也是咨询方，双方需要进行深入的学术交流探讨。医学联络官需要及时阅读文献，以便于与专家进行学术讨论。在此基础上，医学联络官与医学顾问都需要针对临床文献、临床结果进行大量的收集并制作高质量的 PPT 或其他文档来服务于医学专家，从而达到维持关系与学术研讨的目的。医药大语言模型可以帮助医学信息的组织整合，并通过简单的指令来制作各类需要的文档。

2. 收集医学洞察

医学洞察是客户洞察非常重要的组成部分，是对医生、患者、公众、药监局、医保局、药物制剂学家等，所有目标客户感受和体验的深刻理解。包括发现未知的客户需求，医生临床诊疗行为的评价，患者对药品的观念，或患者执行某种决定背后的真实动机和潜在真相。总的来说是对当前的医疗环境下医生诊疗用药观念的集中反映。医学洞察收集后，需要反馈给公司医学部制定相应策略。这些医学洞察一般都有专业的软件进行记录，但是这些医学洞察收集起来之后，需要公司医学部门专人尽心分析并制定应对策略。医药大语言模型可以加速这个分析过程，并给出启发式的应对策略，帮助医学部分析人员做出决策。

3.组织会议与培训

组织治疗领域医师合作、组织国家和区域层面的医学教育活动以及学术会议，包括开发教学材料、选择演讲医生。在地方和区域支持医学事务的项目和活动。将与医学专家沟通的过程中收集到的学术观念内部反馈给销售部的同事。向公司市场部门提供医学培训——基本覆盖目标疾病相关知识、疾病领域的临床进展。

4.支持临床项目

如果公司有药物处于临床开发阶段，药物需要在不同的临床中心开展临床研究，此时就需要医学事务部的医学顾问负责，医学联络官主要需要配合和跟进，邀请和确定研究者和研究中心的参与，以及与临床专家讨论具体的试验方案，协调第三方委托项目机构等。

5.支持产品发展策略

制药公司的产品就是药物，每个药物的研发路径都经历了一个又一个复杂的决策过程。在这个过程中，需要整理与综合多方面的数据、知识、情报才能得到准确的决策。在这个过程中也需要与医学专家不断的进行探讨，结合自身公司与市场发展的情况从而得出具体的发展路径，也是学术推广的重要部分。例如抗体偶联药物德曲妥珠单抗的临床研发路径，就是一个非常有特点的产品开发策略，如图 2-43 所示。德曲妥珠单抗通过对乳腺癌的 11 个临床试验，能够明确地看出从 FDA 获批，扩大至 HER2 低表达人群，其间不断提高乳腺癌治疗的循证线序，最后会突破至一线治疗并重新定义乳腺癌辅助治疗的标准。

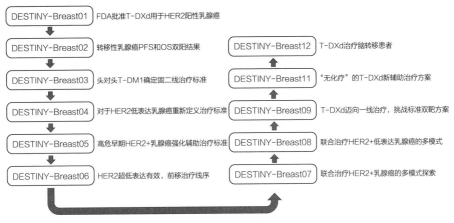

图 2-43　德曲妥珠单抗的临床研发路径

　　由此可见，药企学术推广是一个对数据、知识高度需求高度整合的过程，这也非常符合医药大语言模型的使用场景。在医学联络官的工作过程中，需要了解医学专家多方面的信息，了解最近医学专家近期感兴趣的话题，只有完全掌握这些内容后才能进行个性化的拜访工作。在此过程中，医学联络官需要收集整理大量学术内容，以便于解答医学专家的问询。医药大语言模型就能有效解决医学数据的组织的痛点，快速智能地完成医学信息的收集整理工作。如图 2-44 所示，体现了医药大语言模型驱动的医学联络官工作模式。医生资料可以通过大语言模型总结成不同医生的画像，便于医学联络官有重点的进行沟通；临床文献可以通过大语言模型直接形成医学沟通资料，能够方便医学联络官进行临床数据的汇总分析；拜访记录可以通过大语言模型形成拜访总结，为后续的复盘形成重要支撑。

　　在进行医学数据整理分析前，医学联络官需要关注所有医学专家学科方向的最新动态，并且能够深度理解其中的试验设计、用药方式、患者基线等信息。医学专家每天需要接诊大量患者，所以遇到的病人情况多样且复杂，针对一些新上市不久的药物并不一定清楚药物的安全性、有效性方面的数据，这时就是需要医学联络官帮助解答这些问题，或查找相应的文献。特别是对于医学联络官自己公司的产品，会询问得更加仔细。笔者从

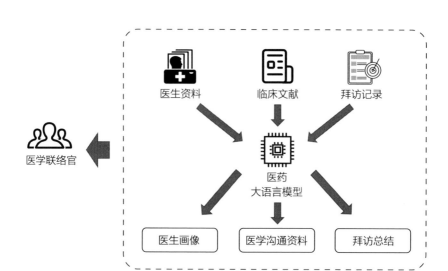

图 2-44　医药大语言模型驱动的医学联络官工作模式

事肿瘤方向的临床药理工作多年，肿瘤的新药层出不穷。从小分子逐步向单克隆抗体、抗体偶联药物、核酸药物演进，从化疗向靶向治疗，再到免疫治疗细胞治疗发展。针对这些新产品的出现，这些产品上市后会有大量针对不同适应证的临床试验进行，每年都会报告出最新临床进展，包括针对不同适应证的疗效、安全性指标等。这些最新的发展，需要医学联络官总结给医生，医生的临床疑问需要找医学联络官解决，这也是医学联络官维持医学专家的重要谈资。

　　但是针对这样大量的数据应该如何进行整合呢？传统的方法是医学联络官自己查询文献，将重要的部分摘录出来，整理成表格或 PPT 呈现给医学专家。当前随着医药大语言模型的出现，这类工作可以使用大语言模型来完成。例如，美国临床肿瘤学会（ASCO）每年都会举办年会，讨论最新的肿瘤治疗成果。一个呼吸科肿瘤专家要求医学联络官总结一份当年的 ASCO 会议关于肺部肿瘤的最新临床进展报告。这项工作就可以使用生物医药大语言模型来快速完成。医药大语言模型工作原理如图 2-45 所示，以一个内科肿瘤的医生的需求为例，阐述医药大语言模型的工作原理。

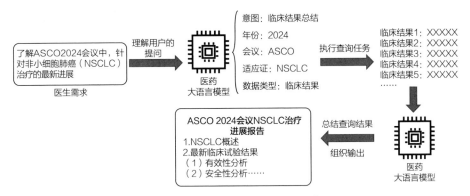

图 2-45 医药大语言模型的工作原理

如图中所示，医学专家希望了解 ASCO2024 会议中，针对 NSCLC 治疗的最新进展。该过程在医药大语言模型中主要通过 4 个阶段来完成。

第一阶段：理解用户的问题

对用户问题理解是第一步，希望了解 ASCO2024 会议中，针对 NSCLC 治疗的最新进展的问题，提问方式有很多种。例如，整理非小细胞肺癌在 ASCO2024 会议中的最新进展，也可以说在 2024 年 ASCO 会议报告中，非小细胞肺癌的最新临床结果。这些提问方式，模型需要分解出几个要素，这样就将问题构成了一个检索式，如表 2-18 所示。

表 2-18 检索式样例

检索条件	检索式
时间：2024	
会议：ASCO	Clinicalresult | (Year:2024) and (Meeting:ASCO) and (Indciation:NSCLC)
疾病：非小细胞肺癌	
意图：临床进展	

第二阶段：执行查询任务

第二阶段需要到 ASCO 官网或者我们整理的 ASCO 数据中进行查询。查询的方式通常分为两类：检索式查询与文本向量化的匹配。这部分的构建方案在 4.3 节中有详细阐述。

第三阶段：总结查询结果

将第二阶段得到的结果，输入生成式模型中进行总结，总结的内容需要严格注明来自 ASCO 会议的哪个报告、哪个段落。所有回答的内容必须严格循证。

第四阶段：组织输出

基于医学专家的要求，可以直接告诉生成式模型需要输出的文档类型。例如可以直接生成文本，也可以生成 Excel 或 PPT。可以根据需求自动生成需要的形式。

经过以上四个阶段，医学联络官仅仅通过一个指令即可生成一份完整的会议信息总结。需要特别注意的是，大部分药企的合规性检验规定，大语言模型生成的内容不能直接提供给医生，必须经过中央医学部门的校队才能向外提供。所以在这项规定下，第三阶段具有重要意义。所有生成文本与原文链接，可以提高审核人员的审查速度，能够确保把高质量无误的信息传递给医生。

2.4.2 医药营销

处方药的医药营销是将自己企业开发的药物推荐给医生，以达到销售的目的。针对非处方药（OTC），通过与药店药房联系以达到售卖的目的。我们本节主要讨论处方药的营销内容。

在医药营销过程中，主要的营销人员为医药代表，但是整体医药营销事件是一个综合的过程，也需要学术推广的参与甚至药企医学部的助力。所以医药营销的整个过程中，医药代表为主，医学联络官与医学经理也需要共同维护营销市场环境。在医药营销推广领域，临床研究数据的庞大与复杂性对营销人员提出了数据分析能力的高要求，同时亦需投入大量时间与精力以完成数据的分析与信息提取。此外，深入理解不同市场的文化、语言和消费习惯对于确保推广策略的有效性至关重要。同时，必须考虑隐私保护与合规性问题，确保所有推广活动均符合法律法规和行业标准要求。

医药营销通过多种渠道与医生建立联系，包括微信公众号信息推送，第三方医学平台发布自己的产品信息，医疗学术会议，电子邮件推送，直接面对面拜访等。有研究表明，随着数智能化的推广，在不同营销方式的接受度中，互联网拜访接受度最高，传统电话拜访接受度最低。如图2-46所示，展示多种拜访方式的接受度，各类拜访方式接受度为各自的计算结果。

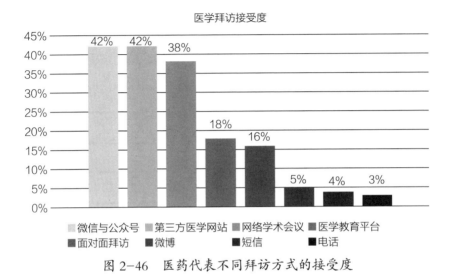

图 2-46　医药代表不同拜访方式的接受度

医学营销必然伴随着学术推广，这也就必然涉及学术信息的整理与呈现。在医药营销的过程中，大语言模型与生成式人工智能技术的应用显著提升了医药代表与医学科学联络员的工作效率，降低了人工成本，进而促进了销售增长。针对销售端面临的内容合规审核缓慢和标准操作流程问题，多个跨国药企市场部门开发了一款学术推广智能助手。该助手通过构建和维护销售端知识库，整合临床产品、医学信息和流程指引等知识，与多个销售端业务系统实现接口对接，实现知识库的实时更新。利用基于知识图谱结合检索增强技术的智能助手，能够实现医学素材的段落级问答与溯源，确保学术推广内容的合规性。在企业微信平台上，智能助手以对话机器人的形式，可以自动回复代表们90%的咨询问题，而剩余10%的复杂问题则通过企业邮件与各平台负责人对接，并在当天内得到及时回复。通过医药大语言模型的应用，新解决方案相较于传统方法显著提升了上线效率，降低了人工成本，同时也提升了医药代表和医学联络官的使用活跃度，从整体上提升了效率。

病历营销是一种常见的医学营销方式，能够让医生直接体验医药产品的治疗作用，建立产品处方习惯。在这个过程中，通过病历营销项目能够真实开发并拉动销量，解决投入和合规之间的矛盾。同时沉淀的数据能够形成产品在真实世界的医学证据，为进一步的市场医学策略提供线索和方向。销售在执行市场策略过程中，能够通过病历营销项目解决销售转型和绩效管理的问题。病历营销的重点如图 2-47 所示，核心在于不要以药品为中心进行推广，要以临床需求为中心进行讨论。

图 2-47　病历营销的核心要素

病历营销的核心是病历收集，途径是病历分享。具体步骤如图 2-48 所示，展示了病历营销的具体路径，其中病历收集分析部分，可以使用医药大语言模型赋能加速。

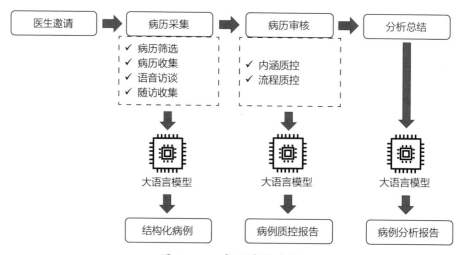

图 2-48　病历营销路径

第一步：医生邀请

医药企业可以通过医药代表邀请医生参与学术会议，该会议由药企支持的部分医学协会组织开展学术交流。关键在于邀请不同省份、地市的医生参与，形成良好的学术分享网络。避免只围绕产品的惯性思维，需要以满足临床需求为讨论中心。

第二步：病历采集

药企可以提供医生使用医药大语言模型工具，此类工具支持通过拍照或者录音的方式采集病人数据，形成标准化的分享模版。药企也需要给患者提供医药大语言模型工具，让患者能够完成自己病历的上传，检查结果的检测等任务。例如 2.3.3 节中叙述了患者直接上传随访数据，由医药大语言模型直接转化为队列数据的过程。在此过程中，需要药企定义标准化的病历分享模板，无论是来自己医生病历还是来自病人的数据，均能够完整无误地通过大语言模型填入模板中。具体流程如图 2-49 所示，医生与患者数据需相互融合形成完整的分享病历。

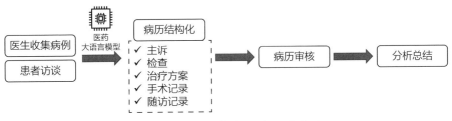

图 2-49　医生与患者的病历收集处理

第三步：病历审核

收集到的病历经过医药大语言模型处理后，形成结构化病历并将数据汇总对齐。所有的病历需要经过医学合规性审查，包括病历质量审查与隐私性审查。该过程可以使用医药大语言模型自动化完成。例如这对男性不应出现宫颈癌等适应证，对于肿瘤治疗方案不应该缺少肿瘤评效结果等，在整个病历中不应出现患者的名字、身份证号等隐私信息。病历数据原则上不应该在药企的第三方平台上完成，但实际操作时需要说明病历数据的安全性，并仅作为临床研究使用。

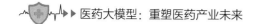

第四步：分析总结

通过医药大语言模型，之前整理的病历数据可以直接生成 PPT 文件，医生简单修改即可用于讲座。这部分的原理可以参考第六章的报告生成逻辑案例。

总体来讲，通过医药大语言模型，在医药营销特别是病历营销中具有诸多应用场景。不但可以自动结构化病人的各类信息，也可以让医生有主观发挥的空间。还有一些大语言模型可以激发医生的思路，能够对一个医学问题产生发散性的建议。这样医生就能够对病历产生更多的分析并具有画面感，该病历具有影响力的可能性就越大。

2.5 循证医学的大语言模型场景

循证医学（Evidence-based medicine，EBM），意为"遵循证据的医学"，又称实证医学，港台地区也译为证据医学。其核心思想是医疗决策（即病人的处理、治疗指南和医疗政策的制定等）应在现有的最好的临床研究依据基础上做出，同时也重视结合个人的临床经验。

循证医学不同于传统医学。传统医学是以经验医学为主，即根据非试验性的临床经验、临床资料和对疾病基础知识的理解来诊治病人。循证医学并非要取代临床技能、临床经验、临床资料和医学专业知识，它只是强调任何医疗决策都应建立在最佳科学研究证据基础之上。

大语言模型针对循证医学场景具有得天独厚的优势。在循证医学获取的本质意义在于为疗法或用药寻找证据，本质上来讲是对海量临床试验数据的一种灵活调度或筛选的过程。基于用户提出的临床问题，结合指南或最新的临床结果给出相关的数据进行解答与总结。临床证据的总结过程大致可分为三个阶段：证据获取、证据评价、证据合成。

2.5.1 Meta 分析

Meta 分析是一类基于用户研究目的获取全球研究资料的综合分析方法。该分析方法第一步即在研究者的研究目的下，基于入排条件筛选相关文献进行研究。传统的 Meta 分析选取文献的方法是提取研究目的关键词，在几类医学数据库中进行筛选，获取上千篇可能相关的文献，再通过人工阅读标题摘要内容对文献进行过滤排除，最后得到需要研究的文献，如图 2-50 所示。故 Meta 分析方法共分为四个步骤，即检索、筛选、合格（评价）、入选（纳入）。

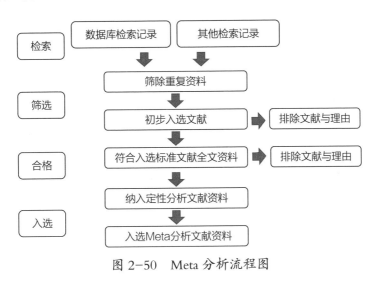

图 2-50　Meta 分析流程图

1. 证据获取

医疗实践中医务工作者必须准确地采集病史、查体及收集有关检验结果，获得及时、可靠的患者资料，经过仔细分析论证后，准确地找出临床亟待解决的疑难问题。

针对相应的问题，通过各种方式高效率地寻求解决问题的最佳证据，查询时应尽量做到系统、全面，制定详细的检索策略并确定检索资源。随着医学的飞速发展，医学信息来源也在飞速增加，一些诸如 Cochrane 系统评价资料库、疗效评价文摘库、Mediline、PubMed 等，非常方便医务工作者的信息获取，可提供网络服务，实现在线浏览，具有准确性、时效性等特性。

大语言模型可以基于研究者的提出要求进行文献的筛选，研究者需要直接将研究目标与入排条件写入提示词，通过大语言模型进行入选文献操作。具体方案有以下两类：

（1）利用大语言模型

Meta 分析过程中，对纳入文献筛选分为如下 6 步进行，其中虚线的部分可以使用大语言模型加速，如图 2-51 所示。

图 2-51　Meta 分析试验筛选流程

第一步：描述试验目的

应该尽量详细地描述需要研究的内容，尽可能从更多的角度体现研究内涵。例如，研究目的为针对 PD-1 药物在治疗胰腺癌的疗效与不良反应数据分析中，上面的描述可以基本概括研究意图。该研究也可以描述为：对于 PD-1 药物帕博利珠单抗、斯鲁利单抗、信迪利单抗、纳武利尤单抗等药物，治疗胰腺癌疗效与安全性的评价，疗效希望通过总生存期、生存期、客观缓解率等终点指标进行评价，安全性主要针对大于 3 级的不良反应事件进行评价。如果使用这样的描述将会提取出更多关键信息。

第二步：提炼关键词

将上述研究目的的描述性文章输入大语言模型，模型可以自动提取出关键信息，并总结为检索式。针对不同数据的高级检索模式，大语言模型可以直接生成可检索的逻辑式。

```
>>>prompt =
"""
```

请作为一位医药行业专业人士，请将以下文字转换为符合提示词的检索式。文字为："对于 PD-1 药物帕博利珠单抗、斯鲁利单抗、信迪利单抗、纳武利尤单抗等药物，治疗胰腺癌疗效与安全性的评价，疗效希望通过总生存期、生存期、客观缓解率等终点指标进行评价，安全性主要针对大于3级的不良反应事件进行评价"。

""""

模型输出：

\>\>\> （"PD-1 inhibitors"AND pancreatic cancer) AND

(pembrolizumab OR sintilimab OR sintilimab OR nivolumab) AND

((overall survival OR progression-free survival OR objective response rate) OR

(adverse events AND (grade 3 OR grade 4)))

（2）基于大语言模型能力构造文献筛选智能体

本方案是只拥有一定开发能力的机构利用外部大语言模型能力，自行开发一套能够对接文献数据库的智能体。该方案需要直接使用文献数据库接口与大语言模型进行对接。原理如图 2-52 所示。该智能环境稳定，主要接收研究者的研究目的指令。获得指令后进行任务分配。针对医学生物学的研究目的指定，自动选取提示词等医药文献数据库，其他研究类型指令则能够分配不同指令任务。

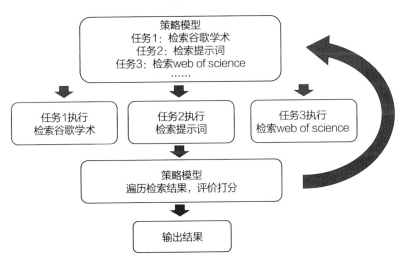

图 2-52 文献筛选类智能体

任务的执行过程分多个阶段进行，不同阶段有任务执行通过文献数据库检索接口进行。获得的查询结果，使用类 JSON 格式返回，与用户研究目的进行对比打分。打分规则可直接在开发过程中写好，作为提示词输入模型。针对打分模糊或有误的部分，反馈给策略模型重新分配任务。

2. 证据评价

对获取的证据进行正确性和临床使用价值分析评价，从中选取"最佳"者，为临床提供可信指导。根据证据类型、研究设计、方案实施的严谨性和统计学分析的质量等内容证据强度可进行不同等级划分，以此严格评估证据的真实性、可靠性和临床实用性。

目前，国际上已有多种证据强度评价方法，当前应用较多的则为 2001 年 5 月正式发表于英国牛津循证医学中心的网络上牛津大学循证医学中心标准。该标准首次在证据分级的基础上整合了分类概念，涉及治疗、预防、病因、危害、预后、诊断、经济学分析等 7 个方面，更具针对性和适应性，已成为循证医学教学和循证临床实践中公认的经典标准，也是循证教科书和循证期刊最广泛使用的标准。

在标准明确的环境中，大语言模型通过分析文献的摘要与文献试验设计方法部分能够较好地为文献进行证据水平评分。

3. 证据合成

证据合成是对不同来源的原始研究，有时为二次研究评价合并后得到唯一结果的过程。常见的证据合成方法包括系统评价和 Meta 分析、概况性评价等。

临床研究是评估干预措施疗效和安全性的重要手段，随机对照试验被认为是评估新药和干预措施的最佳标准。医药大语言模型工具可以帮助完善和优化对照实验的计划书、提高对照实验招募患者的速度、计算样本量、初拟知情同意文件、协助管理受试者并整理数据，在结果和安全性判定、数据分析与报告、传播实施等多方面也具有一定优势。医药大语言模型还可计算横断面等多种研究设计的样本量，也可应用于真实世界研究和观察性研究的设计和优化，其应用的环节包括数据清理和预处理、模型训练以及结果解释。然而，研究者需要注意应用大语言模型的潜在风险，包括数据的偏倚和不公平性、隐私和数据安全、数据的可解释性以及监管问题等。

Meta 分析是经过系统检索和严格评价后的证据，是临床实践指南制订的重要基石。系统评价的制作步骤一般包括确定选题、注册、撰写计划书、确定纳入和排除标准、制定检索策略、实施检索、筛选文献、提取数据、评价偏倚风险、数据分析和合成、证据质量分级、撰写全文和投稿发表。目前，已经有许多研究探讨大语言模型在系统评价和 Meta 分析制作过程中的应用策略，在多个研究步骤中发挥作用，显著降低了研究耗时问题，提升了研究效率和效果。

2.5.2　循证医学知识问答

循证医学数据库汇整了重要医药学（或称实证医学）文献，提供临床医生或医药研究者使用，为临床决策、药物研究、不良反应分析等应用场景提供了循证依据，让研究者能够快速找到自己需要查询的文献。基于病历数据、发病情况、临床特征、治疗方案、用药情况、疾病转归等进行大数据分析和深度挖掘，可以为指南共识、临床路径、国家政策（医保与药物经济学直接相关）制定提供循证医学证据支持，为企业营销策略、市场战略、药品研发战略等的制定提供决策依据。

大语言模型的发展为循证医学数据库带来了新的生机，研究者不但可以在数据库中进行"检索"某篇文献，而且能够直接提出一个研究目标，模型直接就能给出相关的答案，答案也可与目标文献进行链接。这样既能直接获得研究问题的解决方案，又能够获得需要的文献。这种高效的循证医学问答，是大语言模型在生物医药领域应用的重要场景。

1. 循证医学数据库的现状

传统循证医学数据库或其他类型文献数据库是以"检索"为核心的，包括标题检索、作者检索、关键字检索以及各种分类检索。检索型数据库提供一种直线性获取文献的方式，用户输入需要检索的内容，就能够获取相关的文献列表。但是这类数据库有两个场景难以实现。第一个是无法对插图内容进行检索；第二个是只能获得文献相关性列表，难以获得这些文献哪一部分具体如何与检索内容有关。这两个场景难以实现的原因，主要是对于文献主体内容的解读概括不足。一般来讲，传统文献数据库主要的索引字段为标题、摘要、作者、杂志、文献引用、文献被引用等内容，无法包含文献中图表解释以及原文意义的内容。

2. 医药大语言模型构建循证医学知识问答

医药大语言模型将临床知识库使用方式，将用户的检索行为转变为知识问答，并针对在文献中的严格循证能够给出答案，每个回答来自文献的哪个段落或哪张图表。如图 2-53 所示，展示了医药大语言模型产品的循证界面。与此同时，文献中的表格可以通过医药大语言模型转化为文字，并不会丢失数据。

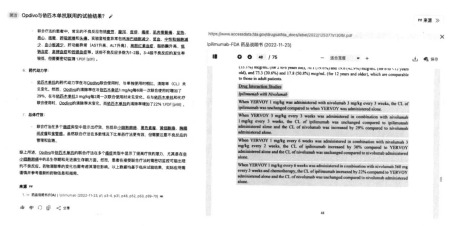

图 2-53　大语言模型处理过程

在此特别强调，医药大语言模型可以转化文献中图或表格，成为一段描述性文字且具有相当高的准确度。用户可以直接提问表格中的问题并得到精准答案。如图 2-54 所示，化疗方案来自《中国临床肿瘤学会（CSCO）常见恶性肿瘤诊疗指南 2023》，表 2-19 是通过医药大语言模型处理得到的图表描述。

常用非小细胞肺癌的一线化疗方案

	化疗方案	剂量	用药时间	时间及周期
NP 方案	长春瑞滨	25mg/m²	d1、d8	21 天为 1 个周期 4~6 个周期
	顺铂	75mg/m²	d1	
PP 方案	紫杉醇	135~175mg/m²	d1	
	顺铂或卡铂			
	顺铂	75mg/m²	d1	
	卡铂	AUC=5~6	d1	
nab-PP 方案	白蛋白紫杉醇	100mg/m²	d1、d8、d15	
	顺铂或卡铂			
	顺铂	75mg/m²	d1	
	卡铂	AUC=5~6	d1	
LP 方案	紫杉醇脂质体	135~175mg/m²	d1	
	顺铂或卡铂			
	顺铂	75mg/m²	d1	
	卡铂	AUC=5~6	d1	

图 2-54 《中国临床肿瘤学会（CSCO）常见恶性肿瘤诊疗指南 2023》中的化疗方案

表 2-19　医药大语言模型对表格的处理

处理方式	这张图表展示了常用非小细胞肺癌的一线化疗方案，包括不同的化疗方案、剂量、用药时间和时间周期。 1.NP 方案 长春瑞滨：25mg/m²，用药时间为第 1 天和第 8 天。 顺铂：75mg/m²，用药时间为第 1 天。 2.PP 方案 紫杉醇：135 ~ 175mg/m²，用药时间为第 1 天。 顺铂或卡铂： 顺铂：75mg/m²，用药时间为第 1 天。 卡铂：AUC=5 ~ 6，用药时间为第 1 天。 3.nab-PP 方案 白蛋白紫杉醇：100mg/m²，用药时间为第 1 天、第 8 天和第 15 天。 顺铂或卡铂： 顺铂：75mg/m²，用药时间为第 1 天。 卡铂：AUC=5 ~ 6，用药时间为第 1 天。 4.LP 方案 紫杉醇脂质体：135 ~ 175mg/m²，用药时间为第 1 天。 顺铂或卡铂： 顺铂：75mg/m²，用药时间为第 1 天。 卡铂：AUC=5 ~ 6，用药时间为第 1 天。 这些方案通过不同药物组合及剂量来治疗非小细胞肺癌患者，每个方案的用药周期都以 21 天为一个周期，持续 4 ~ 6 个周期

利用大语言模型技术，用户可以直接对图×××进行提问。例如 NP 化疗方案的用药时间与周期，PP 方案都使用哪些化疗药物等。模型可以直接通过总结表×××中的内容进行完整的回答。

未来的循证医学知识库是一个能够自由问答的百科全书，通过大语言模型技术直接处理用户的问题，不再需要更多的思维去进行检索转化，而是一种"端到端"的直线性解决方案。

2.6 临床诊疗的大语言模型场景

临床诊疗过程是最贴近百姓健康的医疗环节，高质量的临床服务不但能提高大众的医疗服务质量，也能够赋能医生的问诊环节。大语言模型的发展能够将医学知识更加便利地应用于诊疗环节，病人或医生能够利用对话的交互方式获取到相应的信息。

在临床应用中，大语言模型能够赋能诸多场景。在智能问诊方面，大语言模型能够辅助临床诊断，构成新一代计算机辅助诊疗系统（Clinical Decision Support System，简称 CDSS）。在临床数据分析方面，大语言模型可以自动高效地整合抽取包括电子病历、手术报告、检测报告以及护理文书临床数据。在医疗指控方面，大语言模型能够生成规范的医疗文书模板，快速检测文书和影像的缺陷，提高医疗质量和效率。

在本节中核心讨论几类临床中高频场景，如何利用大语言模型赋能实现。这些应用场景展示了大语言模型在临床诊疗中的潜力和实际应用，有助于提高医疗服务的效率和质量，同时也为患者提供更好的诊疗体验。

2.6.1 临床决策支持

临床决策支持系统（CDSS）是一种利用计算机技术、人工智能和医疗专业知识，为医护人员提供临床决策建议和支持的软件系统。CDSS 能够结合患者信息和医学知识，为医护人员提供诊断、治疗方案、预后预测等方面的指导和帮助，提高医疗质量和安全性。

1. CDSS 的简介

CDSS 的历史可以追溯到 20 世纪 50 年代末，该系统被定义为临床医学专家系统，通过应用规则的推理引擎，将医学专家的专业知识和临床经验整理后，存储于计算机的知识库中，利用逻辑推理和模式匹配的方式来帮助用户进行诊断推断。

随着人工智能的大力发展，CDSS 也在技术上迭代升级。近几年大语言模型的出现为临床决策支持系统带来了新的技术源动力。利用大语言模型技术，临床决策支持系能够更好地结合电子病历数据、临床指南、影像数据、案例报告等数据产生循证型的判定结论。临床决策支持系统通常提供三类支持：诊前决策、诊中支持、诊后评价。

（1）诊前决策：CDSS 针对患者的症状描述，提示医生需要进行哪些检查。患者完成检查后，能够根据检查结果，按照标准诊疗指南以及相关文献，为医生提示诊断要求与鉴别要点以及相关治疗方案，包括手术诊断时提示手术操作要点及术前检查。

（2）诊中支持：CDSS 为医生提示药品适应证、药理、药效等，包括手术并发症与不良反应，便于综合治疗及评估方案等。

（3）诊后评价：CDSS 挖掘患者与其既往医疗信息、临床研究之间联系的资料，以便于指导患者将来的健康问题。依据临床诊疗指南以及相关文献中披露的治疗方案为医疗质量评估提供依据，提升医院管理水平，规范医疗行为，同时也为循证医学提供科学的证据。

当前国家卫健委启动了进一步推进以电子病历为核心的医疗机构信息化建设工作，并作为医疗机构电子病历评级的重要标准。医疗机构采购 CDSS 的刚性需求大大增加，行业进入爆发式增长阶段。

CDSS 是一个相当大的话题，它不仅涉及技术，还涉及临床知识库的建设，电子病历系统评级，以及整个医院信息化建设的复杂问题。本节仅仅讨论大语言模型在 CDSS 建设中的技术逻辑，不在其他方面过多展开讨论。

2. 基于大语言模型的 CDSS 设计

传统的 CDSS 分为三个设计要素：知识库、推理机、人机交互。知识库是基于实证的医学证据，需要符合循证医学原理，主要包括文献类与实践类知识。文献类即公开发表的文献、指南等医学证据；实践类为部分专家经验或院内一些预后良好的有代表性的病历。推理机是一类算法工具或搜索引擎，能够理解用户输入的内容，可在知识库中检索到相应的证据作为反馈。人机交互主要是用户与 CDSS 的操作界面，最普通的界面可以理解成网页这种问答式的引擎，但是在医生手术或问诊时，也可能存在利用语音或手势控制的交互界面。

大语言模型的发展完全颠覆传统 CDSS 的使用路径，在知识库建设、推理机逻辑、人机交互界面方式都出现了巨大的变化。大语言模型可以分析患者的病历、医学图像、实验室结果、检查报告、风险评估、既往病史等多种类型的数据，为医生提供诊断建议等临床决策支持。基于大语言模型的 CDSS，通常包括以下几个部分，如图 2-55 所示。

图 2-55　基于大语言模型 CDSS 的重要组成

（1）院内数据采集与处理

系统从医院的各种信息系统中收集患者的相关数据，如电子病历（EMR）、实验室信息系统（LIS）、影像存档与通信系统（PACS）等。这些数据包括患者的基本信息、症状、体征、既往病史、检查检验结果、用药情况等。

例如电子病历通常包括门诊记录、急诊记录和住院记录。住院病历中包含红皮书、入院记录、住院进展记录、咨询记录、手术记录、麻醉记录、医嘱和出院总结等。病历内容可以分为多个子集，如首次病程记录、日常病程记录、上级医师查房记录、疑难病历讨论记录、交接班记录、转科记录、阶段小结、抢救记录、会诊记录、术前小结、术后首次病程记录、出院记录、死亡记录等。电子病历数据的采集与处理过程如图 2-56 所示，首先将电子病历数据统一抽取到院内数据平台中，之后通过算法将数据进行对齐。采集到的数据可能存在格式不一致、缺失值、错误等问题。系统会对这些数据进行清理、转换和标准化处理，使其能够被后续的分析步骤所使用。院内数据的处理可以构建临床科研平台，对于药物真实世界研究具有重要意义。

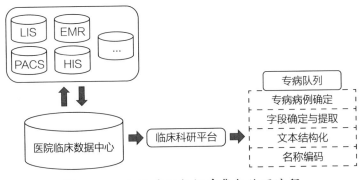

图 2-56　电子病历数据采集与处理流程

电子病历中数据字段众多，但最终需要对齐两个维度：时间维度、患者维度。基于同一个患者 ID 需要整个患者的所有信息，按照患者的就诊时间排序从前到后获得的患者问诊数据序列。基于这两个维度整合产生的电子病历数据，就是一个完整的病案数据。病案数据在未来问诊中是重要的参考内容，CDSS 在进行临床诊断时也会参考之前的病案内容。

（2）医学知识库构建

从医学知识库、临床指南、专家经验以及大规模的临床数据中提取有用的知识和模式，并将其转化为可计算的模型和规则。这些模型和规则可以基于传统人工智能算法（如决策树、神经网络等）或基于逻辑的推理规则。医学循证知识库的持续学习和改进机制主要依赖于人工智能技术、机器学习和深度学习方法，以及实时动态更新的数据库系统。这些技术的应用使得循证医学知识库能够不断进化并实时更新，可以确保其能够反映最新的医学研究成果。

确定信息源：首先需要识别可用的信息来源，包括医学文献、其他药物知识库、药品标签、公共文档等。

提取和组织实体：通过分析这些信息源，提取与药物或疾病相关的实体及其属性，并建立它们之间的关系。然后将这些事实组织起来并整合到一个知识库中，同时为每个事实添加注释。

建立院内知识链接：在当今数字疗法快速发展的背景下，构建一个可持续更新的循证医学知识库，可以通过临床决策支持系统为患者建立个人病历库，整合临床检查信息和临床知识，以此为基础建立知识库。知识链接过程可以使用传统自然语言方法来构建，也可以使用大语言模型来进行构建。具体方案如图 2-57 所示，首先进行中文分词过程，从电子病历与大量医学文献中可以自动识别出药品名称、靶点、疾病、症状等一些案例相关的实体。例如纳武利尤单抗是一个药物实体，CD47 是一个靶点实体，腹痛是一个症状的实体。这些实体经过实体链接到标准字典表中，可以得到描述这个实体的标准名称，这也是实体消歧的过程。由于电子病历与文献、专利中都提取了这些实体，这样通过这些实体就可以将电子病历与文献相互链接。这样在后续医学大语言模型进行推理诊断时，就能够更快速地获取相关文献证据的支持，也能够通过某一个实体快速检索到相关病历与文献。

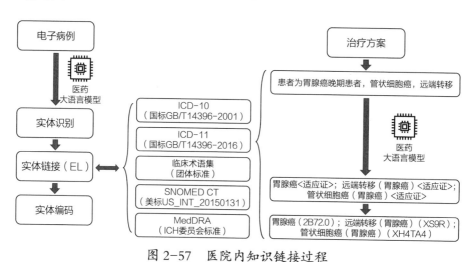

图 2-57　医院内知识链接过程

构建专科队列平台：专科队列平台是指通过某个疾病，将所有问诊数据通过患者与时间维度进行对齐，从而形成一个完整的临床医学病案知识库。根据医院特色梳理其临床决策流程，找到符合实际情况的价值决策点，确定知识需求，收集决策点所需的医学知识，并在标准医学术语映射系统新增所需的标准术语。

多学科协作：人体的代谢是一个均衡的过程，很多药物在治疗一个疾病时会影响另一个器官的功能，所以进行多学科共建问诊是必然的趋势。例如在临床中最典型的就是心内科与肾内科的用药冲突，强心利尿的药物往往会加强肾的负担。所以在进行多学科会诊的过程中，需要保留所有的诊疗意见，并将其融入当前患者的病历中。加强与各学科专家合作，确保医学知识库内容的全面性和准确性，同时促进跨学科之间的交流和学习，共同提升医疗服务的整体水平。

标准化：对组学变异与临床信息关联关系进行注释，统一标准化的组学数据，以解决医学知识库的难点。当前药品名称、靶点名称、适应证名称等都需要进行标准化，国际上也都有各类医学归属的标准体系，需要将这些体系应用到构建CDSS的知识库中。具体的国际标准体系，请参考5.2.3中的内容。

（3）临床推理逻辑

临床的推理逻辑有非常多的算法和理论，早期大量CDSS使用决策树算法进行推理，当前大量CDSS使用神经网络进行推理。在大语言模型发展的时代，可以使用大语言模型思维链（Chain of Thought, COT）进行推理。当前比较安全的方式是同时进行多路推理，最后相互验证推理的一致性，从而得到最终的结论，具体逻辑过程如图2-58所示。

数据收集与预处理：CDSS首先需要收集患者的医疗数据，包括病史、实验室测试结果、影像学资料等。这些数据需要被清洗和标准化，以便用于后续的推理过程。

特征提取：系统会提取与临床问题相关的特征。这些特征可以是症状、体征、实验室指标等，它们被转换成可以被系统进一步处理的数字表示。例如疼痛可以通过疼痛数字等级量表进行分级，0为无痛，10为剧烈疼痛。这些描述性症状可量化对CDSS疾病诊断结果非常重要。

逻辑推理：逻辑推理的过程是CDSS的核心，很多理论都应用于实践。

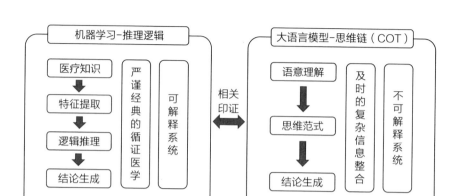

图 2-58　临床数据处理与推理逻辑

在大语言模型时代，CDSS 的推理过程可以使用机器学习算法、神经网络、大语言模型思维链三种方法进行推理判别，并形成相互验证。

生成推理结论：CDSS 根据当前的临床情境生成相关的论点，这些论点形成诊断或治疗建议。最后 CDSS 会输出基于当前最佳证据和逻辑推理的最终决策，这可能包括诊断、治疗方案或其他临床建议。为了提高临床决策的透明度和信任度，CDSS 需要提供推理过程的可解释性，并让用户理解系统是如何得出结论的。

提供循证依据：CDSS 做出的每个推断都需要给出明确的推理依据，来自文献或医学指南，这个过程的实现取决于之前数据特征提取的结果。通过提取得到的实体，能够对文献、医学指南进行良好的链接。

迭代与优化：CDSS 的推理结果是自我迭代的，系统会根据医生的评价和反馈不断优化其推理过程，以提高决策的准确性和可靠性。

（4）人机交互界面设计

大语言模型可以让 CDSS 具有新的交互方式，这种方式能够像说话一样与计算机对话。在任何时刻都可以使用自然语言获得文献，也能够通过描述病人的情况获得模型的推理结论。根据 CDSS 的用户界面设计应遵循四个 A 的原则：All in one（一目了然）、At a glance（一目了然）、At hand（随手可得）和 Attention（注意力集中）。这些原则强调在设计中整合所有交互原则，以减少药物错误。CDSS 的设计应注重快速响应、适应性、反馈、宽容和灵活性,以提高医生的效率和自主性。

在设计过程中,需要考虑界面的布局和导航,以确保用户能够使用自然语言高效地获取和处理信息。例如,在老年护理场景中,嵌入式 CDSS 界面通过功能分组和消息个性化显著提高了护士的决策质量。设计一个临床交互式仪表板,将所有相关数据以优先级排序的方式显示在单个屏幕上,每个任务都有一个专用的屏幕,从而来支持医生的决策过程。

用户角色在 CDSS 使用中非常重要,通过识别潜在用户类型(如初学者和专家用户),可以更好地满足他们的需求。系统应避免使用过于线性的交互方式,而是提供灵活的交互路径,允许用户根据自己的需求来自由地执行操作。

CDSS 的人机交互方式可以利用大语言模型技术,通过多种语言、姿势、虚拟现实获得更快捷的交互方式。良好的用户界面设计能够提升 CDSS 的可用性,确保医疗专业人员可以在临床工作流程中高效发挥其功能。展示了如何通过启发式评估和用户性能评估来验证用户界面和工作流程设计的有效性,并确保其符合实际临床环境的需求。强调了以人为本的设计方法,以解决医疗 IT 领域的可用性问题,确保系统不仅易于使用,而且还能够适应不断变化的医疗环境和用户需求。

2.6.2　临床预问诊

随着医疗资源的紧张和患者就医需求的增加,传统的面对面问诊方式往往难以满足患者的期望。预问诊通过在患者到达医院之前收集相关的健康信息和症状,能够帮助医生更好地了解患者的病情,从而在正式问诊时可以进行更有针对性的评估。这种方式不仅节省了患者的等待时间,还能提高诊疗的准确性和有效性。此外,预问诊还可以帮助医院合理安排医生的时间和资源,优化门诊流程,减少不必要的重复检查和就诊,进而降低医疗成本。对于患者而言,预问诊提供了一个更为便捷和舒适的就医体验,使他们在进入医疗系统之前就能够感受到专业的关怀和支持,从而增强对医疗服务的信任感和满意度。预问诊不仅是提升医疗服务质量的重要手段,也是实现高效便捷医疗的重要组成部分。

1. 预问诊的需求与意义

预问诊是一种在患者就诊前通过智能系统提前采集病情信息的服务，旨在提高医患沟通效率、优化诊疗流程，并提升患者的就医体验。

（1）提高医疗效率和质量

提高接诊效率：通过预问诊服务，预先收集患者的基础病情资料，医生能够在正式接诊时迅速获取患者的病情概览，从而减少接诊过程中的信息收集时间。这种做法有助于医生将更多精力投入疾病的诊断与治疗上，进而提升医疗服务的整体效率与品质。

改进分诊流程：运用人工智能分诊系统，能够实现患者症状和描述的快速、精确分析，从而有效地将患者引导至适当的科室和医生。这一措施显著减少了因错误挂号造成的医疗资源浪费和不必要的就诊延迟。

强化病史采集完整性：预问诊收集的信息与门诊电子病历系统无缝对接，使得正式就诊时能够直接补充和验证这些信息，这确保了病史资料的完整性与准确性。这样的流程为医生的诊断和治疗决策提供了更为全面和可靠的数据支持。

（2）改善患者就医体验

降低等待时长：通过人工智能技术重塑就医流程，有效减少患者在医院内的排队和等待时间，从而提升患者的就医体验和满意度。

增强就诊便捷性：患者可通过线上线下相结合的预问诊服务，提前对自己的病情和潜在治疗方案进行了解，这样可以在就医过程中减少不确定性和焦虑感。具体来说，患者在家中即可完成预问诊，为实际就诊做好充分准备。

（3）加强医疗信息的融合与共享

实现信息一体化流通：通过将预问诊、分诊、预约挂号以及病史采集等环节与电子病历系统紧密对接，确保了医院信息系统之间的顺畅沟通，有效避免了信息隔离现象的发生。

数据深度分析与运用：通过对医疗数据的深入分析，能够提炼出患者的疾病分布、就诊模式及医疗需求等重要信息，这些数据为医院在资源配置、学科发展、医疗服务布局方面提供了科学依据，同时也促进了医院运营管理的优化升级。

预问诊的意义深远，它不仅能够显著提升医疗服务的效率，使医生在患者进入诊室前就能对其病情有初步的认识，从而节省宝贵的面诊时间，更能在一定程度上优化医疗资源的配置，避免不必要的诊疗延误或重复检查。此外，预问诊还有助于提升患者的就医体验，通过在线填写问卷，患者能够更系统地回顾自己的病情，减少因信息不对称而产生的焦虑。同时，医生在掌握了更多背景信息后，能够提出更有针对性的问题，促进医患之间的有效沟通，提高诊疗的准确性。最终，预问诊还有助于降低医疗风险，通过提前识别患者的潜在健康风险，医生可以在诊疗过程中采取相应的预防措施，确保患者的安全。

2. 大语言模型的预问诊

预问诊作为一种创新的医疗服务模式，旨在通过线上方式优化患者就诊体验，提升医疗效率与质量。预问诊流程始于患者的预约挂号环节，一旦挂号成功，患者便可通过医院提供的微信小程序、App 或网页等线上平台进入预问诊系统。预问诊可以是一份详尽的预问诊问卷，问卷内容涵盖了个人的症状描述、既往病史、家族疾病史、过敏史、治疗及用药经历等多维度信息。患者需根据自身实际情况，认真填写这份问卷，并提交给系统。提交后预问诊报告会自动上传至医生工作站，为医生的后续诊疗提供重要参考。在大语言模型的时代，预问诊也可以直接面对数字医生来进行问答，患者可以直接面对屏幕像与医生进行正常交流一样并回答自身的问题。数字医生使用大语言模型技术，对话亲切，与人类医生几乎没有区别。

预问诊的流程通常分为以下五个步骤，如图 2-59 所示。患者首先预约挂号，之后系统可以使用大语言模型与患者进行沟通，预先将患者的信息进行记录梳理。对于没有院外资料的患者，可以在院外进行预问诊，通过描述病情进行患者数据记录。对于一些在院外已经接受过治疗的患者（例如肿瘤患者），则需要患者将自己在其他医疗机构问诊的资料递交到院内，在这种条件下就可以开展院内的预问诊。经过预问诊，可以较好地将患者信息进行收集整理，以便于医生进行接诊。

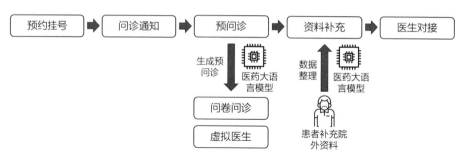

图 2-59　预问诊的接诊流程

　　如下是一段 AI 助手对患者张伟（化名）进行的一段预问诊，通过大语言模型可以像医生一样自然地与患者交流。

　　AI 助手：您好，我是智能医疗健康助手。请问您有什么不适需要帮助吗？

　　张伟：我 55 岁，最近几个月一直咳嗽，而且有时候咳出的痰里带血丝，我有点担心。

　　AI 助手：我理解您的担忧。您的症状是什么时候开始出现的？

　　张伟：大概是今年 1 月份开始的，但那时候没太在意。

　　AI 助手：明白了。除了咳嗽和咳痰带血，您还有其他症状吗？比如胸痛、体重下降或者呼吸困难？

　　张伟：是的，我最近胸痛越来越明显，尤其是深呼吸的时候。而且这几个月我的体重下降了大概 5 千克。

　　AI 助手：这些症状确实需要关注。您是否已经进行了任何检查？

　　张伟：是的，我上个月去医院做了检查。胸部 X 光显示肺部有阴影，然后做了 CT 扫描，发现肺部有一个肿瘤。

　　AI 助手：我为您的诊断感到遗憾。您能告诉我肿瘤的大小和位置吗？

　　张伟：医生说肿瘤在右肺，大小大约 3 厘米。

　　AI 助手：了解了。您是否进行了进一步的检查，比如 PET-CT 或者活检，以确定肿瘤的性质和是否有转移？

　　张伟：是的，我做了 PET-CT，没有发现远处转移。后来通过支气管镜活检，确诊为非小细胞肺癌。

AI 助手：感谢您提供这些详细信息。您是否已经开始治疗？

张伟：我已经开始化疗了，用的是顺铂和吉西他滨。

AI 助手：化疗是一个常见的治疗选择。您能告诉我您的化疗周期和效果吗？

张伟：我已经完成了两个周期的化疗，血液检查显示肿瘤标志物 CEA 和 NSE 水平有所下降。

AI 助手：这是一个很好的进展。您在化疗期间有没有遇到什么副作用？

张伟：我感到有些疲劳和食欲不振，但疼痛有所缓解。

AI 助手：这些是化疗常见的副作用。您是否计划进行手术或者其他治疗？

张伟：医生建议我肿瘤缩小后进行了手术切除。

AI 助手：手术可以是一个很好的治疗选择，特别是当肿瘤缩小且没有转移时。您手术后的恢复情况如何？

张伟：手术很成功，我现在正在接受辅助放疗。

AI 助手：很高兴听到您的手术和恢复都很顺利。您是否定期进行复查，包括胸部 CT 和血液肿瘤标志物检测？

张伟：是的，我每个月都会进行复查，目前没有复发的迹象。

AI 助手：这是非常好的消息。保持定期复查对于监测疾病进展和及时调整治疗方案非常重要。如果您有任何问题需要进一步的帮助，请随时联系我。祝您健康！

张伟：谢谢。

上述信息总结如下：

基本信息
姓名：张伟
性别：男
年龄：55 岁
职业：教师
病史记录：无重大疾病史，有吸烟史（30 年，每天 20 支）

院前回顾

2024 年 1 月：张伟开始感觉持续的咳嗽和轻微胸痛，未予以重视。

2024 年 2 月：咳嗽加剧，伴有血丝，体重无明显变化。

2024 年 3 月：胸痛加剧，尤其是在深呼吸时，体重下降约 5 千克。

2024 年 4 月：张伟决定去医院就诊，进行了初步检查。

肿瘤发展

2024 年 4 月 5 日：在医院进行了胸部 X 光检查，发现右肺有异常阴影。

2024 年 4 月 10 日：进一步 CT 扫描确认肺部有肿瘤，大小约 3cm。

2024 年 4 月 15 日：进行了 PET-CT 检查，未发现远处转移。

2024 年 4 月 20 日：通过支气管镜活检，确诊为非小细胞肺癌（NSCLC）。

指标变化

2024 年 4 月 25 日：血液检查结果显示肿瘤标志物 CEA 和 NSE 水平升高。

CEA：正常值 <5ng/mL，张伟的值为 15ng/mL。

NSE：正常值 <15ng/mL，张伟的值为 25ng/mL。

2024 年 5 月 1 日：开始接受化疗，化疗药物为顺铂和吉西他滨。

2024 年 6 月：化疗两个周期后，再次血液检查，CEA 和 NSE 水平有所下降。

CEA：降至 10ng/mL。

NSE：降至 18ng/mL。

2024 年 7 月：完成四个周期化疗，CT 扫描显示肿瘤大小减少至 2cm。

疾病进展

2024 年 8 月：张伟开始感到疲劳和食欲不振，但疼痛有所缓解。

2024 年 9 月：进行了新一轮的增强 CT 检查，未发现新的转移灶。

2024 年 10 月：考虑到肿瘤缩小，医生建议进行手术切除。

2024 年 11 月：成功进行了肺叶切除手术，术后病理报告显示肿瘤边缘清晰，无淋巴结转移。

后续治疗与随访

2024 年 12 月：术后恢复良好，开始接受辅助放疗。

2025 年 1 月：完成放疗，定期复查，包括胸部 CT 和血液肿瘤标志物检测。

2025 年 2 月：复查结果显示无复发迹象，CEA 和 NSE 水平保持在正常范围内。

总结

张伟的病历展示了从症状出现到确诊、治疗再到随访的全过程。通过时间维度的详细记录，我们可以模拟肿瘤的发展和治疗反应，以及相关生物标志物的变化，从而为临床决策提供了支持

2.7　中医药大语言模型

中医药作为中华民族的传统医学，蕴含着丰富的医学智慧和实践经验。

随着人工智能技术的不断进步，中医药领域正经历着一场数字化和智能化的转型。在这一转型过程中，中医药大语言模型的构建就显得尤为关键。中医药的传承与创新是当前医学领域的重要议题，利用大语言模型技术与生物医药大健康行业的结合，有望引领药物研发领域的新范式。通过构建中医药领域的人工智能大语言模型，可以有效地挖掘中药中的活性成分，寻找中药中不同配伍与疾病之间的关系，推进中药的循证医学研究，加速中药的研发进程。中医药大语言模型通过整合和分析大量的中医药文献、经方数据库、临床研究以及实践经验来进行训练，结合现代医学针对靶点信号通路、网络药理学等一系列学科的结合，可以帮助研发人员进行药理、药物代谢方面的预测，循证经典方剂以及优化不同配伍间重新定位出更适合的适应证。

中医药的整体观，体现在对人体、疾病和药物的全面认识上，这种认识是基于长期的临床实践和经验积累形成的。中医药大语言模型的构建正是基于这种整体观和实践经验，通过人工智能技术对传统医学知识进行深入挖掘和系统化整理，来达到更高效的医学应用。

2.7.1　中医药大语言模型的场景

在近三十年的发展中，传统西药"一药一靶一病"的还原论方法在药物研发领域取得了显著成就，极大地加快了新药发现的步伐。但这种方法的不足也逐渐显现，如研发效率低下、进展缓慢以及成功率不高，尤其是高昂的研发成本与较低的产出比例失衡。许多候选化合物难以全面、系统地反映药物与疾病的相关性，常常在临床前和临床试验中因效果不佳、药代动力学问题或急性及亚慢性毒副作用等问题而被迫终止研发。新药研发正面临巨大挑战，单靶点高选择性药物研发已进入"瓶颈期"，显示出其发展的局限性。对系统生物学的研究揭示了药物发挥作用的网络特点，表明与单靶点药物相比，多靶点药物可能会有更好的临床疗效和较小的毒副作用。中药及其复方因其整体性、多成分和多靶点协同作用的特点，成为未来国际上新药研发的重要方向。

中医药研究的发展当前已经跟上了历史的步伐，对于中西药研发方法的争端问题，我们不做评论，但是使用当前先进方法研究我们传统文化是非常必要的。大语言模型发展，非常有利用中医药研究。中医对疾病的认知具有极强的整体观，中药体现了多靶点交互作用对疾病的整体影响。从这一角度来讲，大语言模型由多个神经单元交织构成与中医药网络药理学非常契合。在本节中，我们从疾病与中药组方关系、中成药研发、中药机理研究、中医药循证支持、大众健康指导等五个场景来讨论如何使用大语言模型。

1. 疾病与中药组方关系

中医药对疾病的辨证是中医认识疾病的核心，针对不同的辨证对应不同中药饮片的组方，能够达到治疗疾病的目的。当前中医中最常用的辨证方法是八纲辨证，包括阴、阳、表、里、寒、热、虚、实八个方面。通过八纲辨证，可以辨别病变的部位、性质、邪正盛衰及病症类别等情况，从而归纳为表证、里证、寒证、热证、虚证、实证、阴证、阳证。从古至今，先辈留下了大量经典名方，这些都是根据辨证对应的中药饮片组合，通过研究这些经典名方能够找到其中的规律，对于现代疾病找到更有效的饮片组合，这就是组方研发的核心。

中药方剂，是指在辨证论治的基础上依据病情的需要，有选择性地将药物按照一定的配伍原则组合而成的用药形式。现代中药复方配伍机制的研究方法／策略主要围绕药效物质分析（包括中药化学成分分析、入血药源成分分析、药动学分析）和药理信号通路分析（包括网络药理学分析、信号通路指标检测、代谢组学分析）两方面进行。总体以"七情和合""升降浮沉""君臣佐使""四气五味"为基础探究中药复方的配伍关系，并体现中药复方配伍与药物化学成分、药动学、药理通路机制的变化规律。在观察中药不同配伍比例时化学成分的变化规律时，应在保证中药复方整体疗效的基础上，挖掘中药复方配伍机制的内涵。

中药药效物质是指中药及复方中发挥药理作用的化学成分体系，是中药质量控制的基础，也是中药现代化的核心。中药药效物质基础难以归结为某一特定的有效化学成分，其作用机制也并非作用于某一特异性靶点，而是多成分通过多靶点、多环节整体调节作用的结果。成分间、靶点间、环节间客观存在着密切联系、相互协同与制约的复杂网络。

当前研究疾病辨证与中药学的方法，应整合疾病、表型、基因和药物的信息，从系统和网络的角度探索疾病辨证表型与生物大分子之间的关系。这一领域的研究方法已被应用于中医药证候的生物学基础研究，构建了"疾病表型—生物分子—药物"的研究框架，旨在阐释病证方系统的内在联系。通过这种方法，针对证候的生物学基础进行了生物分子网络层面的研究，提出"证候生物分子"的概念，并构建了基于神经—内分泌—免疫系统的寒证和热证生物分子网络。通过功能分析，发现寒证网络主要以激素功能模块为核心，而热证网络则以细胞因子功能模块为主，神经递质功能模块则在两个网络中均有分布。研究还探讨了将证候分子网络标志应用于证候客观化、个体化诊疗、中医药临床效果评价以及方剂与中药药性研究的可能性，为证候生物学基础研究开辟了新的思路。

中医药大语言模型是一项技术突破，从技术上讲是有概率网络构成的概率模型。对于疾病、表型、基因和药物构成的类似知识谱图网络，大语言模型能够很好地学习网络中的逻辑，并能够应用网络中的逻辑进行推理。由此可见，大语言模型能够通过经典名方与疾病的对应关系，推理泛化出其他疾病对应的中药组方，并能够给出推理依据。

2. 中成药研发

中成药是指根据中医药理论研制，采用中药材（植物、动物和矿物等）为原料，按照特定的处方和制剂工艺加工而成的成品药物。这些药物可以是单味药的提取物，也可以是多种药材组合的复方制剂，它们通常具有特定的治疗目的，并在临床中用于预防和治疗各类疾病。中成药在中国有着悠久的历史，是中医药学的重要组成部分，其独特的疗效和较少的副作用被广泛认可。

中成药的开发是一个固定的组方，并且能够对需要长期治疗的患者有效。由于组方固定，并且能够长时间保存，更需要将组分优化成为一个疗效明确、毒性相对较小且性态稳定的配伍。这就需要通过大语言模型对靶点、疾病、中药材网络进行计算，同时还需根据不同中药材的稳定性进行工艺方面的优化建议。从数据准备上，大语言模型需要调取中药与疾病相关的知识图谱，并且需要调用中药材性状与工艺知识字典。

中成药研发由于组分固定，最关键的一步还是分析疾病网络，鉴定疾病网络中的关键节点。目前有两种算法可以识别关键节点：图谱节点遍历和拓扑网络规划分析。

图谱节点遍历的思路是大语言模型自动化地根据疾病—中药网络进行计算，通过提取药物名称、靶点、适应证等信息直接关联到对应的古籍或病历中。目前已有部分大语言模型能够从已有的数据中挖掘关键信息，寻找中医药证候方剂对应的疾病辨证。国内很多学者通过多种算法，探寻方剂复杂化学体系与生物系统的相关性。

拓扑网络规划分析是一种寻找关键节点算法。常见的网络拓扑特征有度、聚类系数、最短距离、介数等。中医药从证候到方剂均体现了复杂网络的特质。中医辨证论治的原则是药证相应，在处方用药中存在君药对主证，臣药和佐药对兼证的关系。主证、君药是网络中的关键节点，治法是网络中节点间的关系概括。使用人工智能算法进行中成药的研发，有助于探索中医证候–治法–中成药组方的关联。

中成药的研发和标准制定坚持传承与创新并重的原则，既遵循中医药理论，尊重传统经验，又体现中药特点，同时鼓励将新技术和新方法应用于中药标准的制定中。这一过程基于科学、严谨、实用和规范的原则，不仅继承和利用传统经验和技术，还加强了基础研究，并采用现代科学技术来研究和制定中药标准。以临床需求为导向，加强中药监管科学研究，科学地设置与药品安全性和有效性相关的项目和指标。同时，对中药的整体质量进行评价，根据药品的关键质量属性和特点，建立相应的控制项目、方法和指标。在质量安全风险方面，结合农药残留、重金属及有害元素、真菌毒素等的安全风险评估结果，合理设置必要的控制项目和限量要求，以确保药品的安全性。此外，倡导绿色低碳的标准发展理念，推广使用低成本、低能耗、低排放、高效便捷的检测方法，并减少使用有毒试剂，以降低对环境和人员的影响。

3. 中医机理研究

随着社会物质文明的进步、生活习惯的变迁以及人口老龄化的加速，慢性病如肿瘤、心脑血管疾病和糖尿病等已逐渐取代传染性疾病，成为威胁人类健康的主要问题。这些疾病往往涉及多个基因和多个发展阶段。在治疗这些疾病时，单一靶点的高选择性药物往往效果不佳且副作用较多。相比之下，传统中医药学在诊断上更注重整体状况和功能变化的动态性，在治疗上强调根据病情综合分析，力求从整体上调整机体状态，以治疗局部病变并恢复全身功能平衡，展现出了较为显著的疗效。

中医提倡治未病的理念，要在疾病未来到的时候将其扼杀在摇篮中。中医也提倡慢病康复疗养，很多心脑血管疾病甚至肿瘤也属于慢性病的范畴。对这些疾病患者照护的过程可以使用大语言模型来完成。大语言模型能够像医生一样回答患者的问题，遇到严重问题还会提示患者到医院就医。

在社区医院可以设置这样一个基于大语言模型的中医诊疗设备。设备可以给出中医辨证，"您最近是否腹泻增多？特别是在清晨？"，或"您最近有暴躁易怒或者失眠多梦吗？"。在患者完成回答后，再加上中医四诊仪器对舌头、脉搏的辨证。中医诊断结果可以直接回答，"肝郁、血虚""疏肝解郁，肾气亏损""食物疗法：百合、陈皮""附子理中丸"，从指标到数据，从病因病机到治法疗法，从方剂组成到针灸主穴等一一呈现给患者。

大语言模型能够完成如此复杂的问诊，在于底层中医药数据的支持。所以，中医药大模型的基础是对古籍经典、临床中医辨证数据的良好治理。

4. 中医药循证支持

在 1982 年，陈可冀等人完成了中医药领域首个严格遵循随机对照试验的研究。到了 1999 年，李幼平首次提出，利用国际认可的方法和标准来评估中医药的临床效果，临床流行病学和循证医学是当时的最佳选择之一。此后，这些方法在中医药研究中的应用逐渐增多。经过大约 40 年的发展，中医药的临床研究在数量和质量上都有了显著提高，并出现了许多国际认可的高质量证据。随机对照试验、队列研究、比较效益研究以及真实世界研究等研究方法已在中医药领域得到了广泛应用。

证候在中医辨证论治中占据着核心地位，是中医基础理论的关键组成部分。证候可以分为本体论证候和认识论证候两种类型。认识论证候是在本体论证候的基础上，结合中医理论、临床经验等因素形成的。由于不同中医主体的介入，导致对认识论证候的判定存在差异。目前，中医辨证所依赖的四诊信息尚缺乏客观、准确、标准化、公认的测量方法和工具，这限制了中医辨证的规范化发展。辨证论治体系，作为中医诊疗的核心原则和特点，体现了中医个体化诊疗的优势，而辨证的规范化问题直接影响着整个诊疗的效果。尽管辨证规范化研究已取得一定进展，但要达到系统性、客观性和科学性的目标，仍有较大的提升空间。中医辨证规范化研究是一项涉及文献学、临床医学、方法学等多领域的复杂系统工程，需要在中医认知规律的基础上，继续探索和创新适宜的研究方法。

通过大语言模型进行中医药循证，能够高效地从中医古籍中找到临床证据，也能够从历史临床病案中快速获得有价值的信息。大语言模型可以高效支持循证问答，这部分内容可以参考 2.6.2 中的内容进行理解。中医药循证工作相比西方医学发展要慢得多，关键问题是没有将中医药古籍细致整理，几千年的中医病案也没有很好地进行系统化归类。这也是我们借助大语言模型技术发展中医药循证的良好契机。在此有一些药企已经走在前列，例如天士力药业开发的"数智本草"大语言大模型，该模型收集守正数据包括 1000 种以上古籍及翻译，9 万首以上方剂，4 万个以上中成药组方等，药物疾病网络数据包含 4000 万份以上文献摘要，300 万种以上天然产物，2 万个以上靶基因通路信息，在产业化与临床应用方面，包含 10 万个以上临床方案，16 万个以上中药专利以及药典政策指南。"数智本草"大语言大模型，拥有 380 亿参数量，基于中医药海量文本数据预训练，结合向量库检索强化，以及中药研发多场景的微调，能够更好地帮助研究者完成中医药理论证据的挖掘和总结。

5. 大众健康指导

中医药作为我国传统医学的重要组成部分，承载着千年的文化和智慧。

在大众健康指导方面，中医药以其独特的理论体系和治疗方法，发挥着至关重要的作用。强调未病先防、既病防变，中医药注重整体调理，通过辨证施治，旨在调和阴阳、疏通经络、平衡脏腑，达到祛病强身的目的。在现代生活中，中医药不仅为各类疾病提供治疗手段，还积极指导大众养成良好的生活习惯，如饮食有节、起居有常、情志调畅等，从而实现预防疾病、延年益寿的目标。在这些生活习惯中，中医药大语言模型能起到指导大众健康的意义。大众可以通过询问大语言模型就能够得到详细的回答，模型不仅可以提供饮食调理的方案，还能提供日常穴位保健的手法技巧。

1）情志调摄：大语言模型可以通过分析老年人的心理状态和偏好，提供个性化的心理调摄建议。例如，模型可以推荐老年人通过欣赏音乐、习字作画、垂钓等活动来缓解疲劳、平稳血压和心律，达到心身愉悦的目的。

2）饮食调养：利用大语言模型分析老年人的营养需求和饮食习惯，提供个性化的饮食建议。模型能够根据老年人的体质和健康状况，推荐营养丰富、清淡易消化的食物，并建议饮食多样化，食宜清淡、熟软，进食宜缓，食要限量，少吃多餐。

3）起居调摄：大语言模型可以根据老年人的生活习惯和健康状况，提供起居规律的建议。模型可以建议老年人保持规律的作息时间，确保充足的睡眠，劳逸结合，并保持良好的卫生习惯，如定时大便，临睡前用热水泡脚。

4）运动保健：大语言模型可以分析老年人的身体状况和运动偏好，提供个性化的运动建议。模型可以推荐适合老年人的运动项目，如太极拳、八段锦、慢跑、散步、游泳、乒乓球等，并强调运动的适时适量、循序渐进、持之以恒的原则。

5）穴位保健：利用大语言模型的知识和数据分析能力，为老年人提供穴位保健的指导。模型可以根据老年人的体质和健康状况，推荐适合老年人的穴位按摩方法，如涌泉、足三里等穴位的按摩，以达到保健和治疗的效果。

2.7.2　中医药大语言模型的设计

中医药大语言模型的构建依然离不开数据的整合，也离不开算力的支持。主要包括构建高质量中医药数据、中医诊疗知识表征、中医药大语言模型训练三个部分，如图 2-60 所示。高质量的中医药数据能够作为大语言模型训练基础。中医诊疗知识表征体现中医药概念的关系，能够用于检索增强（RAG）的知识索引。中医药大语言模型训练过程，同样需要高质量的数据与中医药数据的逻辑作为基础。

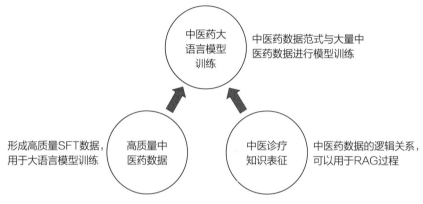

图 2-60　中医药大模型的构建过程

1. 高质量中医药数据

构建中医智能诊疗的大语言模型，关键在于获取高质量的中医诊疗数据。这些数据的搜集和整理可以通过多种途径来实现，包括中医典籍的电子化、中医病历的整理以及基于中医知识的文本生成。首先，我们需要对古今中医书籍进行搜集，并将其转化为电子格式，从中筛选和整理出中医诊疗的相关数据。其次，从中医电子病历和病案库中提取信息，搜集和整理中医诊疗的实际案例。此外，依据中医经典如《伤寒论》中的规则，通过演绎方法生成多样化的症状组合，以此形成丰富的诊疗数据集。在数据采集和整理过程中，我们将利用蜘蛛系统、OCR 技术、文本处理等技术手段，并结合人工数据标注、筛选、众包等方法，实现大规模中医诊疗语料的准备工作。为了提高人机协作的效率，我们可以先通过人工标注少量样本数据来训练一个预处理模型，然后用该模型对大量数据进行预处理，并人工审核预处理结果，最终建立起一个高标准的中医诊疗语料库。

例如在葛洪的《肘后备急方》中提到了大黄和附子的使用方法，其原文如下：

原文

胁下偏痛，发热，其脉紧弦，此寒也，以温药下之，宜大黄附子汤。

对于原文我们应当保留，但是古语毕竟无法在当今社会通用，我们还需要找到大黄附子汤的现代解释。基于对中医药的理解，对于大黄附子汤我们需要从中医辨识、方剂配伍、医案分析几个角度来完善大黄附子汤的应用。将这些数据直接训练中医药大语言模型。

中医辨识

《金匮要略·腹满寒疝宿食病》篇云："胁下偏痛，发热，其脉弦紧，此寒也，以温药下之，宜大黄附子汤。"方由大黄三两、附子三枚、细辛二两组成。主治腹满寒疝，证候性质是寒实内结，故以温药下之。

文中所说的"胁下偏痛"，是其主诉症状。如果是"胁下痛"，病位即指胁下；而这里说的是"胁下偏痛"，显然不拘于左右胁下，而是偏于一侧胁下，且连及大腹或少腹，这是腹满寒疝发作的主要病位。胁下为厥阴肝经所过，寒积于此，并克伐太阴脾经，致使两经血脉拘紧，故疼痛难忍。所言"发热"，为寒凝阳郁所致，非寒积之本象。

单以"胁下偏痛"是不可以诊为寒实内结的，这里有更重要的指征是"脉弦紧"。弦紧是什么性质的脉象呢？这可从本篇后文中得知，"腹痛，脉弦而紧，弦则卫气不行，即恶寒；紧则不欲食，邪正相搏，即为寒疝。"弦脉为卫气不行之象，卫气属阳，卫阳不行故恶寒；紧脉为胃阳虚，故病人不欲饮食；弦紧脉共现，这是表阳与里阳并虚的象征。另外，《金匮要略·水气病》篇也有弦紧脉的叙述："寸口脉弦而紧，弦则卫气不行，即恶寒，水不沾流，走于肠间。少阴脉紧而沉，紧则为痛，沉则为水，小便即难。"这里"弦则卫气不行，即恶寒"与上文一致，不作新解。后说"紧则为痛"，是说紧脉是疼痛的表现，与上文所说"紧则不欲食"合言之，说明紧脉所主的腹痛也包括食积在内。

方剂配伍

就药物性味而言，本方既有相辅相成之配伍，即附子与细辛；又有相反相成之配伍，即附子与大黄。附子与细辛的配伍，又见于麻黄细辛附子汤、乌梅丸、桂枝去芍药加麻辛附子汤。

附子与细辛均为辛温药，附子大辛大温，是温补阳气、除寒散湿之要药；而细辛以辛温通络、除寒止痛见长。经方中附子与细辛常常同用，治疗阴寒伏于阴分所导致的病症。在麻黄附子细辛汤中，配以麻黄，取其温经解表；在大黄附子汤中配以大黄，取其温阳通腑；而在乌梅丸中，是将酸收、苦泄、辛开、甘补、大温、大寒之味于一炉，具有攻补兼施、寒热并用、辛开苦降的综合功效，是治疗疑难杂病之良方。

附子与大黄的配伍，又见于《伤寒论》一百一十五条之附子泻心汤（附子一枚、大黄二两、黄连一两、黄芩一两）；方中又用了黄连、黄芩，但其用法特异。用滚沸的热水将"三黄"浸之，绞滓取汁；另将附子煮取浓汁，与"三黄"汁兑合服用。是方取"三黄"苦寒清其上焦之热，附子辛温温养下焦之阳（温阳祛寒）。绞汁取其气轻，浓煮取其气厚。由此说明，此方所治（心下痞，而复恶寒汗出者）上焦热痞较轻，下焦阳虚偏重。附子的剂量虽然较轻，但其作用非同一般。如果将附子删去，那就与大黄黄连泻心汤无异了。尤在泾在评价附子泻心汤时说："合和与服，则寒热异其气，生熟异其性，药虽同行，而功则各奏，乃先圣之妙用也。"

医案分析

赵锡武先生曾用大黄附子汤治疗一例尿毒症病人。患者 41 岁，因慢性肾炎尿毒症入院治疗，并发肾性高血压脑病。血压 220/130mmHg。身热不解，腹胀隆隆，大便 3 日未通；胃纳颇差，头痛难忍，神志淡漠，舌苔垢腻，脉象弦紧有力。考虑"腹胀隆隆"与"胁下偏痛"相似，而脉弦紧有力则与大黄附子汤证脉同，故用大黄附子汤治疗。大黄 15 克，炮附子 30 克（先煎），细辛 6 克。服药 3 天后，在停用西药降压剂的情况下，血压稍降，大便通一次，腻苔减轻，脉亦有柔和之象。此例取附子温经祛寒，大黄推陈致新，细辛散寒通阳。解决了寒热错杂、虚实互见之内闭证，暂时缓解了肾性高血压脑病的危险证候。

当代名医张大昌谈及大黄附子汤时说，"吾一家传治牙痛方，即是此方加石膏，煎取汁，随漱随咽，顷刻笑颜。并屡用治面神经麻痹、三叉神经痛及脑血管意外，效亦甚佳"。

当代名医赵守真在其《治验回忆录》中，记录一例"寒积腹痛"案。腹痛 4 年，曾服理中四逆辈，间或可止。当痛仍发作，多因寒食诱发。脉象沉而弦紧，舌面白润。赵氏诊为"阴寒积聚"，予大黄附子汤：大黄四钱、乌附三钱、细辛钱半，二剂而瘥。

2. 中医诊疗知识表征

人类在理解文本数据时，能够依托语境和上下文进行精确的解读。例如，"当归补血汤"与"海山行当归，白发何足扫"两句中都含有"当归"，但它们的含义却大相径庭。计算机在处理这些文本时，往往无法辨识出同一变量在不同语境下的语义差异。对于计算机来说，相同的字符或字符串通常被赋予了相同的含义。如何使计算机能够像人类一样，在不同的语境中识别出变量的具体语义，从而实现精准的中医知识表征，是构建中医智能模型时需要克服的难题。为了解决这一问题，我们可以利用大语言模型在上下文学习和语义表征方面的强大能力。如在中医典籍中有中药材的描述，这样中药材名称与描述之间即形成了一个高质量的问答对，这也是高质量的 SFT。

例如中药饮片通草的相关问题，有如下的回答。这样就能够构成一个高质量的 Q&A 问答对。

Q：
请描述中药通草的基本情况。

A：

来源

为五加科植物通脱木的茎髓。秋季采收，选择生长 2～3 年的植株，割取地上茎，截成段，趁鲜时取出茎髓，理直，晒干。放置干燥处。将茎髓加工制成的方形薄片，称为方通草；加工时修切下来的边条，称为丝通草。

原形态

通脱木（《本草拾遗》中所记载），灌木，高可达 6 米。茎木质而不坚，中有白色的髓，幼时呈片状，老则渐次充实，幼枝密被星状毛，或稍具脱落性灰黄色绒毛。叶大，通常聚生于茎的上部，掌状分裂，长可达 1 米，基部心脏形，叶片 5 ~ 7 裂，裂片达于中部或仅为边裂，头锐尖，边缘有细锯齿，上面无毛，下面有白色星状绒毛；叶柄粗壮，长 30 ~ 50 厘米；托叶 2，大形，膜质，披针状凿形，基部鞘状抱茎。花小，有柄，多数球状伞形花序排列成大圆锥花丛；苞片披针形；萼不明显；花瓣 4，白色，卵形，头锐尖；雄蕊 4；花盘微凸；子房下位，2 室，花柱 2，离生，柱头头状。核果状浆果近球形而扁，外果皮肉质，硬而脆。花期 8 月。果期 9 月。

生境分布

分布福建、台湾、广西、湖南、湖北、云南、贵州、四川等地。

性味

味甘；淡；性微寒。

炮制

通草：拣去杂质，切片。

朱通草：取通草片，置盆内喷水少许，微润，加朱砂细粉，撒布均匀，并随时翻动，至外面挂匀朱砂为度，取出，晾干（每通草片 10 斤，用朱砂 10 两）。

性状

茎髓呈圆柱形，长 20 ~ 40cm，直径 1 ~ 2.5cm。表面白色或淡黄色，有浅纵沟纹。体轻，质松软，稍有弹性，易折断，断面平坦，呈银白色光泽，中内有直径 0.3 ~ 1.5cm 的空心或半透明的薄膜，纵剖面呈梯状排列，实心者（仅在细小茎髓中的某小段）少见。无臭，无味。以条粗壮、色洁白、有弹性、空心有隔膜者为佳。

功效

为五加科植物通脱木的茎髓。主治淋病涩痛，水肿尿少，小便短赤，黄疸，产妇乳汁不通，目昏，鼻塞。

主治

泻肺，清热利尿，通气下乳。治淋病涩痛，水肿尿少，小便短赤，黄疸，产妇乳汁不通，目昏，鼻塞。

①《日华子本草》：明目，退热，催生，下胞，下乳。

②《本草图经》：利小便，兼解诸药毒。

③《医学启源》：除水肿癃闭，治五淋。《主治秘诀》云，泻肺。

④《本草备要》：治目昏耳聋，鼻塞失音。

⑤《长沙药解》：通经闭，疗黄疸，消痈疽，利鼻痛，除心烦。

用法用量

内服，煎汤，3 ~ 6g，或入丸、散；

外用：研末绵裹塞鼻。

注意禁忌

气阴两虚，内无湿热及孕妇慎服。

优质的监督数据，对中医药大语言模型具有极高的价值，能够规范模型回答的范式。我们应该尽可能多地构建这种中医药知识问答数据，来提高中医药大语言模型的问答能力。

3. 中医药大语言模型训练

在中医智能诊疗领域，由智能模型生成的诊疗方案直接关系到患者的生命健康，因此，诊疗思路的合理性、结果的可靠性以及模型决策的可解释性就显得尤为关键。大语言模型作为一种黑箱模型，其性能受训练语料的规模、收敛条件、评估方法等因素的影响。在特定领域和场景中，大语言模型可能会产生不准确甚至错误的输出，即"看似合理实则错误"的结论。确保这一黑箱模型能够输出高度可信的中医智能诊疗方案，是中医智能诊疗领域面临的主要挑战。

在模型构建方面，必须在中医理论的指导下，制定出有效的训练和优化策略。模型构建分为三个阶段：预训练阶段、监督学习阶段、强化调优阶段，如图 2-61 所示。在模型评估方面，应采用中医药特有的数据集进行评价，以客观地衡量模型性能。

第一阶段，预训练阶段。需要提供大量的古籍、病历、论文资料。对模型进行预训练，这个过程就相当于给模型灌输中医药的基础知识，可以理解为将第一阶段准备的数据全部进行模型训练。这个过程也是大语言模

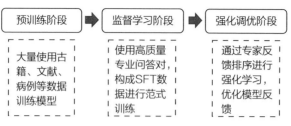

图 2-61　中医药大模型训练过程

型最烧钱的阶段，往往需要数以千计的 GPU 才能支持预训练过程。

第二阶段，监督学习阶段。该阶段是在完成预训练后，给模型通过人工数据微调的阶段。监督学习过程需要使用监督数据，即专家审核的数据。这些数据可以出自名家名方或一些现实中预后良好的病历，以及一些中药材的解释解读。在上文中通草问答对就可以作为监督数据训练模型。第二阶段训练，为了让模型获得人类中医专家的思维能力，通过大量监督数据的训练，大语言模型能够初步了解到什么样的疾病辨识能够使用哪些中药进行配伍。这是一个人类中医专家"教"会模型中医药逻辑的过程。

第三阶段，强化调优阶段。应对模型进行精细的微调，使用高质量的中医诊疗数据，并结合提示学习、强化学习等技术，引导模型生成准确的诊疗结果。其次，通过引入外部专家的知识和逻辑规则对模型输出进行标注。例如，根据中医理论中"有一分恶寒，便有一分表证"的原则，可以通过专家知识判定验证模型在接收到"恶寒"症状输入时，是否正确地识别出"表证"。强化调优阶段是一个持续优化的过程，往往需要专家提供大量反馈意见后才能看到模型的提升。

在模型训练完成后，需要结合中医药专属数据验证和专家评估两个过程，对模型进行全面测试和验证，确保模型在既定范围内的可靠性。对于中医药专属数据验证，应选取适当的评价指标，如在中医疗证任务中使用准确率、召回率、F1 分等。而在处方生成任务中则可选用 BLEU、ROUGE等文本生成评价指标。对于专家评估，则需中医专家对模型的输出结果进行量化评分，以进一步提升模型的专业性和可信度。

2.8　其他应用场景

医药大语言模型在实践中还有很多应用场景需要探索。从药企的角度，有很多工作流程可以通过大语言模型进行优化，例如药物警戒、供应链、市场准入、药物申报、品牌宣传等。从医院的角度，包括医疗控费、医工管理、患者照护、院内绩效等方面也开始使用大语言模型赋能。通过不同领域人员的思想碰撞，未来会有越来越多的场景开启智能化应用。

1. 医药监管

2024 年国家药监局综合司印发了《药品监管人工智能典型应用场景清单》，其中从准入审批、日常监管、公众服务、辅助决策等四个方面，详细列举大语言模型的应用场景，具体内容如图 2-62 所示。

图 2-62　医药监管大语言模型应用场景

2. 临床临终关怀

大语言模型在患者情感陪伴方面，主要体现在通过提供情感支持和心理疏导。大语言模型能够识别患者的情绪状态，通过自然语言处理和机器学习技术与患者进行深入的交流和互动。模型可以倾听患者的故事和心声，给予安慰和鼓励，对于孤独无助的患者来说，这种陪伴无疑是一剂温暖的心灵良药。此外，大语言模型可以通过聊天机器人或虚拟助手与患者及其家属进行沟通，提供情感支持以及药物或预约提醒，确保患者感到被倾听和理解。

在临终关怀中，大语言模型专门设计用于为临终患者提供陪伴和安慰，从而纾缓其孤独感和焦虑感。模型可以进行逼真的拟人交流，它们不但可以回答患者具体问题，也可以聆听患者故事并善解人意地进行响应，也可与他们分享兴趣爱好。一定高度定制的大语言模型更能根据患者情绪状态自动调整表现和反应，提供更加个性化的情感支持。

大语言模型还能为老年人提供助老康养服务，通过智能化的康复训练、健康管理和生活指导，帮助老年人保持身心健康，起到延缓衰老作用。大语言模型辅助拟人化硬件机器人，使得陪伴老年人的过程更加亲切和温暖，增强了老年人的参与感和幸福感。通过与大语言模型进行互动，老年人可以分享他们的喜怒哀乐，倾诉内心的烦恼和困惑，得到情感上的支持和理解。

未来还会有更多大语言模型在医药方向的应用场景，下面总结一些没有展开的应用场景供大家参考。

临床医学的大语言模型场景，如表 2-20 所示。

表 2-20　临床医学的大语言模型场景

编号	场景名称	基本概念	应用场景
1	医学影像智能辅助诊断	针对医学影像数据进行智能分析、快速读片、报告生成，实现高效精准的医学影像辅助诊断	利用计算机视觉、神经网络等技术，在 X 射线、CT、MRI 等影像诊断中，实现病灶分析、参数量化、三维可视化等功能，提升影像诊断质量
2	医学影像数据智能辅助质控	利用人工智能技术开展医学影像检查质量评价、分析，提高医学影像摄片质量和质控效率	在影像检查、报告流程中，利用人工智能多模态影像分析能力，识别质量问题，协助医学影像技师提高图像采集质量
3	临床专病智能辅助决策	智能清洗处理临床专科疾病数据，构建决策模型和算法，智能生成临床专病诊疗方案，提供辅助决策支持	使用机器学习、自然语言处理等技术，对临床专科诊疗病历、指南等数据进行处理，提供精准化、个性化风险评估和治疗建议

续表

编号	场景名称	基本概念	应用场景
4	基层全科医生智能辅助决策	应用人工智能技术结合基层医疗卫生机构常见病、慢性病诊疗规范，构建基层全科诊疗辅助决策应用	使用机器学习、自然语言处理等技术，为全科医生提供诊断和鉴别诊断的推荐建议，提高问诊和治疗规范性
5	医学影像智能辅助治疗	利用人工智能、虚拟增强现实和三维建模等技术，智能分析医学影像数据，为临床提供智能辅助治疗方案	通过深度挖掘分析医学影像数据，结合权威指南，帮助医生优化治疗过程，降低手术风险和并发症发生率
6	手术智能辅助规划	智能分析医学影像、病理、检验等临床多模态数据，明确手术关键部位、推荐最佳手术方案、评估手术风险	综合分析患者的临床诊疗记录、医学影像等数据，智能推荐手术方式、确定手术范围，提高手术精准性
7	放射治疗靶区智能辅助勾画	实现 CT、MR 等医学影像中肿瘤及其周围重要组织轮廓自动勾画，为临床精准放疗提供智能靶区定位	利用图像处理和人工智能技术，辅助医生准确、快速勾画肿瘤及周围重要组织的轮廓，提升放疗医师勾画精度和工作效率
8	智能门诊分诊	诊前采用图文、语音等人机对话方式，根据患者症状及病史信息，为患者提供就诊科室推荐等服务	采用图文、语音等人机对话方式，完成对患者症状、病史等信息采集，智能推荐就诊科室和医生，提升就诊精准性和效率
9	智能就医咨询	通过图文、语音等人机交互，精准识别患者就医需求和问题，为患者提供就诊流程、注意事项等服务	利用图文及语音识别、自然语言处理等技术，帮助患者获取就医信息，了解就医流程和注意事项，提升就医体验
10	智能预问诊	在医生问诊前，通过图文、语音等人机交互，采集患者临床专科病史信息辅助生成电子病历	利用语音识别、自然语言理解等技术，通过人机交互引导患者完成临床信息采集，生成格式标准、内容准确的病史文书

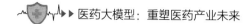

临床研究的大语言模型场景，如表 2-21 所示。

表 2-21 临床研究的大语言模型场景

编号	场景名称	基本概念	应用场景
1	智能研究型病房	基于人工智能和物联网技术提供实时监测、智能辅助诊疗、试验灵活配置等能力，打造数智化研究型病房	利用物联网设备和人工智能算法，实时管理患者生命体征、病房环境参数等数据，辅助医生的诊断与治疗方案评估
2	医学科研智能辅助	建立涵盖文献资料检索、数据制备、智能分析、结果解读的科研辅助工具库，提高科研效率	基于多模态大语言模型、计算机视觉等技术，辅助医生快速、精准地检索信息，提供数据标注、特征提取等科研工具
3	智能医学科研数据分析	利用人工智能技术，整合医学文书、影像、基因组、转录组、蛋白质组、时序传感等多模态数据，建立全面分析辅助临床科研的智能平台	整合多模态医学数据，提供跨模态标注算法和标注工具，揭示数据之间的语义关联性，提高诊断和分析的准确性

第三章

生物医药大语言模型的数据准备

大语言模型需要大量语料进行训练，这一点是全球共识的技术基础。如何准备高质量的语料也成为大语言模型整体质量的关键。生物医药大语言模型除了需要具有通用大语言模型的基本能力之外，还需要能够对医药专业问题给出准确的解决方案，这也就意味着生物医药大语言模型的训练，不但需要通用类型数据，而且更需要生物医药行业的专业数据。

从数据的层面，我们整体将大语言模型的数据划归为两个大类：通用数据与专业数据。通用数据是指，在不区分业务能力下的所有能够代表人类思维的数据。例如全球新闻、问答论坛上的所有对话等，这些数据没有明确的专业指向，但是通用数据能够帮助大语言模型获得知识内容与人类思维的表达范式。专业数据是在确定某个场景或专业下的数据，生物医药领域所有者的医药与临床论文、专利、手术影像等，这些都可以训练大语言模型的垂直专业能力。本节讲述的内容主要围绕生物医药数据的分类治理、获取以及如何整理成为能够满足大语言模型训练的医药数据。

3.1　大语言模型的数据要求

医药大语言模型的数据主要包含通用数据与专业数据。数据清洗后可以用于大语言模型的训练，常见的训练数据形式为长文本、问答对。

1. 通用数据

无论是否属于医药大语言模型，通用数据在大规模语言模型的训练过程中，占据了显著的比重。通用数据可以用于训练大语言模型的通用能力，例如总结能力、回答语气、知识储备等。通用数据来源广泛，包括网页、书籍、对话文本等。这些数据类型为模型提供了丰富的语言现象和知识结构，从而增强了模型的泛化能力。常用的通用数据有以下几种。

（1）网页数据：网页作为信息的海洋，其内容的多样性和丰富性对于语言模型的训练至关重要。例如，谷歌搜索引擎处理的网页数量高达130万亿，这一庞大的数据量为语言模型提供了广泛的语言知识。然而，网页数据的质量参差不齐，包括高质量的维基百科条目和低质量的垃圾邮件等。因此，如何有效筛选和处理这些数据以提升训练质量，成了一个重要议题。开源网页数据集如ClueWeb、CommonCrawl等，为研究人员提供了宝贵的数据资源。

（2）对话数据：对话数据记录了两个或多个参与者之间的交流，包括书面对话、聊天记录、论坛帖子和社交媒体评论等。研究表明，对话数据能够显著提升语言模型在对话系统和问答任务中的表现。对话数据的收集和处理相对复杂，且数据量相对较少。

（3）书籍数据：书籍作为人类知识积累的重要媒介，涵盖了从古代经典到现代学术著作的广泛内容。书籍数据不仅提供了丰富的词汇资源，包括专业术语、文学表达和多样的主题词汇，还因其包含完整的句子和段落，有助于语言模型学习上下文联系、复杂结构、逻辑关系和语义连贯性。书籍的多样性，包括不同的文体和风格，如小说、科学著作、历史记录等，为语言模型的训练提供了独特的价值。在书籍数据使用时，需要注意版权问题。当前已经有越来越多的出版机构限制书籍用于大语言模型训练。

（4）代码数据：代码数据在提升语言模型对编程语言的理解和生成能力方面同样重要。代码数据可以包括源代码、API文档、编程教程等，有助于模型学习编程语言的语法结构和逻辑。

2. 专业数据

生物医药专业数据是构成医药大语言模型专业能力的主要原料。在探讨专业数据在大型语言模型中的作用时，我们首先需要认识到，尽管专业数据在模型训练集中所占的比例可能不高，但其对于提升模型在特定下游任务中的表现却是至关重要的。针对生物医药方向的大语言模型，与生物医药有关的数据构成专业数据，包括生物医药方向的论文、专利、报告、书籍等。

（1）专业文本：科学文本，包括学术论文、教材、维基等资源，对于提升语言模型在科学知识理解方面的能力至关重要。科学文本数据的来源广泛，包括 ArXiv、PubMed 等论文库，以及教材、课件和临床试验登记网页等。这些专业数据也具有优先级权重，例如 Meta 分析论文高于 Case Report 论文类型。

（2）工业语言：工业语言是一种在行业内，具有通用业务描述能力的语言方式，例如公式、化学式、电路图等都属于工业语言。鉴于医药科学领域的专业性和数据形式的复杂性，对公式、化学式、蛋白质序列等进行特定的符号标记预处理是必要的。例如，LaTeX 语法可用于表示公式，SMILES 用于表示化学结构，而蛋白质序列则可通过单字母或三字母代码来表达。这种标准化处理有助于大语言模型有效地处理和分析科学文本数据。如图 3-1 所示，表现了一个有机合成的反应过程，这类被认为是典型的工业语言，SMILES 的具体语法可以参考 3.2 节中的内容。

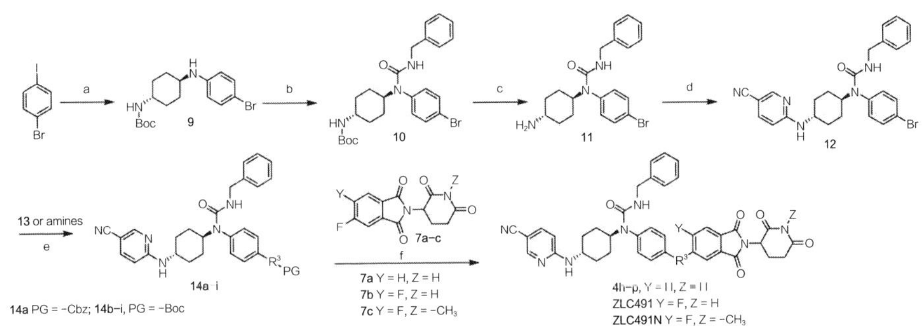

图 3-1　有机化学反应过程

生物医药的工业语言数据都有非常明确的数据特征，需要从专业数据库获取，这部分内容我们将在 3.3 节中进行讨论。

（3）专业图像数据：在生物医药领域，专业的图像数据很多，例如化合物核磁共振图谱、红外光谱、高效液相色谱、双向电泳图、内窥镜收录影像、CT 影像等。这些都是医药大语言模型的训练语料。

综上所述，对于医药大语言模型而言，专业数据的整合和有效利用，对于垂直大型语言模型提升医药相关业务具有显著的推动作用。未来的研究应进一步探索如何优化这些医药相关的专业数据的收集、处理和融合策略，以实现模型在更广泛任务上的能力提升。

3. 大语言模型的训练数据

大语言模型训练数据通常有三种形式：预训练数据、指令微调数据、偏好数据。这三类数据需要大量语料组成，有一部分还需要医药专家进行校正标注。

（1）预训练数据

预训练数据是指用于大语言模型基本能力行为与知识储备所使用的数据。这些数据帮助模型捕捉数据中的通用特征或模式，并具备一定泛化能力。

预训练数据的形式就是大段的文本数据，可以是一篇新闻或一篇论文，连续性的文本描述能够训练大语言模型获得该语料环境下的词语概率分布。所以很多大语言模型在预训练过程中，需要收集整个互联网上的文本信息、图片信息、影视信息，以此来进行大规模参数网络的训练。预训练数据包括上述讨论的两个大类——通用数据与专业数据。通用数据是不分专业的全量数据集，专业数据则是生物医药相关的专业性数据。具体的训练技术过程，可以参考本书 4.1 节中的内容。

（2）指令微调数据

指令微调数据是一种在特定领域数据集上微调现有基础模型的方法。它涉及使用标记过的数据来调整预训练语言模型的参数，以便模型能够更好地执行特定的下游任务，如文本问答、情感分析等。简单来讲，指令微调的过程就像一个已经学会多种语言的人，通过指令对大语言模型进行调整，我们可以教会他如何在特定的对话或者工作中表现得更好。具体来说，会用一些已经人工标记好的数据来告诉模型哪些是正确的回答，进而一步一步地训练这个模型，这样模型就能学习到如何更好地完成比如邮件分类、医学论文理解等这类问题。该过程就像是给模型一个特殊的具有医药背景的指令集，让它在处理医药类型的数据时能够表现得更加精准。指令微调能够帮助模型在医药相关知识问答上提高性能，同时保持它在其他任务上的原有能力。

指令微调数据有两种构建方式：专家构建与模型生成。专家构建是人工给定的指令数据集，这部分数据是价值最高的数据集。模型生成是基于专家构建的指令集，由模型生成问答数据。模型生成的方式可以短时间快速构建大量的指令微调数据，这些数据可以用于大语言模型与人类专家认知的对齐。如图 3-2 所示，展示专家构建与模型生成指令微调数据的过程。专家构建指令微调数据，主要通过标注与人机交互方式，本质是将专家知识进行传递总结。模型生成指令微调数据是一个模型执行过程，获得的结果也完全由模型逻辑产生。模型生成指令微调数据的优点是能够快速产生大量数据，但要获得真正的专家知识还需由专家来构建数据。

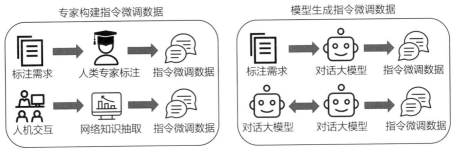

图 3-2 专家构建与模型生成指令微调数据过程

指令微调数据包括多种形式，包括推理、数学公式、医药专业问答对、医药工业语言、摘要文献、摘要新闻、文献分类、专利翻译、关键要素提取等多类任务。如图 3-3 所示，体现了不同形式的指令微调数据。

（3）偏好数据

在大语言模型中，偏好数据是指那些能够反映用户偏好和选择的数据。这些数据通常来源于用户与模型的互动，比如用户对模型生成的回答或内容的评分、选择或反馈。通过分析这些偏好数据，大语言模型可以学习到用户喜欢什么样的回答风格、内容类型或者解决问题的方法。模型就能在未来的互动中提供更符合用户个人偏好的输出。偏好数据的核心，在于人类专家与大语言模型的对齐，在于帮助使模型输出更加贴近人类专家的期望。在医药大语言模型的范畴下，通过偏好数据能够让大语言模型输出更

图 3-3　多种指令微调数据

加专业的医学术语，能够使模型输出更加实用、安全的医疗解决方案。在真实训练过程中，偏好数据使用人类反馈的强化学习方式进行训练。

人类反馈的强化学习是一种数据的反馈训练机制，用于逐步提升模型性能。在人类反馈的强化学习中，模型会生成一些回答，人类将评估这些模型输出的回答并给出反馈。反馈可以是简单的"好"或"不好"，或者是根据个体的评分和建议。模型会使用这些反馈作为奖励信号，来调整其参数和行为，以便在未来能够产生更好的输出。这个过程类似于训练宠物，当宠物做出正确的行为时，会给予奖励，而当它做出错误的行为时，就会给予纠正。

人类反馈的强化学习过程的一个关键优势是它可以直接利用人类的直觉和判断力，而不需要复杂的标注数据。这种方法可以帮助模型更好地理解和适应人类的价值观和偏好，从而提高模型在各种任务上的表现，比如对话系统、内容生成等。通过人类反馈的强化学习过程，大语言模型能够更加精准地满足用户的需求，提供更加自然和人性化的交互体验。如图 3-4 所示，为偏好数据的构建形式。

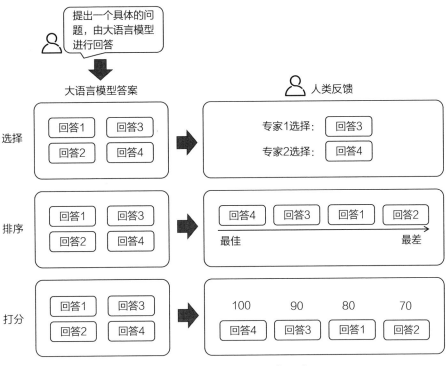

图 3-4 偏好数据的构建形式

例如在问题"在一期临床中，如何确定药物的剂量限制毒性（DLT）？"中，模型反馈了 4 个答案，需要人类专家进行判定后给出评分，系统会根据评分反馈训练大语言模型。如表 3-1 所示，给出了上述问题的打分机制。

表 3-1 问题"在一期临床中，如何确定药物的 DLT？"答案打分

序号	回答内容	打分
1	DLT 是指在临床试验中，患者接受药物后出现的严重不良反应。这些不良反应可能会影响患者的生活质量，并可能对患者的健康造成永久性的损害。 为了确定药物的 DLT，临床试验中通常会采用以下方法。 确定药物的最大耐受剂量（MTD）：通过逐渐增加药物剂量，观察患者是否出现严重不良反应。如果患者能够耐受高剂量的药物，则认为该药物的 DLT 较高。 确定药物的毒性反应：通过观察患者在接受药物后出现的不良反应，确定药物的毒性反应。这些不良反应可能包括恶心、呕吐、腹泻、皮疹、肝功能异常等。	4

序号	回答内容	打分
	确定药物的药代动力学和药效学：通过研究药物在体内的吸收、分布、代谢和排泄过程，以及药物对患者生理功能的影响，确定药物的药代动力学和药效学。 确定药物的安全性评价指标：通过监测患者的生命体征、实验室指标和影像学检查结果，确定药物的安全性评价指标。这些指标可能包括血压、心率、呼吸频率、肝功能、肾功能、血常规等。 确定药物的疗效评价指标：通过观察患者在接受药物后病情的变化，确定药物的疗效评价指标。这些指标可能包括肿瘤大小、淋巴结转移情况、生存期等。 总之，确定药物的DLT需要综合考虑药物的毒性反应、药代动力学和药效学、安全性评价指标和疗效评价指标等多个方面	
2	DLT是指在临床试验中，药物剂量超过某一水平时出现的不可接受的毒性反应。确定药物的DLT通常需要进行以下步骤： 确定药物的MTD：MTD是指在临床试验中，患者能够耐受的最高药物剂量。MTD的确定通常基于药物的毒性反应，如恶心、呕吐、腹泻等。 确定药物的DLT：DLT是指在临床试验中，药物剂量超过某一水平时出现的不可接受的毒性反应。DLT的确定通常基于药物的毒性反应，如严重不良事件、生命体征异常等。 确定药物的安全剂量范围：药物的安全剂量范围是指在临床试验中，患者能够耐受的药物剂量范围。安全剂量范围的确定通常基于药物的毒性反应和疗效。 确定药物的推荐剂量：药物的推荐剂量是指在临床试验中，患者能够耐受的药物剂量。推荐剂量的确定通常基于药物的毒性反应和疗效。需要注意的是，药物的DLT可能会因个体差异而有所不同，因此确定药物的DLT需要考虑到患者的个体差异。此外，药物的DLT也可能会受到临床试验的设计、患者群体等因素的影响，因此确定药物的DLT需要综合考虑多个因素	2
3	药物的DLT是指在临床试验中，药物的MTD以下，但高于最小有效剂量（MED）的剂量水平，该剂量水平可能会引起不可接受的毒性反应。 在一期临床中，通常采用逐步增加剂量的方法来评估药物的安全性和耐受性。在每个剂量水平下，研究人员会密切监测参与者的毒性反应，以确定DLT。 具体来说，研究人员会关注以下几个方面来确定DLT：	1

序号	回答内容	打分
	药物的毒性反应：例如，药物是否引起恶心、呕吐、腹泻、肝功能异常等不良反应。药物的药代动力学：例如，药物在体内如何被吸收、分布、代谢和排泄。药物的药效学：例如，药物对心率、血压、呼吸等生理指标的影响。药物的耐受性和可接受性：例如，参与者是否能够耐受药物的副作用，以及药物是否具有可接受的风险／收益比。 一旦确定了 DLT，研究人员就可以开始研究药物的 MTD 和 MED。这些信息对于后续的临床试验和药物上市至关重要	
4	药物的 DLT 是指在临床试验中，药物的 MTD 以下，但高于 MED 的剂量水平。在这个剂量范围内，药物的毒性作用可能会对患者的健康造成严重影响。 为了确定药物的 DLT，在一期临床试验中，通常会采用以下方法： 逐步增加剂量：在一组健康志愿者中，从低剂量开始逐步增加药物剂量，直到出现 DLT 为止。 观察不良反应：在每个剂量水平下，密切观察患者的不良反应，包括副作用的类型、严重程度和持续时间。 评估药物的药效学和药代动力学：通过测量药物在体内吸收、分布、代谢和排泄的过程，了解药物在人体内的药效学和药代动力学特性。 进行安全性评估：根据患者的不良反应和药物的药效学和药代动力学数据，评估药物的安全性。如果药物的毒性作用超过了其治疗效果，那么这个剂量就被认为是 DLT。 确定 MTD：MTD 是药物在人体内可以安全使用的最高剂量。它可以通过观察在临床试验中最高剂量的药物引起的不良反应来确定。 总之，在一期临床试验中，通过逐步增加药物剂量，观察患者的不良反应，评估药物的药效学和药代动力学特性，并进行安全性评估，可以确定药物的 DLT	3

3.2　医药数据如何获取

医药数据的获取主要是指外部公开型医药数据的获取，全球公开发布的论文、专利、药物信息、基因数据等都属于外部公开的医药数据资源。非公开的医药数据资源不属于我们讨论的范畴，例如院内电子病历、未上市药物临床前药理数据等，这部分数据属于各机构的保密数据，一般只能通过签署合作保密协议获取。

全球有很多医药相关的数据资源，获取不同的数据资源相互整合打通，形成新的数据集合可以成为大语言模型的训练数据。

1. 药物基本信息

药物的基本信息是指药物的概要信息。主要包括药物名称、商品名、作用机制、治疗领域、最高研发状态、开发公司、首次获批时间、分子结构等信息。这部分信息在全球有很多公开来源。例如 DrugBank、GRSR 等公开数据库，可以获取很多药物基本信息。

（1）DrugBank

DrugBank 是一个综合性的药物数据库，它结合了生物信息学和化学信息学资源，提供了详细的药物数据和全面的药物目标信息。如图 3-5 所示，为 DrugBank 中的药物基本信息页面的部分内容。

Summary	Abacavir is an antiviral nucleoside reverse transcriptase inhibitor used in combination with other antiretrovirals for the treatment of HIV.		
Brand Names	Epzicom, Kivexa, Triumeq, Trizivir, Ziagen		
Generic Name	Abacavir	DrugBank Accession Number	DB01048
Background	Abacavir (ABC) is a powerful nucleoside analog reverse transcriptase inhibitor (NRTI) used to treat HIV and AIDS. Chemically, it is a synthetic carbocyclic nucleoside and is the enantiomer with 1S, 4R absolute configuration on the cyclopentene ring. In vivo, abacavir sulfate dissociates to its free base, abacavir.		
Type	Small Molecule	Groups	Approved, Investigational
Structure		Weight	Average: 286.3323 Monoisotopic: 286.154209228
	⌕ 3D Download ▾ ⊘ Similar Structures	Chemical Formula	$C_{14}H_{18}N_6O$
Synonyms Show All Synonyms	Abacavir ABC		
External IDs ⓘ	1592U89		

图 3-5　DrugBank 中的药物基本信息

（2）GRSR

GRSR（英文全称为 Global Substance Registration System）是一个全球物质注册系统，由 FDA 的健康信息学团队、美国国立卫生研究院（National Institutes of Health，NIH）的国家转化科学促进中心（NCATS）和欧洲药品管理局（EMA）合作创建。该系统能够高效、准确地交换有关受监管产品中所含物质的信息。GRSR 知识库不依赖于不同监管领域或国家地区的名称，而是通过标准化名称与属性描述来定义物质。GRSR 将物质分类为化学、蛋白质、核酸、聚合物、结构多样性或混合物。如图 3-6 所示，为 GRSR 数据库中药物 Adagrasib 的概要信息。

图 3-6　GRSR 数据库中的药物信息

还有一部分商业数据库也可以支持此类信息，数据打通更好，数据量也更完善。对于购买相关商业数据是一种快速获得高质量数据的方案，例如 Cortellis 数据库或智慧芽生物医药数据库，都可以提供此类数据服务。

2. 药物管线信息

药物管线是药物在不同适应证、不同国家的研发进程，这部分内容是制药企业对外公开发布的药品研发信息。药物管线信息在医药情报分析、产品立项等应用场景中极为重要，获取药物管线信息也是药企信息情报部门与战略分析部门的重点工作。

药物管线信息主要有三个来源：药企官方网站管线页面、文献与专利、商业数据库。

（1）药企官网管线页面

药企官网公开的药品研发信息是最主要的获取来源。如图 3–7 所示，展示了大型跨国药企赛诺菲（Sanofi）的一部分药物管线。

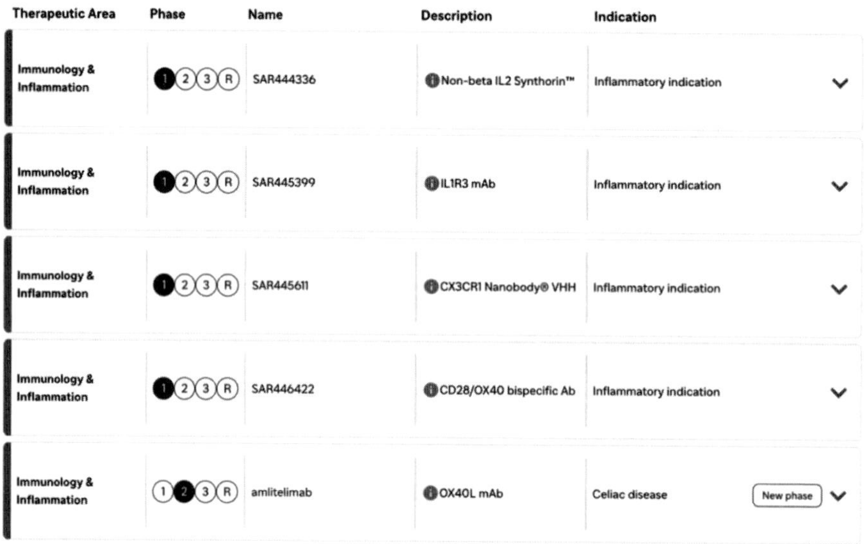

Therapeutic Area	Phase	Name	Description	Indication
Immunology & Inflammation	1 2 3 R	SAR444336	Non-beta IL2 Synthorin™	Inflammatory indication
Immunology & Inflammation	1 2 3 R	SAR445399	IL1R3 mAb	Inflammatory indication
Immunology & Inflammation	1 2 3 R	SAR445611	CX3CR1 Nanobody® VHH	Inflammatory indication
Immunology & Inflammation	1 2 3 R	SAR446422	CD28/OX40 bispecific Ab	Inflammatory indication
Immunology & Inflammation	1 2 3 R	amlitelimab	OX40L mAb	Celiac disease New phase

图 3–7　赛诺菲的一部分管线

（2）文献与专利

在医药文献与专利中，通常是早期药物的信息。医药文献与专利是寻找早期研发信息的重要途径。一般来讲从文献与专利中寻找药物是一种挖掘工作，在文献或专利中出现一个新的化合物名字，有可能是未来该机构的一个药物。具体过程请参考 2.2 节中的内容。

（3）商业数据库

商业数据库已经将药物管线信息进行了梳理打通，不但能够从公司的角度提供药物管线信息，还能就单个药物不同适应证的研发进展，进行管线的梳理工作。如图 3–8 所示，智慧芽生物医药数据库针对纳武利尤单抗在间皮肿瘤的管线。

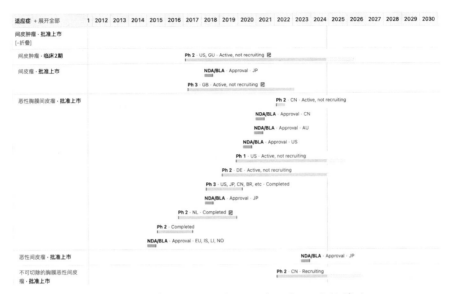

图 3-8　智慧芽生物医药数据库的部分药物管线

3. 临床信息

临床信息包括临床试验信息与临床试验结果，这部分数据主要来自临床试验登记平台与全球知名的临床会议。主流的临床试验登记平台包括中国临床试验注册中心（ChiCTR）、国家药物临床试验登记与信息公示平台、ClinicalTrials 等。国际大型的临床会议包括肿瘤领域的 ASCO、ESMO、CSCO 等，血液病领域的美国血液病协会年会（ASH）等。临床信息的获取是评价药物有效性、安全性的重要手段，也是医药大语言模型不可或缺的数据基础。

（1）中国临床试验注册中心

ChiCTR 由卫健委指定建立，并在 2007 年 7 月 25 日获得世界卫生组织国际临床试验注册平台认证。ChiCTR 是国际上首批 5 个一级临床试验注册中心之一。ChiCTR 是一个非营利的学术机构，可受理全球临床试验注册申请，并为注册的临床试验发放全球唯一的临床试验注册号。ChiCTR 注册的临床研究类型包括干预性临床试验、观察性研究、诊断试验、预后研究、流行病学研究等所有涉及人的临床研究。ChiCTR 将注册研究的设计方案实时向公众公开，并执行世界卫生组织国际临床试验注册平台（WHO ICTRP）关于临床试验完成后一年公开研究结果数据的政策。如图 3-9 所示，为 ChiCTR 官方页面的临床等级信息。

图 3-9　ChiCTR 的临床登记信息

（2）药物临床试验登记与信息公示平台

药物临床试验登记与信息公示平台是由国家药品监督管理局药品审评中心建立和维护的官方平台，旨在加强药物临床试验的监督管理，推进信息公开透明，保护受试者权益与安全。该平台参照世界卫生组织的要求和国际惯例建立，实现了与国际临床试验注册平台的接轨。平台的建立不仅为监管机构提供了一个掌握我国新药临床试验进展的重要信息来源，也为患者提供了一个了解、查询各类临床试验信息的重要途径。公众可以通过平台查询在我国开展的药物临床试验公示信息，了解并促进药物临床试验规范化等相关内容。如图 3-10 所示，展示平台中关于德曲妥珠单抗的 3 个已经登记的临床试验状态。

在药物临床试验登记与信息公示平台中，每个临床登记都展示了临床试验的详细内容。如图 3-11 所示，为德曲妥珠单抗的部分试验详情，包括临床试验信息的登记号、适应证、试验专业题目等一系列重要信息。

序号	登记号	试验状态	药物名称	适应症	试验通俗题目
1	CTR20244095	进行中 尚未招募	德曲妥珠单抗	原发性晚期或复发性子宫内膜癌患者	DS8201a一线治疗HER2表达、错配修复正常(pMMR)的原发性晚期或复发性子宫内膜癌的III期研究
2	CTR20243640	进行中 尚未招募	注射用德曲妥珠单抗	适用于不可切除或转移性HER2阴性(IHC 2+/ISH-, IHC 1+ 或者 IHC 0)成人乳腺癌患者	德曲妥珠单抗 (T-DXd) 治疗激素受体阴性和激素受体阳性的HER2低表达或 HER2 IHC 0 乳腺癌(BC) 受试者
3	CTR20242277	进行中 招募中	NA	转移性乳腺癌 (mBC) 和转移性胃癌、食管胃结合部癌或食管腺癌 (mGEAC)	Beamion BCGC-1: 一项旨在确定zongertinib与德曲妥珠单抗或恩美曲妥珠单抗联合治疗时的适当剂量并检测联合治疗是否对已扩散的不同类型HER2+癌症患者有帮助的研究

图 3-10　药物临床试验与信息公示平台的临床登记列表

图 3-11　药物临床试验与信息公示平台的临床登记信息

（3）ClinicalTrials

ClinicalTrials 是美国国立医学图书馆与 FDA 于 1997 年开发的临床试验数据库。ClinicalTrials 向医疗卫生人员、患者和社会大众提供临床试验的查询服务，同时向机构和医学科研人员提供临床试验的注册服务，ClinicalTrials 是当前最重要的全球临床试验注册平台。ClinicalTrials 符合国际医学期刊编辑委员会（ICMJE）的标准，也是国际上最具影响力的临床试验注册机构之一。ClinicalTrials 允许用户进行初级搜索和高级搜索，以检索和筛选临床研究资料。如图 3-12 所示，展示了针对胆管癌（BTC）的一个临床试验登记信息。

Recruiting

New Prospective Expanded German Registry of Incidental Gallbladder Carcinoma (PERSUASION)- a Permanent Platform Including All Kind of Biliary Tract Cancers (BTC)

ClinicalTrials.gov ID ⓘ NCT04896931

Sponsor ⓘ Institut für Klinische Krebsforschung IKF GmbH at Krankenhaus Nordwest

Information provided by ⓘ Institut für Klinische Krebsforschung IKF GmbH at Krankenhaus Nordwest (Responsible Party)

Last Update Posted ⓘ 2024-11-05

图 3-12　ClinicalTrails 的临床登记信息

在 ClinicalTrails 平台会对每个登记的临床试验做详细信息的摘录，申办机构也能够定时更新研究进展。平台能够预估临床试验完成的时间，在临床试验结果披露之后，申办机构可以将内容更新到该平台。如图 3-13 所示，展示了临床试验的研究细节、研究概览等一系列重要内容。

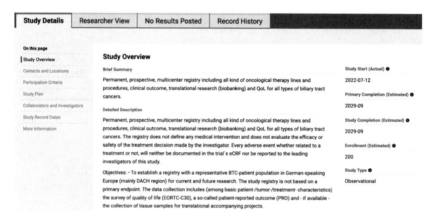

图 3-13　ClinicalTrails 的临床登记详情

（4）知名医药会议平台

在医学界，重要的学术会议是一个披露最新研究成果的平台。最新的药物、临床研发进展首先会在大会中进行披露。所以收集好会议信息，可以及时把握领域最新研发进展，获取最新最快的科研情报。

以 ESMO 大会为例。ESMO 大会是全球肿瘤学领域最具影响力的年度科学会议之一，它为全球的临床医生、研究人员和医疗行业代表提供了一个展示和交流肿瘤学领域最新研究成果的平台。该大会的学术权威性和影响力体现在其发布的研究结果往往被视为该领域的权威声音，对全球肿瘤治疗标准和指南的制定具有指导意义。ESMO 大会汇聚了全球肿瘤学界的专家学者，通过会议期间的交流与合作，促进了国际间的科研合作和知识共享，加速了全球肿瘤学科的发展。大会不仅是一个科研成果的展示窗口，也是一个重要的教育和培训平台，提供的教育课程和专家讨论帮助提升肿瘤学专业人士的专业知识和临床技能。ESMO 大会鼓励多学科团队的参与，共同探讨肿瘤治疗的最佳实践，推动多学科综合治疗模式的发展。通过媒体和公众的参与，大会也提高了公众对肿瘤疾病和治疗的认识，有助于提升患者对新疗法和临床试验的了解和参与度。ESMO 大会是创新药物和疗法的重要展示窗口，许多新药和治疗方法选择在此会议上首次公开数据，这有助于推动新疗法的快速审批和临床应用。

　　ESMO 大会中会有电子版墙报以及电子版专业报告，这些内容都对最新的研究进行了概述，能够完整获取药物有效性、安全性信息，以及临床试验入组人群基线、试验分组方法等重要内容。如图 3-14 所示，为展示药

图 3-14　ESMO 大会口头报告摘要

物 BPI-16350 对于 HR+/Her2-乳腺癌的一项研究成果。

4. 流行病学信息

流行病学数据是研究疾病和健康状态在人群中的分布及其影响因素的关键信息，对于公共卫生决策和疾病预防控制至关重要。流行病学数据的信息非常分散，基于每个病种不同，流行病学的数据登记在不同的数据源中。

（1）文献与年鉴

在学术文献中，有专门研究流行病学发病的杂志，例如《中华流行病学杂志》发布流行病学领域的研究成果和调查报告，为研究人员和公共卫生专业人员提供学术资源。有些疾病每年会发布流行病学统计年鉴，例如《中国肿瘤临床年鉴》中会详细描述当年肿瘤在全国各个地方的发病人数、进程、治疗、药物经济学等细节信息。文献与年鉴中流行病学数据分散，需要研究人员大量研究不同文献才能汇总出客观结果。

（2）公共卫生科学数据中心

国家公共卫生科学数据中心提供了包括传染性疾病、慢性非传染性疾病、健康危险因素和生命登记等分类的流行病学数据，用户可以直接查询和下载相关数据。该数据中心提供的是流行病学原始记录数据，即元数据类型，数据的统计学结论需要用户自己分析完成。

（3）SEER 数据库

SEER（Surveillance, Epidemiology, and End Results）是美国国家癌症研究所（National Cancer Institute，NCI）创建的一个公共数据库和研究资源。SEER 数据库收集和存储了全美范围内的癌症发病率、生存率和治疗数据，以支持癌症研究和流行病学调查。SEER 数据库包含了来自各个州注册的癌症患者信息，其中包括患者的人口学特征（如年龄、性别、种族）、癌症类型、诊断时间、治疗方法和生存状况等。SEER 数据库中提供原始病历统计数据，这些数据也需要用户自行分析，才能最终获得统计性结论。

5. 医药文献

医药文献的重要性不言而喻，是最重要的科技信息来源。最常使用的数据源是 PubMed、Embase、Cochrane Library、中国知网等数据库。

（1）PubMed

PubMed 是由 NIH 管理的美国国家医学图书馆下属的国家生物技术信息中心（National Center for Biotechnology Information，NCBI）开发的文献数据库。涵盖了 70 多个国家和地区的 4800 多种生物医学期刊，其中 90% 左右为英文文献，70% ~ 80% 的文献有著者撰写的英文摘要。

（2）Embase

Embase（Excerpta Medica Database）是由荷兰爱思唯尔科学（Elsevier Science）出版公司建立并维护的生物医学与药理学文摘型数据库，也是全球最大的医疗器械数据库。涵盖了从 1947 年至今的生物医学、药学和生物科学领域的大量文献，包括期刊文章、会议摘要、专利信息、药品信息等。Embase 不仅收录了 MEDLINE 等主流数据库的文献，还包含了大量北美洲以外（尤其是欧洲和亚洲）的医学刊物，从而满足了生物医学领域用户对信息全面性的需求。Embase 收录了很多在 PubMed 和其他数据库中难以找到的文献，为研究人员提供了重要的补充资源。

（3）Cochrane Library

Cochrane Library 是一个提供高质量证据的临床评价数据库，被视为循证医疗健康领域的"黄金标准"。它汇集了全球不同类型的最佳医学研究成果，为临床医师、政策制定者、研究人员、教育人员、学生以及其他对循证医学及健康照顾感兴趣的人群提供了重要的信息来源。Cochrane Library 是循证医学 Meta 分析领域公认的权威数据库，当前较热门的网络 Meta 分析或孟德尔随机化研究，都可以使用 Cochrane Library 获取高质量的信息。

（4）中国知网

中国知网是国内最大的文献情报平台，是一个基于世界知识打造的多终端全球学术文献传播、扩散和利用平台。中国知网包含了大量的中文论文全文，以及中国硕士、博士学位论文。医药文献数据平台非常多样化，需要根据自身特点选择合适的数据源来进行数据的收集。

6. 药物交易信息

药物交易信息对于指向未来药物研发方向非常重要，很多做早期研发的 RD-Biotech 公司（是一家法国生物技术公司），都是根据国际上重量级的药物交易项目，来确定自身的研发方向。对于生物医药大语言模型而言，药物交易信息可以指导未来的研发立项工作，这也是大语言模型的核心场景之一。常见的信息来源如下。

（1）公共数据库和平台

各国药品监管机构（如 FDA、EMA、NMPA 等）会公布药物审批、临床试验和药物安全信息，这些数据库是获取药物管线交易的基础数据源。

（2）企业年报和公告

制药企业会定期发布年报和公告，其中可能包含药物管线的最新进展、临床试验结果、合作伙伴关系等信息。这些信息对于评估企业的研发实力和市场潜力具有重要意义。

（3）专业期刊和学术会议

在专业期刊和学术会议中，研究人员会发表最新的研究成果和药物研发进展，这些文章通常包含详细的实验数据、药物作用机制、临床试验结果等信息。虽然这些信息可能不如数据库那样直接用于交易，但它们为药物管线交易提供了重要的背景和参考。

（4）企业官方网站

制药企业的官方网站通常会提供有关其研发管线的详细介绍，包括药物名称、研发阶段、临床试验进展、合作伙伴关系等信息。这些信息是了解企业药物研发动态的重要渠道。

（5）行业媒体和新闻

行业媒体和新闻网站会报道有关药物研发管线的最新动态和交易信息，包括企业之间的合作、药物研发的新进展以及行业内的最新趋势等。这些信息对于了解市场动态和把握交易机会具有重要意义。

7. 药品说明书

药品说明书是对一个药物基本信息、适应证、疗效与科研发现的总结，也是一个上市药物对外公开信息的标准文件说明。药品说明书的获取不但可以开展对患者的信息服务，也可以作为药物专业信息的公开文件。

药品说明书的获取可以通过两个公开渠道：FDA label 文件与中国医药信息查询平台。

(1) FDA label

FDA label 文件是每个通过 FDA 的上市药品的官方文件。文件中详细阐述了药品的适应证信息、剂量、不良反应、临床研究、临床前药理、临床前毒理等专业信息。如图 3–15 所示，展示了药物 IMDELLTRA 在 FDA label

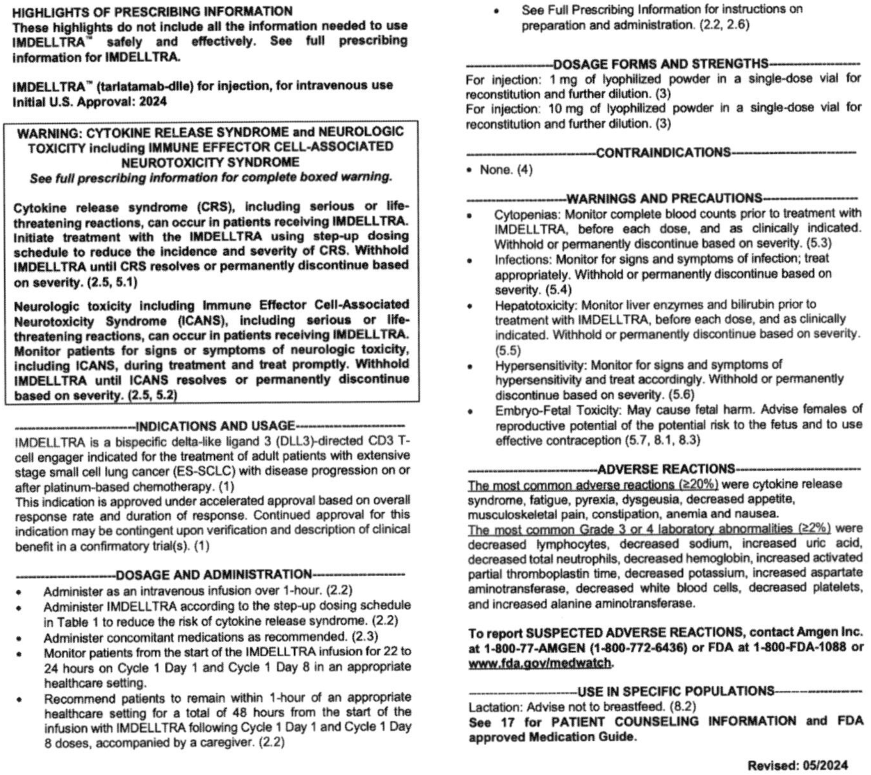

HIGHLIGHTS OF PRESCRIBING INFORMATION
These highlights do not include all the information needed to use IMDELLTRA™ safely and effectively. See full prescribing information for IMDELLTRA.

IMDELLTRA™ (tarlatamab-dlle) for injection, for intravenous use
Initial U.S. Approval: 2024

WARNING: CYTOKINE RELEASE SYNDROME and NEUROLOGIC TOXICITY including IMMUNE EFFECTOR CELL-ASSOCIATED NEUROTOXICITY SYNDROME
See full prescribing information for complete boxed warning.

Cytokine release syndrome (CRS), including serious or life-threatening reactions, can occur in patients receiving IMDELLTRA. Initiate treatment with the IMDELLTRA using step-up dosing schedule to reduce the incidence and severity of CRS. Withhold IMDELLTRA until CRS resolves or permanently discontinue based on severity. (2.5, 5.1)

Neurologic toxicity including Immune Effector Cell-Associated Neurotoxicity Syndrome (ICANS), including serious or life-threatening reactions, can occur in patients receiving IMDELLTRA. Monitor patients for signs or symptoms of neurologic toxicity, including ICANS, during treatment and treat promptly. Withhold IMDELLTRA until ICANS resolves or permanently discontinue based on severity. (2.5, 5.2)

----------INDICATIONS AND USAGE----------
IMDELLTRA is a bispecific delta-like ligand 3 (DLL3)-directed CD3 T-cell engager indicated for the treatment of adult patients with extensive stage small cell lung cancer (ES-SCLC) with disease progression on or after platinum-based chemotherapy. (1)
This indication is approved under accelerated approval based on overall response rate and duration of response. Continued approval for this indication may be contingent upon verification and description of clinical benefit in a confirmatory trial(s). (1)

----------DOSAGE AND ADMINISTRATION----------
- Administer as an intravenous infusion over 1-hour. (2.2)
- Administer IMDELLTRA according to the step-up dosing schedule in Table 1 to reduce the risk of cytokine release syndrome. (2.2)
- Administer concomitant medications as recommended. (2.3)
- Monitor patients from the start of the IMDELLTRA infusion for 22 to 24 hours on Cycle 1 Day 1 and Cycle 1 Day 8 in an appropriate healthcare setting.
- Recommend patients to remain within 1-hour of an appropriate healthcare setting for a total of 48 hours from the start of the infusion with IMDELLTRA following Cycle 1 Day 1 and Cycle 1 Day 8 doses, accompanied by a caregiver. (2.2)
- See Full Prescribing Information for instructions on preparation and administration. (2.2, 2.6)

----------DOSAGE FORMS AND STRENGTHS----------
For injection: 1 mg of lyophilized powder in a single-dose vial for reconstitution and further dilution. (3)
For injection: 10 mg of lyophilized powder in a single-dose vial for reconstitution and further dilution. (3)

----------CONTRAINDICATIONS----------
- None. (4)

----------WARNINGS AND PRECAUTIONS----------
- Cytopenias: Monitor complete blood counts prior to treatment with IMDELLTRA, before each dose, and as clinically indicated. Withhold or permanently discontinue based on severity. (5.3)
- Infections: Monitor for signs and symptoms of infection; treat appropriately. Withhold or permanently discontinue based on severity. (5.4)
- Hepatotoxicity: Monitor liver enzymes and bilirubin prior to treatment with IMDELLTRA, before each dose, and as clinically indicated. Withhold or permanently discontinue based on severity. (5.5)
- Hypersensitivity: Monitor for signs and symptoms of hypersensitivity and treat accordingly. Withhold or permanently discontinue based on severity. (5.6)
- Embryo-Fetal Toxicity: May cause fetal harm. Advise females of reproductive potential of the potential risk to the fetus and to use effective contraception (5.7, 8.1, 8.3)

----------ADVERSE REACTIONS----------
The most common adverse reactions (≥20%) were cytokine release syndrome, fatigue, pyrexia, dysgeusia, decreased appetite, musculoskeletal pain, constipation, anemia and nausea.
The most common Grade 3 or 4 laboratory abnormalities (≥2%) were decreased lymphocytes, decreased sodium, increased uric acid, decreased total neutrophils, decreased hemoglobin, increased activated partial thromboplastin time, decreased potassium, increased aspartate aminotransferase, decreased white blood cells, decreased platelets, and increased alanine aminotransferase.

To report SUSPECTED ADVERSE REACTIONS, contact Amgen Inc. at 1-800-77-AMGEN (1-800-772-6436) or FDA at 1-800-FDA-1088 or www.fda.gov/medwatch.

----------USE IN SPECIFIC POPULATIONS----------
Lactation: Advise not to breastfeed. (8.2)
See 17 for PATIENT COUNSELING INFORMATION and FDA approved Medication Guide.

Revised: 05/2024

图 3–15　IMDELLTRA 的 label 文件首页信息

文件首页信息。FDA label 文件从 FDA 官方网站中就能获取，在出现新的适应证批准时，药物的 label 文件会进行更新，并保留所有的历史记录。

（2）中国医药信息查询平台

中国医药信息查询平台是一个国家权威认证的全类型医药信息查询平台。该平台提供了包括药品、医疗器械、医疗机构、医生等在内的医药健康相关信息查询服务。用户可以通过该平台查询药品说明书、药品批准文号、药品标准、药品价格等信息。该平台中提供的药物的详细信息，都经过权威专家审核。唯一的缺点是没有更新历史记录，并且无法得知是否为最新的药品说明书。

8. 基因与蛋白数据

基因与蛋白数据在全球有非常多的公开源数据，这些数据为科研提供了巨大的帮助。本书仅讨论少部分常用的数据源。

（1）UniProt

UniProt 数据库是一个国际公认的蛋白质序列和功能信息数据库，由欧洲生物信息学研究所（EMBL-EBI）、瑞士生物信息学研究所（SIB）和蛋白质信息资源（PIR）共同组成的 UniProt 联合体负责维护和更新。该数据库的使命是为科学界提供一个全面、高质量且免费获取蛋白质序列和功能的信息资源。UniProt 由四个部分构成，每个部分针对不同的使用需求进行了优化。UniProt Knowledgebase（UniProtKB）是核心组件，提供广泛的经过策划的蛋白质信息，包括功能、分类和交叉引用；UniProtKB 分为两个部分，Swiss-Prot 和 TrEMBL，其中 Swiss-Prot 是经过人工注释和审核的，而 TrEMBL 则是自动注释未经审核的；UniProt Reference Clusters（UniRef）提供了 UniProtKB 和选定的 UniProt Archive 记录的序列集群，以在不同分辨率下获得序列空间的完整覆盖，同时隐藏了冗余序列；UniProt Archive（UniParc）是一个全面的存储库，用于追踪序列和它们的标识符。UniProt 数据库每四周发布一次新版，同时发布统计报告，让用户了解数据库的数据量、更新情况、数据类别和物种分布等基本信息。UniProt 数据库是国际上序列数据最完整、注释信息最丰富的非冗余蛋白质序列数据库之一。

（2）PDB

PDB 数据库全称为蛋白数据银行（Protein Data Bank），是一个全球性的生物大分子结构数据存储库。它收录了通过 X 射线晶体学、核磁共振谱学、电子显微镜成像等实验方法得到的蛋白质、核酸等生物大分子的三维结构信息。PDB 数据库由全球蛋白质数据库（wwPDB）监管，该组织包括欧洲的 PDBe、美国的 RCSB、日本的 PDBj。这些数据通常由世界各地的结构生物学家提交，并经过严格的审核与注解以确保数据的准确性和合理性。PDB 数据库对公众免费开放，任何人都可以访问和下载这些结构数据，它为生命科学研究人员提供了丰富的资源，可以支持各种研究，包括基础生物学、药物开发和生物工程。在人工智能兴起的今天，大量蛋白质结构预测模型都使用 PDB 数据作为训练集。PDB 数据库的使用对于理解蛋白质的结构和功能、推动科学发现具有重要意义。

（3）Gene Ontology

Gene Ontology（GO）数据库是一个旨在标准化和系统化描述基因产物（如蛋白质、RNA 等）的生物学功能的项目。通过一个结构化、标准化的生物知识表示，将生物学概念（也称为术语或类别）通过正式定义的关系相互连接。GO 数据库设计为物种不可知的，以便跨整个生命树注释基因产物。它包括三个方面：分子功能、细胞组分和生物过程，每个方面都由一个单独的根术语表示。GO 数据库的结构是一个图形，其中每个 GO 术语都是一个节点，节点之间的关系是边。GO 是一个动态的本体，随着生物学知识的积累不断修订和扩展。它提供了工具和指南来策划、浏览、搜索、可视化和下载本体和注释。GO 数据库被广泛用于生物医学研究，支持基因功能的解释，并且在大规模分子生物学实验的解释中发挥着重要作用。

NCBI 集成了上述数据库的接口，并保存大量其他生物信息学数据资源。NCBI 提供的产品、工具和数据库涵盖了文献资源、生物信息学工具、生物序列数据库、临床和人类遗传资源、生物分子结构资源等多个领域。

3.3 医药数据分类与治理策略

无论是训练医药大语言模型，还是构建医药知识平台，药企需要获取数据并治理成为可用的数据结构。不同种类的数据，数据治理的方式也不相同。在构建医药企业知识平台的过程中，完成治理的数据需要能够进行组合，共同服务企业内部需求。

本节讨论的数据治理要素是基于医药数据的治理策略，并非针对医药业务需求的数据解决方案。基于各类数据的不同特点，进行数据的分类与治理工作。数据需求的解决方案，可以参考 5.2 节生物医药知识平台构建方法中的内容。

3.3.1 医药数据治理要素

医药数据治理要根据各自数据的特点来进行，整体治理过程有 3 个重点。第一个是数据获取，包括使用爬虫程序，购买一部分医药数据，以及组织专家标注一批高质量的数据；第二个是数据融合与数据要素抽取，这个过程能够明确该类数据的特征，为后续做数据打通提供依据，也能够作为医药大语言模型的特征训练数据；第三个是根据数据特点，制定标准存储格式。具体过程如图 3-16 所示。

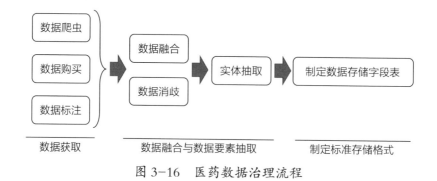

图 3-16 医药数据治理流程

医药数据种类繁多，常见公开数据包括文献、专利、药监局审批文件、新闻等。非公开数据主要以患者电子病历数据、随访数据为主。

3.3.2　医药数据治理方案

医药数据包括多种类型，不同类型的数据拥有不同特点，在数据获取后需要根据各自数据特点进行存储表结构的设计，也可以用各类 AI 模型进行文本分类或抽取要素，再根据需求进行存储。本节简单介绍几类典型的医药相关数据，以及这些数据经常被关注的一些字段。

1. 文献

文献在生物医药整个领域中至关重要，是整个医药研发过程中的最重要参考资料。在所有构建知识平台的项目中，都将文献作为重要的治理数据。文献数据的治理分为两个方面：基本字段与文献标签。

（1）基本字段

文献数据的基本字段包括文献标题、作者、作者单位、摘要、文献全文、参考文献等几个大类，具体数据治理需要的主要字段如表 3-2 所示，其中部分字段有内部对应关系，在实际设计表结构时可以进行拆解。

表 3-2　文献基本字段

字段	描述
文献标题	本文献的题目，通常一篇文献只有一个题目
作者	文献的作者，文献一般有多个作者，与作者单位有对应关系
作者单位	文献作者所在单位
摘要	文献摘要，对于一部分文献有中英文 2 种语言摘要
文献全文	文献的主体部分，该部分有很多目录类型，按照需求可以分开存储
文献图片	文献中的图片，通常还需要存储图片在文献中的位置
相关 ID	文献来源中的 ID，例如从 PubMed 获取的文献包含 PMID 与 PMCID
DOI 号	文献电子文档的永久性的唯一代码，并非所有的文献都有 DOI 号
出版引用	文献的引用格式，例如 *Target Oncol* 2023,1,18,129；引用格式有多种样式
参考文献	文献的参考文献
被引用文献	所有引用本文献的其他文献

续表

字段	描述
其他链接	文献相关的其他数据库的索引链接，可能是医学主题词表（MeSH）、UMLS（统一医学语言系统，详见 5.2.1）的链接等

表 3-2 中的这些字段可以概括一篇文献的基本结构。原始文献数据获取后，需要认真设计存储结构，将原始数据清洗到字段表中，完成整体数据治理目标。

（2）文献标签

文献标签代表文献的特征，例如一篇综述类的文献会有"综述"标签等。从数据源获取数据时文献自身就带有这类标签，也可以通过 AI 模型提取出一些相关标签。例如希望能够看到文献摘要中提到了哪些药物名称，可以利用 AI 模型抽取其中的药物名称。通常来讲，文献标签需要根据文献使用需求与场景定制，如果在场景中不需要区分综述类文献与原始研究类文献，则不需要"综述"类标签存在。通过对文献的挖掘，能够给每篇文献打上特有的标签，这样在检索与分析文献时就能够事半功倍。文献标签没有规则和限制，完全根据自身需求自己定义。表 3-3 所示，给出了部分文献标签示例。

表 3-3　文献标签字段示例

字段	描述
文献类型	文献的类型描述，例如综述、快报、临床试验等，这些文献类型给文献检索带来了极大的便利
发表时间	文献接收与发表的时间，该标签可以用于筛选不同时间段的文献
实体要素	实体要素完全根据需求定制，常见的实体要素有药物名称、靶点名称、适应证名称、药物类型等，可以通过 AI 模型直接提取出文献中出现的这些实体
临床分期	本质上属于实体要素的一种，对于临床文献需要获得属于哪个研究阶段

经过充分治理的文献数据，可以作为预训练数据与指令微调数据训练大语言模型，特别是对于已经完成文献标签的文献数据，能够作为优秀的

SFT 训练大语言模型，使模型获得人类科学认知。

2.专利

专利是知识产品保护的核心法律文件，专利的特点是从法律的角度对不同产品在各国的权益起到保护的作用。专利文件的治理能够帮助用户快速获取专利信息，分析获得产品核心要素。

（1）专利标准治理字段

专利文件的本身包含大量信息，需要设计数据库将其存放在合适字段中。专利文件的数据治理字段很多，如表 3-4 所示，列举了部分专利字段内容。

表 3-4　部分专利治理字段

字段	描述
专利标题	专利标题是专利文件的名称，通常概括了专利的核心内容或发明的名称
摘要	摘要是对专利内容的简短总结，提供发明的基本信息，但不包含技术细节
权利要求	权利要求是专利文件中定义发明人所要求的法律保护范围的部分，是确定专利保护范围的关键
说明书	说明书详细描述了发明的技术细节，包括发明的目的、构造、制造方法和使用方法等
附录	附录可能包含图表、流程图等辅助材料
公开（公告）号	公开号是专利局在专利公开或公告时分配给专利文件的唯一编号
申请号	申请号是专利局在收到专利申请时分配的唯一编号
优先权号	优先权号是指在先前提交的专利申请的编号，如果申请人在一定时间内在不同国家提交了相同主题的专利申请，可以要求优先权
受理局	受理局是指接收和处理专利申请的国家或地区专利局
优先权国家	优先权国家是指申请人首次提交专利申请的国家
专利权人	专利权人是指拥有专利权的个人或实体
发明人	发明人是指实际创造发明的人
代理人	代理人是指代表发明人或申请人与专利局沟通的专业人士
代理机构	代理机构是指提供专利申请服务的公司或组织

字段	描述
申请日	申请日是指专利局收到专利申请的日期
公开（公告）日	公开（公告）日是指专利文件被专利局公开或公告的日期
授权日	授权日是指专利被正式授权的日期
优先权日	优先权日是指首次提交专利申请的日期
IPC 分类号	IPC 分类号是指国际专利分类号，用于将专利按照技术领域进行分类
简单同族	简单同族是指同一发明在不同国家或地区提交的专利申请，它们共享相同的优先权日
INPADOC 同族	INPADOC 同族是指通过 INPADOC 数据库识别的专利同族，包括简单同族和扩展同族
被引用专利	被引用专利是指在其他专利文件中引用了该专利
引用专利	引用专利是指在专利文件中被引用的其他专利

（2）医药专利挖掘字段

专利经过人工与 AI 模型挖掘后，会产生很多重要的字段，有一部分属于专利标签，有一部分是对专利价值的评估等。这部分字段同样需要在设计数据表时预留相应的字段用于存储，如表 3-5 所示，展示了部分专利挖掘的重要字段。

表 3-5　部分专利挖掘字段

字段	描述
医药技术领域	专利所在技术领域，例如化学药、生物药、临床等，技术领域分类的颗粒度，需要由设计者自己制定
实施例	专利中的实施例部分，需要从专利说明书中抽取
附图说明	专利中附图的说明解释，这部分需要单独加工
标准化专利权人	专利权人名称的标准化，这部分内容需要做语义消歧
医药专利类型	专利中真实保护的药物属性，例如化合物专利表示保护药物的分子结构，序列专利为保护药物的蛋白序列或标位序列，制剂专利表示保护药物的剂型等，这些都需要根据权利要求描述去进行分类

字段	描述
医药技术平台	专利中保护药物类型或药物制备的某种工艺，例如，腺病毒相关专利表示专利保护的是药物的递送系统，CRISPR（原核生物基因组的一段重复序列）专利代表专利保护的药物使用基因编辑技术
标准化发明人	发明人名称的标准化，这部分内容需要做语义消歧
最早优先权日	专利同族中最早的优先权日期，需要打通多个同族专利后确定
专利到期日	专利保护失效的日期，专利到期日需要计算不同国家的专利延长以及市场独占期等
专利价值	专利价值是专利在不同领域内的市场价值，由开发者限定维度进行计算
转让人	专利转让时的转让方，需要打通专利转让文件获取
受让人	专利转让时的受让方，需要打通专利转让文件获取

在生物医药领域专利是非常重要的，使用专利作为大语言模型的训练数据，能够使大语言模型理解生物医药的专利保护逻辑，使模型回答更贴近生物医药技术场景。对于专利挖掘字段，能够使模型对不同专利文本有特征的认知，这样大语言模型才能够更加智能化地判断未来专利价值。

3. 新闻

医药新闻是重要的信息来源，很多重要的分析信息都来自新闻中的报道。新闻的特点是信息快速，大量官方没有正式公开的情报能够从新闻中找到线索。对新闻的实时监控治理，能够帮助分析人员先人一步掌握全球医药市场的动态。

新闻分析的内容主要分为管线进展、交易事件监测、科研洞察、政策分析几个大类，这部分内容在 2.2 中已经做了详细阐述。在获取到新闻数据后，常用的治理字段如表 3-6 所示。

表 3-6　新闻的治理字段

字段	描述
新闻标题	新闻的原标题
发布日期	新闻在各类平台上的最早发布日期
新闻来源	新闻内容来源于哪些新闻网站，这部分需要与新闻网站签署授权协议
新闻原文	新闻的主要内容

新闻与文献一样也有不同的标签类型，这类标签也是根据需求灵活设计，常见的标签类型见表 3-7 所示。

表 3-7　新闻标签字段示例

字段	描述
实体要素	新闻中出现的要素信息，常见的要素有药物名称、靶点名称、适应证名称、药物类型、公司名称等
新闻类型	新闻的类型很多，可以根据新闻内容分为研发、交易、投融资、政策、科学发现等标签，也可以根据医药业务分为临床 1 期、临床 2 期、IIT 研究等

从不同途径获取新闻后，对新闻数据进行治理，存入上述设计的新闻数据表中。新闻标签经过 AI 模型处理后，也存入相应的设计字段中。

4. 医药工业语言

工业语言顾名思义是在工业科研中使用的语言。狭义的工业语言是指数控机床类的编程语言，用于工控程序的执行。广义的工业语言是指所有在垂直科学工业领域中用于沟通的符号，包括电路图、工程制图、水文图、机械制图等。工业语言具有三个特征：科学性、行业性、通用性。在大语言模型训练和利用的过程中，必须能够识别分析垂直行业的工业语言。

医药行业有自己的行业特点，也有很多符号化的工业语言，称之为医药工业语言。其中最重要的是分子结构与大分子序列两类。医药大语言模型，必须能够准备识别或推理分子结构与大分子序列，这样才能满足医药行业的需求场景。在医药大语言模型的训练过程中，需要使用大量分子结构与大分子序列作为训练集，所以在准备数据的时候就需要了解医药工业语言的书写原理，才能构建有效的数据集与训练方式。

（1）分子结构

在化学药物的文献与专利中，经常出现分子结构。医药用户需要解决的问题中，很多也是围绕分子结构展开的。但是在计算机对分子结构进行运算时，并不是以图片的形式进行的。在系统中常用于记录描述分子结构的有两类语言：SMILES 与 MOL。

1）SMILES

SMILES 是一种用字符串明确描述分子结构的规范。它基于分子图论的原理，允许通过使用非常小且自然的语法进行严格的结构说明。SMILES 字符串可以被大多数分子编辑软件导入并转换成二维图形或分子的三维模型。

SMILES 能够包含一个分子的全部信息，包括分子的空间结构，并且它是一种语言结构，而不是计算机数据结构。SMILES 只有简单的元素字母（原子和键符号）和少数语法规则，就可以存储化学结构中的所有信息。

SMILES 语言书写规则简单，但全部规则繁多，有兴趣读者可以查阅相关资料进行体系化的了解。这里我们指简述原子、键、分支与环三个基本规则。

SMILES 语言原子规则定义为化合物中的非 H 元素，使用其本身的元素符号表示（H 元素省略），芳香环中的原子用小写字母表示，如表 3-8 所示。

表 3-8　SMILES 语言示例

SMILES 表示	物质	结构式
C	甲烷	CH_4
N	氨	NH_3
O	水	H_2O
CC	乙烷	CH_3CH_3
Cl	盐酸	HCl

　　SMILES 语言对于化学键规则中定义单键、双键、三键分别使用符号，如表 3-9 所示。具体实例如表 3-10 所示。

表 3-9　化学键的 SMILES 表示

键的类型	SMILES 表示
单键	– 或省略
双键	=
三键	#

表 3-10　基本化学结构的 SMILES 表示

SMILES 表示	物质	结构式
CC=O	乙醛	
C=C	乙烯	
C#N	氢氰酸	HCN
CCO	乙醇	CH_3CH_2OH

　　SMILES 语言描述带有分支的化学结构，需要使用括号进行框定。成环的化合物需要标识闭环的元素，如表 3-11 所示。

表 3-11　化学分支结构的 SMILES 表示

SMILES 表示	物质	结构式
CCN(CC)CC	三乙胺	
CC(C)C(=O)O	异丙酸	

SMILES 表示	物质	结构式
O₁CCCCC₁N₁CCCCC₁	—	

除上述规则之外，还有手性分子、离子、同位素、芳香性等一系列的 SMILES 语言规则，在这里不进行一一介绍，可以查阅相关文献资料。

2）MOL

MOL 文件语言是一种不同于 SMILES 语言的文本格式，同样用于描述分子结构。它包含头部、计数行、原子块、键块和属性块。头部通常包含文件名、创建程序信息和注释。计数行记录原子数、化学键个数等信息。原子块详细列出每个原子的位置、元素类型、电荷、氢原子数等属性。键块描述原子间的连接关系，包括键的类型和立体化学。属性块则包含分子的其他属性信息。MOL 文件有两个主要版本，V2000 和 V3000，其中 V3000 提供了更多的功能和扩展性。这种格式广泛应用于化学信息系统和计算化学领域。我们在此仅介绍 MOL V2000 版本的基本规则，如图 3-17 所示。

MOL 的结构分为原子矩阵、键矩阵、属性矩阵 3 个部分，本例中的化学结构不需要属性矩阵描述，只有原子矩阵与键矩阵。其中在原子矩阵中，C1—C9 分别对应化学结构中的 C1—C9 的原子，原子矩阵中注明了各个原子的空间坐标以及对应的原子种类。在键矩阵中，第一列代表键的初识原子，第二列代表键的末端原子，第三列代表键的类型（1 为单键，2 为双键）。例如在键矩阵中第一行（1 2 1 0 0 0 0）表示 C1—C2 是一个单键，其他的以此类推。

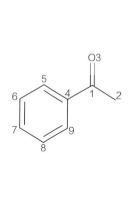

```
Mrv1726 11082402562D

   9 9 0 0 1 0              999 V2000
C1  -5.7474   0.0884    0.0000 C  0  0  0  0  0  0  0  0  0  0  0  0
C2  -5.0329  -0.3240    0.0000 C  0  0  0  0  0  0  0  0  0  0  0  0
C3  -5.7474   0.9134    0.0000 O  0  0  0  0  0  0  0  0  0  0  0  0
C4  -6.4619  -0.3241    0.0000 C  0  0  0  0  0  0  0  0  0  0  0  0
C5  -7.1763   0.0884    0.0000 C  0  0  0  0  0  0  0  0  0  0  0  0
C6  -7.8909  -0.3241    0.0000 C  0  0  0  0  0  0  0  0  0  0  0  0
C7  -7.8909  -1.1491    0.0000 C  0  0  0  0  0  0  0  0  0  0  0  0
C8  -7.1765  -1.5616    0.0000 C  0  0  0  0  0  0  0  0  0  0  0  0
C9  -6.4619  -1.1491    0.0000 C  0  0  0  0  0  0  0  0  0  0  0  0
  1  2  1  0  0  0  0
  1  3  2  0  0  0  0
  4  5  2  0  0  0  0
  5  6  1  0  0  0  0
  6  7  2  0  0  0  0
  7  8  1  0  0  0  0
  8  9  2  0  0  0  0
  9  4  1  0  0  0  0
  1  4  1  0  0  0  0
M  END
```

原子矩阵

键矩阵

图 3-17　结构式的 MOL 结构

无论是 SMILES 还是 MOL 的文件格式都可以用来描述分子式。在医药大语言模型中，使用这种医药工业语言进行大语言模型训练，可以使模型获得处理分子结构的能力，这对于生物医药行业是非常重要的功能。

（2）大分子序列

大分子序列主要分为多肽序列与核酸序列两个大类，这两类物质书写形式有字母书写与 FASTA 文件两种格式。

多肽序列的书写有两种形式——单字母形式和三字母形式。无论是哪一种形式书写，只要是同一条肽链，书写结构表达式应该一致。字母书写蛋白表达式是一类典型的医药工业语言，能够在业内互通信息。按照国际规定，多肽的 N 端（氨基端）在最左边，多肽的 C 端（羧基端）在最右边。

单字母书写方式就是用一个字母表示氨基酸，三字母书写方式就是用三字母表示氨基酸。字母缩写与氨基酸的对应关系，如表 3-12 所示。

表 3-12　氨基酸的字母缩写

中文名称	英文名称	单字母	三字母
丙氨酸	Alanine	A	Ala

中文名称	英文名称	单字母	三字母
苯丙氨酸	Phenylalanine	F	Phe
半胱氨酸	Cysteine	C	Cys
硒半胱氨酸	Selenocysteine	U	Sec
天冬氨酸	Aspartic acid / Aspartate	D	Asp
天冬酰胺	Asparagine	N	Asn
谷氨酸	Glutamic acid / Glutamate	E	Glu
谷氨酰胺	Glutamine	Q	Gln
甘氨酸	Glycine	G	Gly
组氨酸	Histidine	H	His
亮氨酸	Leucine	L	Leu
异亮氨酸	Isoleucine	I	Ile
赖氨酸	Lysine	K	Lys
吡咯赖氨酸	Pyrrolysine	O	Pyl
蛋氨酸	Methionine	M	Met
脯氨酸	Proline	P	Pro
精氨酸	Arginine	R	Arg
丝氨酸	Serine	S	Ser
苏氨酸	Threonine	T	Thr
缬氨酸	Valine	V	Val
色氨酸	Tryptophan	W	Trp
酪氨酸	Tyrosine	Y	Tyr

正常的氨基酸是 L 构象，如果是 D 构象则用小写字母表示，序列的书写形式如下表示。

多肽序列1：L V G R C T F D M A，共10个氨基酸，所有字母均是大写，则表示所有的氨基酸均是天然存在的 L 型氨基酸。

多肽序列2：H-Gly-Thr-Phe-Leu-Val-Cys-Asp-Met-Ala-OH，共11

个氨基酸，使用三字母书写形式。

核酸序列主要以 ATGCU 为核苷酸的缩写，从而构成核酸序列。如表 3-13 所示，核苷酸不确定时，可以使用通式表达。

表 3-13　核苷酸与通式表

核苷酸代码	意义
A	腺苷
C	胞苷
G	鸟苷
T	胸苷
U	尿苷
R	G 或 A
Y	T 或 C
K	G 或 T
M	A 或 C
S	G 或 C
W	A 或 T
B	G 或 T 或 C
D	G 或 A 或 T
H	A 或 C 或 T
V	G 或 C 或 A
N	A 或 G 或 C 或 T（任意一种）
X	未知的
–	片段长度不定

FASTA 格式是一种文本格式，广泛用于表示核酸序列（DNA 或 RNA）和蛋白质序列。它是一种简单、通用的数据格式，被生物信息学和分子生物学领域广泛接受和使用。FASTA 格式的主要特点是易于阅读和解析，同时还能够包含序列的标识信息。

FASTA 格式分为标题行与序列行。

标题行以大于号（＞）开头，后跟序列的标识符和可选的描述信息。标题行用于提供序列的元数据，如序列名称、来源、功能等。

序列行是包含实际的序列数据。序列数据可以跨越多行，但每行通常包含 60 到 80 个字符以便于阅读。

例如核酸序列的 FASTA 文件：

```
>gi|13650073|gb|AF349571.1| Homo sapiens hemoglobin alpha–1 globin chain
(HBA1) mRNA, complete cds
CCCACAGACTCAGAGAGAACCCACCATGGTGCTGTCTCCTGACGACAAG
ACCAACGTCAAGGCCGCCTGGGGTAAGGTCGGCGCGCACGCTGGCGAG
TATGGTGCGGAGGCCCTGGAGAGGATGTTCCTGTCCTTCCCCACCACCA
AGACCTACTTCCCGCACTTCGACCTGAGCCACGGCTCTGCCCAGGTTAA
GGGCCACGGCAAGAAGGTGGCCGACGCGCTGACCAACGCCGTGGCGCA
CGTGGACGACATGCCCAACGCGCTGTCCGCCCTGAGCGACCTGCACGCG
CACAAGCTTCGGGTGGACCCGGTCAACTTCAAGCTCCTAAGCCACTGCC
TGCTGGTGACCCTGGCCGCCCACCTCCCCGCCGAGTTCACCCCTGCGGTG
CACGCCTCCCTGGACAAGTTCCTGGCTTCTGTGAGCACCGTGCTGACCTC
CAAATACCGTTAAGCTGGAGCCTCGGTGGCCATGCTTCTTGCCCCTTTGG
```

在标题行中，gi 是 NCBI 的标识，AF349571.1 是 Genebank 的编号，后面是 RNA 序列的名称，并包含完整的编码区域。蛋白序列也可以使用 FASTA 格式书写。

综上所述，无论是小分子还是大分子序列都可以使用医药工业语言来描述，使用医药工业语言训练医药大语言模型，能够保证模型数据的多样性，满足真正的行业需求。通过医药工业语言训练的大语言模型能够构建一个强大的工具，它不仅能够理解和生成专业的生物医药文本，还能够处理和分析复杂的化合物与生物序列数据，从而推动生物医药领域的发展和创新。

第四章

大语言模型构建

在这个人工智能快速发展的时代，大语言模型的进步与应用正在深刻地改变着我们的生活和工作。从生成流畅自然的文本到解决复杂的科学问题，大语言模型的潜力无穷。然而，理解大语言模型的工作原理，特别是它们是如何被训练、调优，以及最终被应用到现实问题中并非一件简单的事情。本章我们将带各位深入了解大语言模型的整个生命周期，从最初的训练到应用的整体流程。

第四章会分成六个小节，我们首先将探讨大语言模型的训练过程，包括数据的选择、预处理以及基础模型的构建等内容，接着会深入有监督微调的过程，之后还会介绍强化学习进程是如何通过基于人类反馈的强化学习进一步提升模型表现的，使模型在面对复杂任务时更为智能化。

除了模型训练的核心部分，在应用层面则会重点介绍 RAG，这是一种通过引入外部信息，使模型的生成更加丰富且具有针对性的架构。紧接着会详细阐述提示词的概念与一些编写技巧，以便帮助用户更好地理解如何挖掘大语言模型的潜力。

4.1　大语言模型的训练过程

在前面的章节中，我们已经初步了解了大语言模型是什么，那么在这个章节则是详细深入地了解大语言模型是如何训练出来的。

究竟什么是模型的训练？简单而言，我们可以把模型的训练想象成教一位小朋友做某件事情的过程，比如学会分类，认动物。我们给小朋友看很多动物的图片，然后告诉他们："这是一只猫，这是一只狗，这是一只鸟。"经过反复看图和听解释，孩子逐渐学会了如何分辨这些动物。模型的训练也是类似的，只不过训练对象是一个电脑程序，而不是小孩子。在这里，模型就是我们用来教的电脑程序，训练就是给它看很多数据（比如图片、文字）并告诉它这些数据的意义，目的是让它学会某种技能，比如识别动物、回答问题等。

当我们将视角转向大语言模型，与传统深度学习模型相比，它们在多个方面存在显著差异。首先，在模型结构上，传统深度学习模型依赖于手工设计的特征和结构，就像瑞士军刀中每一个小工具，有其特定适合的场景和任务。而大语言模型则采用不同的算法架构，能够自动学习输入数据的特征表示，更像是一个万用工具，能够很好地适应不同的工作和任务。其次，在训练方法上，传统深度学习模型通常需要大量的标注数据，而大语言模型则通过无监督学习的方式，利用大量的未标注文本数据进行训练。此外，在应用领域上，传统深度学习模型主要应用于固定任务，如图像分类、语音识别等，而大语言模型则可以生成连贯的文本，应用于聊天机器人、文章生成等多种任务。

在大语言模型的训练过程中，可能会遇到的问题包括模型的解释性、训练成本等挑战。例如，大语言模型的参数量巨大，导致模型的解释性降低，同时训练成本也相应增加。此外，大语言模型在训练时可能会遇到数据污染问题、社会权力分配问题、伦理和法制问题、安全问题等。为了提高训练效率，可以采用一些高级技术来加速大语言模型的训练过程，同时降低内存消耗。一些方法可以通过冻结大部分参数，仅训练一小部分新增的部分，从而减少资源的试用。下面就向大家详细介绍大语言模型训练从算力、数据到算法的概念与投入。同时，也通过整合各类大语言模型训练的演进，让大家能够直观地感受到比较训练的投入，从而更好地理解大语言模型的训练。

1.什么是算力

在模型的训练过程中，算力是一个至关重要的概念。简单来说，算力指的是计算系统执行复杂数据处理和数学运算的能力。大语言模型的训练需要处理海量的数据，进行无数次的矩阵乘法、加法、微分等数学运算，这些运算的复杂性和频繁性使得强大的计算能力成为必不可少的条件。

算力不仅仅意味着可以执行基本的数学运算，它更代表了系统在处理高维度数据和多重非线性关系时的效率。特别是大语言模型的训练，往往需要执行大规模的并行计算，涉及上亿次参数更新和梯度计算，因此对算力的要求极为苛刻。

算力的需求通常由 GPU（图形处理单元）、TPU（张量处理单元）或 CPU（中央处理单元）来满足。GPU，通常用于图形处理和视频渲染，是我们在日常生活中可能在游戏显卡或视频处理器中听到的硬件。近年来，GPU 因其强大的并行计算能力被广泛应用于深度学习的训练中。而 TPU 则是由谷歌专门为机器学习任务设计的硬件，加速了大规模神经网络的训练。我们可能在一些云计算平台上看到对 TPU 的提及，如谷歌云就提供 TPU 加速的服务。整体来说，训练一个大语言模型需要使用多块甚至数百块 GPU，并且持续运行数周到数月。这种情况下，算力的大小直接决定了模型训练的速度和效果。而对于使用 CPU 而言，则更适合处理那些需要频繁进行逻辑判断和单线程计算的任务，比如模型的前期开发、调试、预处理数据等。这是因为 CPU 擅长处理复杂的控制流任务，而且它的单核性能较强，适用于处理各种不同类型的小任务。而 GPU 则更适合那些需要大量并行计算的任务，尤其是在大规模深度学习模型的训练过程中。由于 GPU 拥有数千个计算核心，能够同时执行大量的数学运算，因此在处理矩阵乘法和梯度计算等任务时表现得非常高效。这种特性使 GPU 在深度学习、图像处理和科学计算等需要大量并行计算的任务中尤为突出。GPU 与 CPU 简要对比如表 4-1 所示。

表 4-1　GPU 与 CPU 简要对比

特性	GPU	CPU
核心数量	大量（上千个计算核心）	较少（通常为 4 ~ 16 个核心）
单核性能	弱，适合并行计算	强，适合处理复杂逻辑和控制流任务
任务类型	并行计算、大规模矩阵运算、深度学习	通用计算、任务管理、操作系统运行

续表

特性	GPU	CPU
应用场景	图形处理、视频渲染、深度学习训练	系统指令、程序执行、数据预处理
能效比	高效，但只在特定场景下性能突出	相对较低，适合处理多样任务

除了硬件加速器，服务器本身的配置对算力也有很大影响。例如，为了支持大规模的并行计算和高效的数据传输，服务器需要具备高性能的网卡，通常至少需要万兆以太网卡或更高带宽的网卡，以确保不同计算节点之间的数据能够快速同步。此外，服务器的内存容量和磁盘吞吐性能也非常重要，因为深度学习训练需要频繁访问和存储大量数据。充足的内存可以有效减少数据的加载时间，而高速的固态硬盘能够加快数据的读写速度，从而提升整体的训练效率。总的来说，高质量的服务器配置是保证大语言模型训练顺利进行的重要基础。

我们可以把服务器和 GPU 的组合比作一支协同作战的队伍。服务器就像是队伍的指挥中心，而 GPU 则是具体执行任务的士兵。为了成功完成复杂的任务，指挥中心需要有效的通信工具（高性能网卡）、充足的信息储备（内存），以及快速的决策执行能力（磁盘吞吐性能）。例如，如果我们要训练一个自动驾驶模型，那么就需要一个包含多个 GPU 的服务器，每个 GPU 可以并行处理图像和视频数据。而这些 GPU 需要通过高速网卡进行数据同步，以确保模型能够在各种交通场景下进行学习。通常，这种大规模的训练需要数十台甚至上百台服务器共同协作，每台服务器上都搭载多块 GPU，通过高速网络连接进行协调，就像多个分队协同完成一项大规模军事行动一样。

在训练过程中，如何高效使用算力，也是一个非常值得关注的点。我们通常会用到几种并行策略：数据并行、模型并行、张量并行、流水线并行和混合并行。

首先是数据并行，这是指将相同的模型副本部署在多个 GPU 上，每个 GPU 处理不同的数据子集，这样可以加快训练速度并且适合处理大规模的数据集。

其次是模型并行，这个模式则是将模型的不同部分分配到不同的 GPU 上，以此来处理无法在单个 GPU 上运行的大语言模型。这种方法适合那些非常庞大的模型，它们的参数量可能超过了单个 GPU 的内存容量。

再有就是张量并行，张量并行是一种细粒度的模型并行，特别适合那些计算量巨大且具有高度可分割性的模型。张量可以理解为一个高维数组，是深度学习中用于存储数据和参数的基本结构。张量并行通过将模型内部的张量切分成更小的部分，并分配到不同的 GPU 上，这样可以有效利用每个 GPU 的算力，同时避免单个 GPU 内存不足的问题。

另外则是流水线并行，是将模型按层次分割成多个部分，每个部分在不同的 GPU 上顺序执行，就像流水线生产一样。通过这种方式，可以在不同 GPU 之间实现更高效的工作流，并减少因等待而浪费的计算资源。这种方法适用于具有多个序列性计算层的大语言模型，例如深度神经网络。

最后，是最复杂的混合并行。它结合了数据并行、模型并行、张量并行和流水线并行，既能够分担数据处理的压力，也可以有效分配模型的不同部分，以提高整体训练效率。例如，在训练一个巨型语言模型时，通常会结合张量并行和数据并行，以实现内存和计算资源的最优利用。这些组合使得我们可以将计算负载分布在多个 GPU 和服务器之间，从而显著加快训练速度，并提升模型的质量和准确性。

算力的增长为大语言模型的发展奠定了基础，近年来的突破也是因为算力资源的显著提升，配合高效的算法和海量的数据，才让大规模深度学习模型如 GPT-3、ChatGPT 等得以实现。

2. 什么是训练数据

除了算力，训练数据也是大语言模型训练中的另一关键因素。训练数据是模型学习的基础，简单来说，它是模型用来学习和构建知识的素材。在训练过程中，模型通过不断分析这些数据，从中提取模式和规律，从而学会理解和处理新的输入。

我们可以把训练数据比作学生的教科书和练习题。模型就像一个学生，通过不断阅读和练习这些数据，逐渐掌握解决问题的方法和技巧。数据的重要性在于它为模型提供了足够多的示例和场景，从而使模型能够在不同情境下表现得更准确、更智能。比如，对于一个语言模型来说，训练数据可能包括数以亿计的文本，这些文本帮助模型学习语言的结构、词汇的意义以及如何生成连贯的句子。而对于一个图像识别模型来说，数据则是由大量的标记图像组成，通过这些图像，模型学会区分不同的物体和特征。

数据的多样性和丰富度相当于给学生提供了更广泛的学习素材和练习机会。如果训练数据仅包含单一的示例，那么模型就像是只学会了一种解题方法的学生，在遇到陌生问题时就容易手足无措。相反，数据越丰富、越多样，模型就能接触到更多不同类型的示例，从而学到更多的规则和知识，在面对未知的输入时能够做出更好的判断和预测。因此，丰富多样的数据可以让模型变得更加灵活和智能。

对于不同的任务，所需要的数据类型也有所不同。比如，对于自然语言处理任务，如文本翻译或对话生成，训练数据需要包括大量的高质量文本，如书籍、文章、对话记录等，这些数据可以帮助模型理解语言的结构、语义以及不同场景下的用词方式。而对于图像识别任务，训练数据则需要包含大量标记清晰的图像，每个图像都需要标注明确的类别或特征，这样模型才能学会区分和识别不同的物体。以医疗领域的应用举例，如果目标是开发一个能够识别疾病的模型，训练数据就需要包括大量的医学影像（如 X 光片、MRI 图像等），并且这些影像必须由专家进行准确的标注，以确保模型学习到正确的病理特征。而在自动驾驶中，模型的训练数据就需要包含各种交通场景下的视频和图像数据，包括不同天气、光照条件下的道路状况，以及各种行人、车辆的行为模式。

在准备这些训练数据时，我们往往需要采取一些必要的操作让数据能够满足训练时的需求。

首先是数据采集，通过各种数据源（如医疗数据库、传感器、互联网）收集原始数据。数据采集的方式因任务而异，例如：对于自然语言处理，数据可能来自书籍、文章、社交媒体等；对于图像处理，数据可能来自摄像头、扫描仪或者互联网图像数据库。数据的采集必须要确保覆盖足够多样的场景，以满足模型训练的需求。

　　接下来则是数据的清洗和脱敏，这一步是确保数据的准确性和隐私保护。清洗过程包括去除重复项、异常值、噪声数据以及处理缺失值等步骤。例如，异常值可能是因为传感器误差导致的无意义数据，需要及时清除，以免影响模型训练的准确性。脱敏则是确保数据中的个人隐私信息被去除或匿名化，尤其是在医疗和金融领域，脱敏处理对用户隐私保护至关重要。

　　数据特征工程和数据解析是数据准备中的另一个重要环节。数据特征工程是通过分析和提取数据中的重要特征来优化模型的输入。它的目标是找到对模型预测最有用的信息，并将其提取出来。例如，对于房价预测模型，可能需要从数据中提取出地理位置、房屋面积、周边设施等特征，而对于图像分类任务，可能需要提取边缘、纹理等视觉特征。数据特征工程可以显著提高模型的性能，使得模型更容易学习到数据中的规律。而数据解析则是包括将数据进行分词，进行标准化等。后续则需要将这些数据转换为模型能够理解的格式，例如将图像数据转换为像素矩阵，或者将文本数据转换为词向量。像素矩阵可以理解为一张图像在计算机中的表示方式，它是由大量的像素值组成的二维数组，每个像素值通常代表图像中某一点的颜色和亮度。词向量则是一种将文本中的单词转化为计算机能够处理的数字形式的技术，通过词向量，模型可以理解单词之间的语义关系，这样就能更好地处理和分析文本数据。解析的目的是从原始数据中提取出有效信息，使得这些数据可以被模型直接处理。结构化数据通常比非结构化数据（如自由文本）更易于处理，因此需要将数据转化为符合模型需求的形式。

　　另一个则是数据集划分，这个是确保模型能够有效训练的关键步骤。通常将数据拆分为训练集、验证集和测试集。训练集用于训练模型，相当于学生的课堂练习，是模型学习知识的主要来源。验证集用于在训练过程中评估模型的性能并调整参数，就像是测验，用来检查学生的学习效果，帮助找到最合适的学习策略。测试集则用于最终的性能验证，类似于期末考试，用来检验模型在未见过的数据上的表现。合理的拆分比例（如70%训练集，15%验证集，15%测试集）有助于提高模型的泛化能力，避免过拟合。分类则是对数据进行标注，例如在医疗图像中标注不同的病理特征，或者在自动驾驶数据中标注行人、车辆、交通标志等。

同时，为了增强模型的泛化能力，数据的扩充和丰富也是必不可少的步骤。泛化能力是指模型在处理未见过的数据时保持良好表现的能力，这意味着模型不仅在训练数据上表现良好，也能够适应新环境和新任务。可以搜索引擎等工具扩展数据的来源，以获取更多样化的样本。例如，在生物医药领域，为了开发一个能够识别不同癌症类型的模型，可以通过收集来自不同医院和不同类型患者的数据来增强模型的泛化能力。这些数据包括不同种族、年龄和性别的患者的医学影像和基因序列。有了这种多样化的数据，模型可以学习到不同病症的多种表现形式，从而提高其对未见过病历的识别能力。

有了数据处理的各个流程还不够，在提供给模型训练之前，如何评测数据的质量也是需要注意的一个环节。评测数据质量的主要指标包括数据的准确性、完整性、一致性等。准确性意味着数据的标注和内容的真实和准确，特别是在医疗这个高度专业、高度需要精准数据的领域，标注错误可能会导致模型学习到错误的信息从而造成后续更大的影响。完整性则是指数据集中不能有大量缺失项，否则会影响模型对整体规律的学习。一致性则要求同类数据在格式和标注上保持一致，以确保模型能够正确理解每个数据样本。而对于某个特定领域的模型，则往往也需要同时确保其在业务上的准确、完整、一致等，例如生物医药中的适应证需要有合理的层级，药物管线需要有正确的研发国家地区、适应证、阶段等。整体如图4-1所示。

图 4-1　模型训练数据准备的重要环节

整体而言，数据越丰富、越多样、质量越高，模型就能学到更多的知识和规则，从而在面对未知的输入时做出更好的判断和预测。因此，丰富多样的数据可以让模型变得更加灵活和智能。数据就好比是模型的"养分"，充足且高质量的数据才能让模型成长为一个强大且智能的系统。

3. 什么是算法

除算力和数据之外，算法也是模型训练中极为重要的一环。那么，什么是算法呢？简单来说，算法是一组指令或步骤，用来解决特定问题或完成特定任务。在模型训练中，算法用于指导模型如何学习数据中的模式和规律，使得模型能够在训练后对新数据进行准确的预测。

在不同的任务场景下，需要使用不同类型的算法。以下是我们常见的一些传统机器学习和深度学习算法。

（1）线性回归算法

线性回归算法用于解决回归问题。回归问题指的是预测一个连续数值变量，例如根据房屋面积预测房价或根据一个人的身高预测体重。线性回归的核心思想是通过找到自变量（特征）与因变量（目标）之间的线性关系来进行预测，适用于变量之间具有较简单的直接关系的场景。具体来说，线性回归试图找到一条最佳拟合直线，使得所有数据点到该直线的距离之和最小。

线性回归在实际应用中有广泛的用途，比如在经济学中用来预测市场价格的变化，在生物医药领域用来研究不同药物剂量对病人反应的影响，或者在环境科学中用来分析温度对农作物产量的影响。线性回归适合于处理那些变量间存在显著线性关系的场景，但在应对复杂、非线性关系时，其效果往往不如更复杂的模型。因此，线性回归算法常用于初步探索数据关系、建立简单预测模型或作为更复杂模型的基线。

（2）逻辑回归算法

逻辑回归是一种广泛应用于二分类问题的机器学习算法。它的主要目的是预测一个事件的发生概率，比如判断某个人是否患有某种疾病，结果通常是两个可能的类别："是"或"否"。尽管它的名字中包含"回归"，但实际上逻辑回归是一种分类方法，而非传统意义上的回归算法。

那么，什么是二分类问题呢？二分类问题指的是在给定的输入数据中，将结果分成两个互斥的类别。例如，预测一个人是否具有患病风险，我们可以得到"有风险"或"无风险"这两种结果。在生物医药领域，类似的问题非常常见，比如预测患者对某种药物的响应是正面还是负面，或者判断某种临床症状是否会进一步发展成严重的疾病。

逻辑回归的核心思想是利用一种叫作逻辑函数的数学工具来将预测值限制在 0 到 1 之间。这个逻辑函数实际上是一个 S 形曲线，可以很好地将输入数据映射为介于 0 和 1 之间的概率值。这就意味着逻辑回归模型可以用来预测某个事件发生的概率，而这个概率再被阈值化处理，例如设定 0.5 作为阈值，大于 0.5 的被分类为"是"，小于 0.5 的被分类为"否"。举一个具体的例子：假设我们想要预测某人是否有患糖尿病的风险。输入的数据可能涉及他的年龄、体重指数（BMI）、血糖水平等多个特征。逻辑回归会使用这些输入的特征，通过学习这些因素与患病结果之间的关系，就可以得出一个概率。如果这个概率大于某个预设的阈值（如 0.5）时，我们就可以预测他有患糖尿病的风险。

逻辑回归的另一个特点是它可以解释模型的结果。在训练完成之后，我们可以了解每个输入的特征对结果的影响程度，这对医学从业人员来说尤其重要，因为这能够帮助他们理解为什么某些特征会提高患病风险，从而为临床决策提供参考。

（3）决策树和随机森林

决策树和随机森林适用于分类和回归任务，其中决策树是一种通过树状结构来进行决策的算法。每个节点代表一个特征，每条分支代表一个决策规则，而每个叶节点则代表最终的预测结果。决策树的构建过程类似于人类做决策的过程，根据某些特征逐步缩小选择范围，直到得出一个明确的结果。例如，在诊断疾病时，第一步可能是询问患者是否有发烧，然后根据有无发烧再进一步询问其他症状，直到最后得到一个诊断结果。决策树的优势在于其简单直观，易于理解和解释，尤其适合那些希望获得决策过程的明确解释的应用场景。

　　不过，单棵决策树会很容易出现过拟合的情况，尤其是在数据噪声较大的时候，这会导致模型对训练数据的表现很好，却对新数据的泛化能力较差。而随机森林是由多棵决策树组成的集成算法，通常被称为"森林"。随机森林通过构建多棵彼此不同的决策树，并将它们的预测结果进行投票或平均，从而来提高整体的预测性能。具体来说，随机森林在训练过程中会对数据进行多次随机采样，并在每棵树的构建过程中随机选择特征来进行分裂，这样每棵树都是对数据的一个部分视角。通过这种方法，随机森林能够有效地降低单棵决策树的过拟合风险，并提高模型的泛化能力。例如，在预测作物产量时，随机森林可以利用多棵树的组合，综合考虑气温、降雨量、土壤质量等各种因素，以得出更稳定和准确的预测结果。随机森林的优势在于它的鲁棒性和准确性，尤其在数据量大、特征复杂的场景中表现突出。此外，随机森林还可以输出特征重要性，从而帮助我们了解哪些特征对预测结果的贡献最大。整体来说，决策树和随机森林各有优缺点。决策树简单易懂，适合需要明确解释的任务，但容易出现过拟合；而随机森林通过集成多棵决策树，有更强的泛化能力和抗噪声能力，适合更复杂的数据场景。

（4）支持向量机

　　支持向量机（SVM）是一种用于分类任务的算法，尤其擅长处理高维度的数据，比如文本分类和手写数字识别。SVM的核心理念是找到一个能够把不同类别分开的最佳边界，叫作"超平面"。这个超平面就像一条线，把两类数据尽可能分隔开，并确保两类之间的距离尽量大，这样就可以让模型在遇到新数据时表现得更好。

　　在二分类问题中，SVM通过找到一些对分类最有影响的数据点，这些点被称为"支持向量"。支持向量决定了超平面的位置和方向，就像几根撑起帐篷的杆子，它们决定了帐篷的形状和稳定性。SVM的目标是找到一个使两类数据之间间隔最大的超平面，这样就可以让模型更好地应对新数据，并减少分类错误。

　　如果数据之间的关系不是线性的，SVM还可以使用一种叫作"核函数"的工具来帮助处理复杂的数据。核函数可以把数据从原来的空间转换到一个更高维度的空间，在这个高维度的空间里，原本难以分开的数据可能变得容易分开。常见的核函数有线性核、高斯核和多项式核等。例如，在图像分类中，图像的特征往往比较复杂，使用高斯核的 SVM 可以帮助把这些复杂的特征映射到高维空间，从而更好地进行分类。

在生物医药领域，SVM 也有很多应用。例如，在基因表达数据的分析中，SVM 可以用来区分健康组织和癌症组织。基因表达数据通常包含成千上万个基因的信息，SVM 能够很好地处理这些复杂的数据，帮助识别出不同类型的样本。此外，SVM 还可以用于预测药物的效果，通过分析药物的特征，判断某种化合物是否对特定的疾病有作用，从而帮助筛选潜在的药物候选物。

不过，SVM 也有一些限制。当数据量非常大时，SVM 的训练时间可能会变得很长，因为它需要计算大量数据之间的相似度。而且，SVM 对一些参数（比如正则化参数和核函数参数）的选择也比较敏感，需要通过反复试验才能找到最优的组合。因此，在处理非常大规模的数据时，可能会选择其他算法（如随机森林或神经网络）来代替 SVM，以更好地平衡训练时间和性能。

（5）神经网络和深度学习

神经网络和深度学习是用于解决复杂非线性任务的强大工具，例如图像识别、语音识别、自然语言处理等。所谓非线性任务，是指输入与输出之间的关系非常复杂，无法用简单的线性公式来描述。比如在图像识别中，图像的像素值之间存在高度复杂的交互，直接用线性模型难以处理这些复杂的模式。

神经网络的灵感来源于人脑的神经元结构，它由许多"节点"或"神经元"组成，这些节点通过"连接"模拟人脑的工作方式，学习并识别数据中的模式。神经网络的每一层都在进行特定的计算，通过多层神经元的组合，神经网络能够逐步提取输入数据中的特征。比如在图像识别中，底层神经元可能识别图像的边缘和线条，而越高的层次则可以识别更复杂的形状和物体。

深度学习是神经网络的一个分支，特点在于其深度——有更多的隐藏层。随着隐藏层的增加，神经网络能够提取更复杂和更抽象的特征，捕捉数据中更高级的模式。例如，传统的浅层神经网络可能只能识别简单的形状，而深度学习网络可以理解更复杂的对象，例如人脸、动物等。

深度学习在自然语言处理中的应用也非常重要。例如，在机器翻译任务中，深度学习模型通过多个层次逐步学习文本的语法结构、语义信息，以及语言之间的转换规律，从而实现高质量的翻译。同样地，在语音识别任务中，深度学习模型可以通过学习音频信号的各种特征，将语音转换为文字。

神经网络和深度学习的优势在于它们具有强大的学习能力，能够从大量的数据中自动学习到重要的特征和模式。这使得它们非常适合那些规则复杂、不易手工编写明确公式的任务。例如，在生物医药领域，深度学习可以用来分析医学影像（如 X 光片或 MRI），从中识别出可能的病灶区域。通过不断的训练，神经网络可以学会如何区分健康和异常的影像，能够大大提高疾病早期诊断的准确性。

神经网络和深度学习的一个关键特点是需要大量的数据和计算资源来进行训练。这是因为模型需要从大量的样本中学习每个特征的权重，以找到输入与输出之间的最佳映射关系。随着层数的增加，模型的计算需求也会呈指数级增长，因此深度学习的成功离不开算力的支撑，例如使用多块 GPU 进行并行计算以加快训练过程。

（6）聚类算法

聚类算法用于无监督学习任务，如市场细分、图像压缩等。无监督学习是指在没有明确标签的情况下，模型通过数据中的相似性和特征进行分类和分析，适用于探索数据结构和发现数据中的潜在模式的场景。简单来说，无监督学习就像是我们给模型一堆未分类的物品，让它自己找出这些物品的共同点并把它们分组。例如，在生物医药领域，可以通过聚类分析将不同病症的患者分为若干组，以便进行进一步研究。这样，医生就可以根据每组患者的共性来制定更有针对性的治疗方案。

相对应的，有监督学习是指在训练过程中使用带有明确标签的数据集，通过这些标注的示例指导模型的学习。就像老师教学生解题一样，模型通过学习带标签的数据，学会输入和输出之间的关系。例如，使用癌症患者的医学影像数据来训练模型，以帮助它区分良性和恶性肿瘤。在有监督学习中，模型学习输入和输出之间的映射关系，从而在面对新数据时能够进行准确的预测。逻辑回归、决策树和神经网络等都是有监督学习的算法，用于处理有明确分类或回归目标的任务。

我们可以认为，无监督学习是探索和发现数据中的隐藏模式，而有监督学习是明确指导模型去识别和分类。两者的区别在于，无监督学习没有"正确答案"，模型需要自己找到规律，而有监督学习则是根据提供的"标准答案"来进行学习。

（7）强化学习算法

强化学习是一种用于需要与环境交互并不断改进策略的算法，类似于训练宠物或者学习骑自行车的过程。通过反复尝试和犯错，模型逐渐学会哪些行为会得到奖励，哪些行为会受到惩罚，从而选择最优的行为方式。强化学习的核心在于模型不断尝试不同的动作，然后根据环境的反馈（奖励或惩罚）来调整策略，以便在未来获得更好的结果。

比如，想象一下我们在教一个孩子玩游戏。每次孩子都选择了正确的动作（比如跳过障碍物），我们就给他一个奖励（比如说"做得好！"）；如果孩子做错了（比如撞上了障碍物），我们就告诉他"这样不行"。通过不断的反馈和练习，孩子最终学会了如何在游戏中表现得越来越好。这就是强化学习的基本原理。

在生物医药领域，强化学习可以用于优化治疗方案的选择。例如，强化学习模型可以在模拟环境中不断尝试不同的治疗组合，学习哪种药物或治疗方法在不同病情阶段对患者效果最好。通过这种反复练习和反馈，模型能够学会为患者制定个性化的治疗方案，最大化治疗效果并最小化副作用。类似地，强化学习可以帮助药物研发团队在药物实验过程中找到最佳的实验参数，比如确定合适的药物剂量和给药频率，以提高实验成功率并缩短开发时间。

强化学习的一个显著特点是它适用于那些无法提前规划所有步骤的任务，尤其是在环境变化多端且充满不确定性的情况下。通过不断与环境互动，强化学习模型才能逐步提高其决策能力，找到最优的行为方式。这使强化学习在医疗机器人控制、自动驾驶、游戏 AI 等领域中表现出色，因为这些场景中，系统必须根据环境的变化灵活应对，而不是按照固定的规则行事。

每种算法都有其适用的场景和优缺点，我们需要视情况选择合适的算法或者依据任务的特点、成本的考量将不同模型组合使用。

4. 大语言模型训练的特点

大语言模型的训练同样依赖于算力、数据和算法这三大要素。下面分别向大家介绍这三大要素对于大语言模型训练的影响，以及大语言模型训练中遇到的相关挑战。

（1）什么是大语言模型参数

首先，在了解大语言模型训练之前，我们需要有一个关于大语言模型参数的概念。那大语言模型的参数又是怎么一回事呢？我们可以理解为，大语言模型参数是指模型中可以被学习和优化的权重，这些权重决定了模型在面对输入时如何进行计算和预测。对于神经网络来说，参数通常是神经元之间的连接权重，这些权重的数量直接影响了模型的复杂性和表达能力。

大语言模型之所以"大"，是因为其参数数量极为庞大，通常达到数十亿甚至数千亿。比如 GPT-3 模型拥有超过 1750 亿个参数，这些参数使得模型能够理解和生成极为复杂的语言模式。同样地，在生物医药领域的大语言模型中，参数的数量也决定了模型的一些性能，例如是否能捕捉到基因序列、蛋白质结构或药物分子之间的复杂关系。

参数的训练过程就是通过大量的样本数据不断来调整这些权重，使模型的预测结果越来越准确。这一过程依赖于反向传播算法，通过计算误差并将其反向传播到各层神经元，从而逐步更新参数。大语言模型的参数越多，训练过程就越需要强大的算力和大量的数据支持。

（2）大语言模型训练中算力的特点

在大语言模型训练中，算力的需求与模型的规模成正比。与传统机器学习模型相比，大语言模型往往需要数百甚至数千块 GPU 或 TPU 来进行分布式计算。尤其是对于语言模型或生成模型来说，训练过程中不仅需要处理庞大的参数数量，还要进行复杂的梯度计算，这对硬件设施提出了巨大的要求。

生物医药领域的大语言模型通常用于处理基因序列、蛋白质结构、药物分子等复杂数据，这对算力的要求非常高。为了应对这些挑战，我们常常采用一些优化手段。比如，使用混合精度训练来减少显存的使用量，这样就可以在保持计算精度的同时又能显著降低硬件需求。此外，我们还会利用模型并行和数据并行的技术来把计算任务分散到多块处理器上，以减少每块处理器的负担。

算力的优化也需要借助高效的分布式计算框架，比如 Horovod、DeepSpeed、Megatron。这些框架可以帮助我们更有效地管理多个计算节点和设备之间的协作。通过这些框架，模型可以在不同的设备上同时训练，从而加快训练速度。这就好比多人合作完成一项工作，每个人负责一部分，最终才能够更快地完成任务。

另外，在大语言模型训练过程中，我们还需要考虑硬件故障的问题，因为训练时间可能会持续数天甚至数周。如果中途硬件出现问题，算力的稳定性将会直接影响到整个训练能否成功。因此，系统必须具备良好的容错能力。为了实现容错性，我们通常会使用一些策略，比如将训练数据和模型参数定期保存到磁盘上，这样即使硬件出现故障，之前的训练成果也不会丢失。此外，还可以采用分布式训练的方法，将任务分散到多台机器上，如果某台机器出现故障，其他机器就可以接替它的工作，确保整体训练不中断。断点续训机制也非常重要。断点续训指的是在训练中途被打断后，能够从中断的位置继续训练，而不需要从头开始。为了做到这一点，训练过程中的关键信息（如模型参数、优化器的状态等）会定期保存。当训练重新开始时，这些信息会被加载，从而让模型从中断的地方继续学习。这就像看书时的书签，可以帮助我们记住上次看到的位置，以便继续而不需要重新开始。

（3）大语言模型训练中数据的特点和重要性

大语言模型的训练高度依赖海量且高质量的数据。相比于以往的深度学习模型，大语言模型需要的数据体量要大得多，通常达到数百 TB 甚至 PB 级别。这是因为大语言模型需要学习更为复杂的模式和知识，从而能够在面对多样化的问题时做出更准确的预测。

对于生物医药行业来说，数据的获取和处理尤为复杂。首先，很多数据来自实验室，可能存在噪声和偏差，需要经过严格的数据清洗和预处理，才能确保其对模型训练的有效性。数据的种类也非常多样化，可能包括基因组数据、电子病历、药物反应实验结果、影像数据等。另外数据的异构性也是另外一个特点，往往以文件、书籍、内部资料、网页等不同形式存在。这些数据需要不同的商业方式或者技术手段来获取和解析。再有，数据隐私也是生物医药领域中的一大挑战，尤其是在涉及患者信息的时候。我们需要严格遵守各国相关的隐私保护法规，如《中华人民共和国个人信息保护法》和 GDPR 等，来确保患者数据的安全和隐私不被侵犯。

大语言模型的性能很大程度上依赖于数据的数量和质量。数据量的增加可以显著提升模型的性能，但数据的质量同样至关重要。在生物医药领域，模型需要从多种类型的数据中学习，不同类型的数据需要经过规范化和标准化处理，才能确保其具有一致性和可解释性。例如，药物反应实验结果需要确保不同实验之间的条件一致，这样模型才能从中学习到有意义的模式。同时，数据标注在生物医药领域往往需要该领域专家的参与，这就使得数据准备过程成本高昂且耗时。

为了让大语言模型具备更强的泛化能力，我们需要处理来自不同来源和不同格式的数据。这通常需要用到数据增强技术。数据增强是一种通过对现有数据进行各种变换，来生成新的数据样本的技术，以此来提高模型的鲁棒性和适应性。比如在生物医药领域，我们可以对药物分子的不同表征方法进行组合，或者对基因序列进行不同的变换，以模拟数据的多样性。这些变换包括对分子结构的旋转、镜像翻转，或者对基因的部分序列随机替换等，从而增加数据的多样性，使模型能够更好地适应不同的数据分布。

数据增强的作用在于帮助模型更好地学习到数据中的重要特征，并在面对未知情况时表现得更加稳定。比如，模型在学习药物分子的不同表征时，通过增强后的数据可以更好地理解分子结构的不同形态，从而在预测药物活性时具有更强的泛化能力。这对于提高模型的鲁棒性至关重要，因为在实际应用中，数据的分布往往是复杂且多变的，数据增强可以让模型具备应对这种复杂情况的能力。

而对于缺少标注的数据，半监督学习和自监督学习是解决这一问题的重要手段。通过构建预训练任务，模型可以从无标签的数据中自动学习有用的特征，从而在没有足够标注数据的情况下依然具备较好的表现。自监督学习常常通过设计一些伪标签任务，让模型自己从数据中生成标签来进行训练，这种方式尤其适用于在标注成本高昂的生物医药领域。

举个例子，AlphaFold 模型在蛋白质折叠问题上的突破，部分得益于其对海量蛋白质结构数据的学习。这些数据不仅包括实验测得的蛋白质结构，还包括通过预测得到的低质量结构，模型通过从这些数据中学习，最终具备了对未知蛋白质进行高精度预测的能力。

（4）大语言模型训练所依赖的算法

在算法方面，大语言模型的算法起源可以追溯到神经网络的早期发展，逐步演变为更为复杂的深度学习模型。一个重要的里程碑是 Transformer 架构的提出。Transformer 由谷歌研究团队在 2017 年提出，最初发表在论文 *Attention is All You Need* 中。这一架构的提出背景是为了解决传统循环神经网络和长短期记忆网络在处理长序列文本时存在的计算瓶颈和信息丢失问题。Transformer 通过引入自注意力机制，能够更有效地捕捉到文本中的长距离依赖关系，同时又大幅提升了并行计算的效率。因此，Transformer 在处理自然语言任务方面非常有效，随后也被广泛应用于其他领域，如生物医药和计算生物学。

在大语言模型训练中，BERT（Bidirectional Encoder Representations from Transformers）和 GPT（Generative Pre-trained Transformer）是两个非常著名的模型，它们代表了算法演进中的两种不同方向。BERT 是一种双向编码器模型，这意味着它在训练时会同时考虑输入文本的前后文信息，从而能够更好地理解词语的上下文关系。这种双向性使 BERT 在需要精确理解文本含义的任务中表现得非常出色，比如问答和文本分类。可以将 BERT 比作一个阅读理解的专家，它在阅读一段文字时，会同时查看前后内容，从而全面理解每个词的含义。

　　相比之下，GPT 是一种自回归模型，主要用于生成任务。GPT 通过逐词预测下一个词的方式来生成文本，其单向性使它在自然语言生成任务中具有优势，比如文本生成和对话系统。可以将 GPT 比作一个创作故事的作家，它在写作时是一步一步地向前推进的，先写一个词，再根据上下文写下一个词。这里的上下文指的是所有之前的字和词，GPT 会根据已经生成的内容来决定接下来该写什么，从而确保故事的连贯性。这种方式非常适合生成连贯的故事或对话。GPT-3 是其中的代表性模型，拥有 1750 亿个参数，能够生成极为逼真的自然语言。

　　除了 BERT 和 GPT 的算法区别外，开源和闭源模型的开发模式也对大语言模型的发展产生了重要影响。开源模型通常由社区驱动开发，如 BERT、GPT-2 和 Meta 公司（原名 Facebook）的 LLama，它们的代码和预训练模型公开给所有人使用，这促进了学术界和工业界的合作和创新。LLama 是一个专为研究目的开发的开源模型，其目的是降低训练大语言模型的门槛，使更多的研究者能够参与到这一领域的研究中。开源模型的优势在于透明性和可扩展性，研究人员可以在已有的基础上进行改进和创新，算力和数据的使用也更加灵活，可以根据需要进行调整。

　　而闭源模型，比如 OpenAI 的 GPT-3 和其之后的所有模型，通常由公司开发并控制使用。这些模型在算力、数据和算法上投入巨大，往往拥有更强的性能和精度，但同时也限制了外界的访问和修改。这种闭源模式可以更好地保护知识产权和商业利益，但也可能会限制技术的普及和共享。

　　在算力需求上，闭源模型通常会配合其顶层的应用或者 API 发布，因此其对于模型和应用的整体工程化的投入会更大。当然也需要巨大的算力支持，往往由大型科技公司依靠集群计算来完成。在数据上，开源模型的数据集往往来自公开来源，而闭源模型则可能除了公开的数据，还会使用私有的或者商业合作的大规模数据集，这些数据集的质量和多样性能够进一步提升模型的表现力。

　　模型压缩也是大语言模型训练领域非常重要的技术，因为经过完整训练的大语言模型往往会体积庞大且推理耗时，而往往用户又期望快速得到预测结果，因此就需要通过知识蒸馏、剪枝等技术来减小模型体积，以适应实际的应用场景。知识蒸馏通过让一个较小的学生模型学习大型教师模型的知识，从而在保持性能的同时又能减小模型的体积。剪枝则是通过去除模型中不重要的连接，进一步减少计算量和内存占用。特别是在药物研发的高通量筛选过程中，模型的推理速度直接影响了筛选的效率，模型压缩技术可以显著提升这一过程的速度和可操作性。

（5）大语言模型训练的整体挑战

大语言模型的训练是一个复杂而充满挑战的过程，目前在多个方面面临着显著的挑战。首先，算力是一个巨大的瓶颈，尤其是对于那些参数量达数百亿甚至上千亿的大语言模型来说，训练需要数百甚至数千块高性能的 GPU 或 TPU。这些设备昂贵且能耗巨大，对于大部分企业和研究机构来说，维持长时间的算力供应是一项极具挑战性的任务。

在数据方面，大语言模型的训练高度依赖海量且高质量的数据。大语言模型所需的数据体量通常达到数百 TB（太字节，1TB=1024GB）甚至 PB（拍字节，1PB=1024TB）级别，这是因为模型需要学习和捕捉复杂的模式和知识，以应对多样化的应用场景。获取这种规模的数据本身就是一个难题，尤其是在生物医药领域，数据的种类繁多，包括基因组数据、电子病历、药物反应实验结果、影像数据等，这些数据既复杂又高度敏感。

首先，在大语言模型的训练中，数据通常被分成"token"（令牌）来进行处理。一个 token 是文本中最小的单位，可以是一个词、一个字符，或者一个部分词。例如，句子"Hello world!"可以被分割成"Hello""world""!"三个 token。在中文中，句子"你好，世界！"可以被分割为多个 token，但与英文不同的是，中文的 token 化通常不只是按照每个字来分割，而是通过自然语言处理中的分词算法来识别词汇和短语。例如，"你好，世界！"可以被分割为"你好"","""世界""!"四个 token，这样的分割方式能够更好地保留中文语义的完整性。在大语言模型训练时，数据以 token 的形式输入模型，模型通过这些 token 来学习文本的模式和关系。同时，大语言模型的输出也是按照 token 来计算的，这就意味着生成的每个词或字符都被视为一个 token。大语言模型需要处理的 token 数量极为庞大，这对数据量提出了极高的要求。训练 GPT-3 这样的大语言模型可能需要数千亿个 token 的数据，这些数据来源广泛，包含书籍、文章、对话记录等，以确保模型能从丰富的内容中学习到语言的多样性和复杂性。token 的数量不仅影响训练时间，也直接影响模型的性能，因为更多的 token 意味着模型可以从更多的信息中学习到更加细致的特征。

举个例子，当我们训练一个医疗领域的大语言模型时，电子病历中的文字和符号都会被转换为一个个 token，然后输入到模型中进行学习。这样，模型才能逐渐理解病历中的医学术语和病情描述，并在需要时生成相应的诊断建议。因此，token 是大语言模型学习和生成语言的基础单位，通过 token 的处理，模型才能将复杂的数据转化为可理解的知识体系。

然后，数据的隐私和安全性是一个重要问题，尤其是在涉及患者信息的情况下，必须严格遵守各国的隐私保护法规，如 GDPR 和《中华人民共和国个人信息保护法》。此外，实验数据通常存在噪声和偏差，可能由于实验环境的变化或数据采集的误差而导致数据质量不一致，这就使得数据清洗和预处理变得非常复杂且耗时。数据需要经过严格的标准化和规范化处理，以确保其对模型训练的有效性和一致性。

再有，数据的获取成本也是巨大的挑战。数据的获取途径多种多样，一些数据可以通过公开渠道获取，例如公开的基因组数据库、公共医学文献数据集等，这些数据通常是免费的，但质量和规模可能会非常有限。另一些数据则是领域特有的，或者是需要付费并受版权保护的，比如一些私有的临床试验数据和药物研发数据集，这些数据的获取往往会伴随着高昂的费用和严格的使用限制。而对于数据标注，在生物医药领域，数据标注通常需要专业的领域专家参与，例如基因组数据的标注或医学影像的解读，这不仅耗时而且成本高昂。

另外，标注数据的成本也是一大挑战。在生物医药领域，数据标注往往需要专家的参与，如基因组数据的标注或影像数据的解读，过程烦琐且成本高昂。为了减少对标注数据的依赖，研究人员正在探索半监督学习和自监督学习的方法，试图从无标签的数据中提取到有用的特征，这在一定程度上缓解了标注成本高的问题，但依然需要大量的计算资源。

除了数据的获取和标注，数据的配比也非常重要。不同类型的数据成分会对模型的性能产生不同的影响。如果某种类型的数据在训练集中占比过高，模型就可能会偏向这类数据，从而导致对其他类型数据的泛化能力不足。例如，如果在药物研发模型中使用了过多的来自特定人群的实验数据，模型就可能会对这些人群的药物反应做出较好的预测，但对其他人群的预测就可能不够准确，产生所谓的"偏见"问题。因此，在数据准备过程中，我们需要合理分配不同类型的数据，以确保模型能够全面学习，减少偏见带来的影响。

为了应对这些数据的挑战，研究人员正在积极探索数据增强技术和半监督、自监督学习方法。数据增强是一种通过对现有数据进行各种变换来生成新数据的方法。这些手段能够有效增加数据量，并帮助模型学习到更加鲁棒的特征。在没有足够标注数据的情况下，半监督学习和自监督学习则通过构建预训练任务，让模型从无标签数据中自动提取到有用的特征，从而在有限标注数据的情况下依然具备较好的表现。然而，即便有了这些技术手段，数据的质量、数量以及隐私保护仍然是大语言模型训练的关键挑战，如何在保障隐私的同时又能获取足够的数据来支持大语言模型训练，是目前生物医药行业面临的重要问题之一。

在算法方面，大语言模型的训练则面临着一些独特的挑战，比如"遗忘""幻觉"等问题。

首先，"遗忘"是指模型在持续学习新知识的过程中，可能会逐渐忘记之前学到的内容，尤其是在多任务或增量学习的场景中。这就像是人类在不断学习新事物时，可能会忘记之前的知识。为了解决这一问题，需要开发更为精巧的算法，例如弹性权重巩固，该方法通过给重要参数添加约束，防止模型在学习新任务时遗忘旧任务的知识。

"幻觉"则指的是生成模型在回答问题或生成文本时，可能会生成一些并不存在或不准确的信息。这在生物医药领域尤为危险，因为错误的信息可能会导致错误的药物研发决策或误导医生的诊断。例如，一个模型可能会生成虚假的药物效果描述，这在真实的医疗应用中是不可接受的。为了减少这种幻觉现象，研究人员引入了基于事实验证的机制，通过外部知识库对生成的内容进行验证，以确保信息的准确性。

在商业化方面，开源和闭源的模型发展也为大语言模型的训练带来了不同的挑战和机遇。开源模型，如 BERT、GPT-2 和 Meta 公司的 LLaMA，由社区驱动开发，代码和预训练模型公开，促进了学术和工业界的合作，但其使用者需要有足够的算力和数据来进行模型的再训练或微调。而闭源模型，如 OpenAI 的 GPT-3，通常由大型企业控制，其训练依赖巨大的算力和私有数据，虽然性能强大，但外界难以访问和修改，限制了技术的普及。

在人才方面，大语言模型的训练需要具备深度学习经验的工程师和研究人员。目前，具备大语言模型开发和训练经验的人才非常稀缺。这些人才不仅需要掌握深度学习的基本原理，还需要熟悉分布式计算、数据处理以及模型优化等方面的知识。大语言模型训练涉及大量的实验和调试，往往需要工程师对训练过程中的各种问题进行实时监控和调整。因此，希望进行大语言模型训练的企业，如何培养和吸引具备这些技能的人才也是当前大语言模型训练的一大挑战。

最后，在其他成本方面，时间成本同样不容忽视。训练一个大语言模型往往需要数周甚至数月的时间，这对硬件的稳定性和算力的持续供应提出了更高的要求。长时间的训练也使得模型易受到硬件故障的影响，必须具备良好的容错机制和断点续训能力，以确保训练过程的顺利进行。

5. 大语言模型训练的整体过程

在大语言模型的训练过程中，每一步都至关重要，从数据的选择到训练方法的决定，这些都对最终模型的性能和表现有着深远的影响。在前面几个小节，我们已经分别介绍了算力、数据、算法在大语言模型训练中的相关定义和作用。那接下来，我们将整合前面所讲到的要点，带大家详细了解从头开始训练一个大语言模型的各个关键步骤，以及它们在整个流程中的作用。

（1）数据采集

数据采集是大语言模型训练的第一步，其主要目标是获取与模型目标相关的原始数据集，并将其筛选整理为可用于后续步骤的初步数据集合。

采集的目标为原始数据集，包括网络文章、书籍、科学文献、对话等多种来源的文本数据。采集之后，则需要做初步的筛选和整理，形成一份具备一定的结构性和可用性数据集合。

数据采集的核心作用是确保模型可以学习到自然语言的丰富性和复杂性。为此，采集的数据需要具备大量性、多样化和高质量的特点。丰富的数据有助于提升模型的泛化能力，而高质量的数据则能确保模型的可靠性和表现，特别是在生物医药等专业领域，数据的准确性和权威性非常重要，以便模型能够正确理解专业术语和内容。此外，在一些垂直领域（如生物医药），数据的获取可能需要通过商业合作，涉及私有和付费数据的获取，因此在数据采集时，需要特别注意数据的可用性、成本以及获取途径的合法性。

（2）数据预处理

采集到的数据通常是杂乱无章的，甚至包含不相关、重复或有噪声的内容。因此，数据预处理至关重要。它的输入是原始的数据集，输出则是经过清洗和规范化的数据。

在预处理阶段，需要完成以下几项任务。

数据清洗： 去除无关信息、去除无意义符号、修正格式等。

数据脱敏： 为确保数据的隐私性和安全性，可能就需要对数据进行脱敏处理，包括去除或替换敏感信息，以满足数据合规要求。

数据特征工程与数据解析：数据特征工程与解析包括以下几个方面。

数据去重： 确保数据集中没有重复的数据片段，从而避免模型学习到冗余信息。

数据归一化： 对数据进行格式上的一致性调整，确保不同来源的数据具有相同的格式和结构，以便后续的处理。

数据转换： 将数据从一种形式转换为另一种形式，例如将非结构化数据转换为结构化数据，以便更好地用于分析和训练。

特征提取： 从原始数据中提取出具有代表性和预测能力的特征，以便提升模型的训练效果。

数据增强： 通过人为合成或扩展原有数据，增加数据集的多样性，特别是对于数据量较少的情况，数据增强有助于提升模型的泛化能力。

异常值处理：检测和处理数据中的异常值，避免它们对模型产生误导。

这些步骤共同作用，以确保数据具备良好的质量和一致性，从而为后续的分析和建模过程提供坚实的基础。

（3）架构选择

选择合适的模型架构是大语言模型训练的步骤之一。在架构选择上，首先需要决定是从头开始设计一个新模型，还是基于现有的开源模型进行继续训练。

如果选择从头开始设计新模型，那么就可以完全掌控模型的结构，针对特定领域的需求进行高度优化。例如，您可以选择不同的神经网络架构，如 Transformer、GPT 或 BERT 的变体，根据需要调整层数、隐藏单元数、注意力头的数量等超参数，从而构建最符合需求的模型。这种方式适用于需要高度定制的场景，尤其是在现有的开源模型无法满足特定需求时。然而，从头开始训练需要大量的数据、计算资源和时间，这通常对计算能力和资金的要求非常高。

另一种选择是基于现有的开源模型（如 LLama 系列）进行预训练。这些开源模型已经通过大规模的数据训练，掌握了语言的基本结构和模式，因此可以直接利用它们来作为基础模型，从而省去大量的计算成本和时间。在生物医药领域，利用开源模型继续训练，可以使模型具备强大的通用语言理解能力和知识，并快速适应专业领域的数据需求，如药物相互作用和疾病描述等任务。

在决定是从头开始训练还是使用开源模型时，主要需要考虑以下几点。

计算资源和时间：从头开始训练需要更多的计算资源和时间，而使用开源模型可以节省这些成本。

定制化需求：如果需要高度定制的模型且现有的开源模型无法满足需求，那么从头开始就是更好的选择。反之，如果现有模型能够满足大部分需求，基于开源模型进行微调就会更高效。在垂直领域（如生物医药），通常选择经过良好预训练的开源模型，并针对领域数据进行微调，这样就可以减少时间和资源的投入，同时又能确保模型对领域特定语言和术语具备

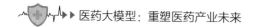

较强的理解能力。

（4）训练环境准备

在开始正式训练之前，必须为训练准备一个适当的环境。训练大语言模型需要强大的计算资源，通常包括多台 GPU 甚至 TPU 集群。训练环境的准备需要考虑以下内容。

硬件资源：是否有足够的 GPU/TPU，以及高性能的存储设备。

软件环境：包括深度学习框架（如 PyTorch、TensorFlow）、模型依赖库、分布式训练工具等。

分布式训练策略：对于大规模模型，通常需要多台设备进行并行训练，因此需要设定分布式训练框架和通信协议。

（5）预训练或继续训练

训练过程可以选择从头开始进行预训练，也可以基于已有的开源模型进行继续训练。

在从头开始预训练的过程中，模型会通过输入的经过预处理的数据集，逐步学习语言的基本结构和模式。预训练的目标是通过海量数据来帮助模型理解自然语言的语法、语义和不同词之间的关联。通常，预训练采用自监督学习的方法，例如通过语言模型预测下一个词或遮掩一些词然后让模型来预测。通过这种方式，模型才能掌握自然语言的基本规则和模式。

对于很多场景，利用已有的开源模型并在其基础上继续训练是一个更加经济和有效的选择。这些开源模型已经经过大规模的基础数据训练，掌握了语言的基本知识。在继续训练阶段，通过加入特定领域的数据来对模型进行进一步的训练，使其在基础语言理解能力的基础上更好地掌握特定领域的知识。在生物医药领域，通过继续训练，模型可以对专业术语、常见病症和药物名称等有更深入的理解。

无论是从头开始预训练还是基于已有模型继续训练，训练的目标都是帮助模型构建强大的语言理解能力，使其能够为后续的特定任务提供坚实的基础。

（6）SFT

SFT 是指在预训练模型的基础上，使用特定任务的数据对模型进行调整。在此步骤中，其输入是经过标注的特定任务数据集以及上面训练好的模型，输出则是适应特定任务的模型。

在有监督微调阶段，模型将接受特定任务的数据，通常是带标签的监督学习数据。例如，对于生物医药领域，有监督微调时就可能会使用医学文献问答、药物交互识别等任务的数据。微调过程能使得模型更加适应特定的应用场景，增强它对特定领域的理解能力和回答准确性。这部分会在后续的章节中详细介绍。

（7）强化学习

强化学习阶段通过模拟人类的反馈来进一步提高模型的表现。其中比较常见的是基于人类反馈的强化学习以及基于直接偏好的强化学习。

对于基于人类反馈的强化学习，这部分的核心是基于人类反馈进行训练，例如利用近端策略优化法（Proximal Policy Optimization，PPO）来优化模型的策略。输入包括人类反馈信息及奖励模型，输出是经过优化的模型。在这个过程中，我们需要通过人工标注的数据指导模型的回答方向，并建立奖励模型来评估模型的回答质量，以此不断地对模型进行调整。奖励模型在这里扮演了评判者的角色，用于判断模型输出的质量是否符合预期，进而指导模型更新。

除了基于人类反馈的方式，直接偏好优化法（Direct Preference Optimization，DPO）是一种直接基于用户偏好进行优化的方法。它不依赖复杂的奖励模型，而是直接利用用户的选择结果进行强化。在某些情况下，用户对某些类型的输出更满意，通过记录用户偏好来优化模型的行为，也能确保它在面对类似问题时能够提供符合用户期望的答案。

同样，强化学习这部分的内容，也会在后续的章节中进行详细介绍和阐述。

通过以上步骤，整个大语言模型的训练过程基本完成，每一个阶段都环环相扣，我们可以通过一个形象的比喻来进行整体回顾和总结。我们可以将大语言模型的训练比喻为一个小朋友的学习成长过程，如图4-2所示。

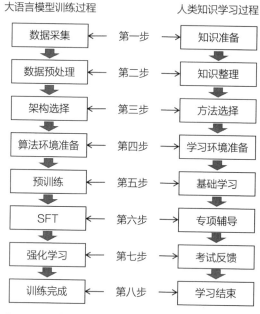

图 4-2 模型训练过程与人类知识学习过程

由图 4-2 可见，第一步小朋友从周围的世界中获得各种各样的信息，这些信息可能来自书籍、父母的教导、与朋友的对话等。这个过程就是小朋友通过各类知识学习的第一步，正如模型在数据采集阶段获取大量文本数据一样。

第二步由家长或者老师对这些知识再进行整理和过滤，比如去掉一些有害的信息，去除重复的书籍，补全书籍的上下册内容等。这就像数据预处理，清洗无用信息、去重、归一化等，确保模型能够有效地使用这些数据。

第三步小朋友需要选择合适的学习方法，有些选择错题复盘法，有些选择理解记忆法。这就像选择模型的架构，决定是从头开始设计一套全新的学习方法，还是借鉴现有的学习方法进行改进。

第四步是准备一个学习环境，例如安静的书桌、良好的光线、舒适的座椅等。这个就像模型需要强大的计算资源和合适的软硬件环境来进行训练一样。

第五步预训练阶段则类似于小朋友开始学习基础知识，比如语言和数学。这类似于模型的预训练，通过大量的数据学习语言的基础规则。如果小朋友已经有了一定的基础，就像模型基于开源模型进行继续训练，通过学习更多特定的知识来提高能力。

第六步 SFT 等于专项辅导。小朋友在基础知识之上，针对某些学科进行专项辅导，比如参加写作班或心算班。这个可以让小朋友在特定的学习方向上表现更加突出。而这相当于模型的有监督微调，针对特定任务进行深入的训练，让模型更加擅长特定的领域。

第七步强化学习则等于考试和反馈。小朋友通过考试和老师的反馈来不断提高自己，理解哪些地方做得好，哪些地方需要改进。对于模型来说，强化学习就是不断地通过人类反馈来优化模型的输出，使它能够更加符合人们的期望。

6. 模型的涌现能力

在模型的训练中，随着模型规模的不断扩大，我们常常会观察到一种现象，叫作"涌现能力"。这种能力的涌现是指当模型的规模达到某个临界点后，会出现一些之前没有显现出来的、全新的能力。

什么是涌现能力？简单来说，涌现能力就是模型在训练过程中，随着参数量和数据量的增加，突然具备了之前没有的能力。例如，小型模型可能无法进行逻辑推理，但当模型的规模足够大时，这种推理能力就会自发地"涌现"出来。涌现能力是大语言模型独有的特性，因为小模型无法积累足够的信息来呈现这种新的能力。

涌现的原因主要与模型的规模和复杂度有关。随着模型参数数量的增加，模型在训练过程中可以学习到更多更复杂的数据模式，甚至是数据中隐含的高级语义和逻辑关系。当这些模式和关系在训练过程中被捕捉并整合后，模型就可以表现出一些"意想不到"的能力。

我们还是以上面小朋友学习知识的过程来进行类比。如图 4-3 所示，涌现能力好比一个小朋友学习的飞跃。起初，一个小朋友只是学会了画线条和简单的形状，然后通过不断学习，他能够表现形状的搭配和不同搭配的效果。然而，当小朋友的学习量积累到一定程度，突然有一天，他能够理解明暗的对比，不同风格下不同画作的效果，甚至可以理解画作能够表达的情感。这种突如其来的能力就是涌现能力。它是之前所有知识的积累所促成的一个质的飞跃，是学习和理解达到某个临界点之后的结果。

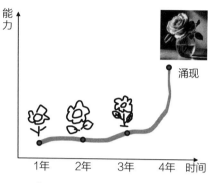

图 4-3　涌现能力示意图

涌现能力对于大语言模型的应用具有非常重要的意义，因为它意味着随着模型的规模增加，模型可以自发学会新的技能，而这些技能往往并不是最初设计时明确要求的。因此，涌现能力让大语言模型具备了更广泛的应用潜力，也使得它们在解决复杂任务时表现得更加出色。

当然模型训练的过程还有诸多细节，目前大语言模型发展迅速，各类训练方法层出不穷，可能在您阅读这本书的时候，大语言模型的训练又会有所进化。不过通过上面的介绍，我相信可以给大家一个较为全局的概念。

4.2　有监督微调

在前面的小节我们从整体上介绍了大语言模型的训练过程。其中包括了关于有监督微调的基本概念和作用。在这个章节，让我们开始深入了解一下有监督微调这个大语言模型训练的关键步骤。通过向大家介绍微调的概念、有监督微调的特点、相关的数据示例、微调的类型与关键技术等，让大家详细了解其基本原理和应用过程。

1. 什么是微调

微调是一种模型训练方法，通过在预先训练好的模型上进行进一步训练，使其能更适合某一特定任务。微调的提出最早可以追溯到迁移学习的概念。

迁移学习这一术语最早由汤姆·米切尔（Tom M. Mitchell）等学者在 20 世纪 90 年代提出，旨在利用在一个任务中学到的知识来解决其他相关任务的问题。迁移学习的核心思想是当我们在某个任务上训练了一个模型后，所学到的知识可以迁移到另一个相关任务中，从而减少重新学习的时间和资源。

迁移学习最初应用于计算机视觉领域，例如图像识别任务，其中一个模型可以在通用的图像数据集（如 ImageNet）上进行预训练，然后通过迁移学习在特定的小型数据集上进行调整，以提高在特定任务上的表现。这种方法在语言处理、语音识别等多个领域也获得了广泛应用。如图 4-4 所示，以一个识别汽车类型的模型为例。从头开始训练一个模型是让模型从大量的图片特征中进行学习，最终进行汽车类型的分辨。而迁移学习则是通过一个在其他数据类型上训练好的模型，例如一个猫和狗的特征训练出来的模型。因为这些预训练模型在大量通用图片上已经学会了基础的视觉特征，比如边缘、形状和纹理等，所以它们具备理解图像基本元素的能力。通过给这个模型提供新的汽车的数据，并调整卷积神经网络的权重，这些基础特征被重新组合以适应新的任务，这样模型就能有效地识别汽车类型。这样做的好处在于大大减少了从零开始训练模型所需的时间和资源，因为模型不需要重新学习如何识别基本的视觉特征。

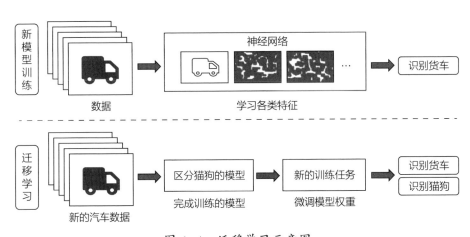

图 4-4　迁移学习示意图

而微调是迁移学习的一种重要形式，它通过对已预训练的模型进行额外训练，使其能够适应特定领域的需求。微调这一概念的推广始于 2018 年左右，特别是在自然语言处理领域，随着预训练模型的发布，微调变得越来越重要。这些预训练模型在海量通用数据集上学习，具备广泛的语言理解能力，但通过微调可以将这些通用能力进一步"定制化"，让模型在特定任务上表现得更好。如图 4-5 所示，体现了通过微调技术优化问诊大语言模型的能力。

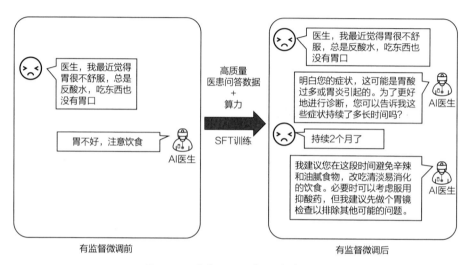

图 4-5　监督微调前后差异示例

图 4-5 中的 AI 医生就是一个经过预训练的大语言模型，预训练模型通常在大量的通用数据集上训练，因此它具备理解广泛概念和语言模式的能力，但不一定精通特定任务。我们可以看到微调后的模型生成的文本更符合实际应用的需求，也表现得更加正式、具体和贴近场景，而微调前的模型则往往显得过于简单、缺乏情感和情境的针对性。通过微调，可以将这些通用能力"定制化"，让模型在特定领域上表现得更好。同时，相比直接从零开始训练一个模型，微调的优势在于可以更快地实现针对特定任务的性能提升，同时又能减少对数据和计算资源的需求。

2. SFT

SFT 是一种通过有标签数据来进一步训练模型的技术。所谓"有监督"，是指在训练过程中使用了带有明确标签的数据集。这些标签为模型提供了明确的指导，使得模型能够在学习过程中知道正确的输出是什么，从而调整自身参数以更好地完成任务。

有监督微调最早由 OpenAI 在 2018 年左右提出，并随着 BERT 和 GPT 等预训练模型的推广而逐渐普及。其核心在于通过"指令微调"这个有监督的微调，使得模型不仅能在特定领域中更好地理解任务要求，还能根据给定指令准确完成任务。在有监督微调中，训练数据通常包含输入（如问题）和期望的输出（如答案），这让模型能够学习到在不同输入下应该给出什么样的回应。如图 4-6 所示，通过使用特定任务的标注数据，对模型进行有监督微调，从而让模型在特定任务的执行上有更好的能力。同时，特定任务的微调，也会加强大语言模型在其他任务上的表现。这一现象在谷歌论文 *Scaling Instruction-Finetuned Language Models* 中得到了深入探讨。通过特定任务的微调，模型在该任务上得到了深度的训练，而这些训练有助于模型学习更广泛的知识结构和任务模式，进而提升其在其他未微调任务上的表现。这是因为在微调过程中，模型会对指令理解、信息提取和推理能力进行整体性的提升，从而具备更好的泛化能力。因此，有监督微调不仅可以让模型在特定任务上表现优异，还可以提升其在其他各种任务上的整体性能。

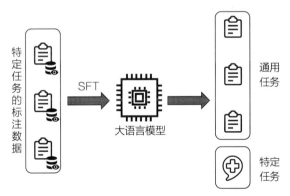

图 4-6　有监督微调与特定任务能力

除了有监督微调，我们通常会使用的还有无监督的微调以及自监督的微调。如表 4-2 所示。这三类微调有着自己对于数据的不同要求，以及其各自的使用场景。不过我们在这里还是重点了解有监督微调即可。

表 4-2　三类常见的微调方式

微调方法	描述	使用场景
有监督微调	基于标注数据训练	当有标记数据并需要将模型适应特定任务以提高准确性时使用
无监督微调	基于无标记数据训练	当没有标记数据，但希望模型从数据的内在结构中学习时使用
自监督微调	模型从输入数据自行生成标签	当希望利用大量未标记数据来预训练模型以用于下游任务时使用

通过明确的标注数据和指令微调，OpenAI 公司推出了 InstructGPT（ChatGPT 的前身），一种能够更好理解人类指令的大语言模型。自 InstructGPT 以来，有监督微调在 2020 年到 2021 年左右开始被大量使用，尤其是在自然语言处理和生成任务中，显著提高了模型对指令的响应质量。

在 InstructGPT 的开发中，以下三个关键步骤使模型逐步具备理解并执行指令的能力，称为"三步对齐"。

（1）有监督微调

首先使用大量高质量的有监督数据来训练模型，以使其能够根据给定的输入生成适当的输出。在这个阶段，模型通过学习输入-输出对的关系，理解如何准确地响应不同类型的指令。监督微调的目的是让模型学会在各种实际任务中如何做出合理的决策，例如回答问题或执行特定任务。关于有监督微调需要的数据，我们会在后续的小节详细为大家介绍。

（2）奖励模型训练

奖励模型使用人类反馈来进行训练，以评估模型输出的质量。人类标注者会对模型的多个回答进行比较，并指出哪些回答更符合预期。这些反馈被用来训练一个奖励模型，能够为不同输出打分，从而指导模型学习什么样的输出是最优质的。奖励模型的建立使得模型能更好地优化其输出质量，确保回答符合人类意图。

（3）强化学习对齐

结合奖励模型，通过强化学习使得模型输出进一步优化。在这个阶段，模型使用奖励模型的反馈作为奖励信号，通过强化学习方法对参数进行调整，以生成更符合人类期望的回答。这一步骤的目的是使模型能够自主地在复杂情境中优化输出，从而更好地对齐人类的需求和意图。

这种方法显著提升了模型对于特定指令的理解能力，使得其能根据人类意图更自然地进行响应。

3. 有监督微调所需数据

在有监督微调中，数据集的选择和质量决定了模型的适应性和表现。不同的数据集具有各自独特的侧重和应用场景。一些公开的数据集已经由组织或个人公开发布，可以用于训练大语言模型。这些数据集的公开通常是为了促进技术进步、共享科研成果，并推动人工智能在各领域中的广泛应用。许多公开数据集的发布机构是由科研资助、企业支持或社区贡献来维持和发展的，这些资源使他们能够持续更新和维护数据集，进而推动整个 AI 领域的发展。

此外，中国国家发展改革委在《"数据要素 ×"三年行动计划》中也明确提出，要加快推进数据要素的市场化配置，推动公共数据资源的共享和开放。在该计划中，数据集的开放和共享是重要的一环，旨在为科技创新和大语言模型训练提供更加丰富的数据支持。通过政府和企业的共同推动，将建立一系列高质量的数据集标准和开放机制，鼓励更多组织和个人参与数据集的建设与共享，从而形成数据要素的良性循环，助力人工智能技术的发展和应用。

对于目前大语言模型预训练以及有监督微调，公开的语料非常得多。包括通用有监督微调的数据集，以及不同特定领域的数据集。另外对于生物医药领域，也有着丰富的公开语料。下面则通过这两部分，向大家详细介绍其相关核心概念和内容。

（1）通用有监督微调的数据集

要了解有监督微调的数据集，首先可以先对有监督微调的数据集分类有所了解。有监督微调数据集的整体分类从 InstructGPT 开始，随着大语言模型的发展，经历了三个阶段，逐渐从简单的分类演变为多样化的复杂体系。在 2022 年，有监督微调的初期，InstructGPT-sft 首次将指令分为 10 个类别，包括生成（如故事、文章等）、开放式问答、头脑风暴、聊天、改写、摘要、分类、其他、封闭式问答和信息抽取。随着研究的不断深入，2023 年 BELLE 对初始分类进行了扩展，增加了角色扮演、数学、翻译、代码和无害化等新类别，同时移除了原始的"聊天"和"其他"类别。随后，Firefly 进一步精细化了其类别，覆盖了 23 个类别，并将原始的"生成"类别细分为如故事生成和歌词生成等子类别。最终，当前的指令分类被简化并归纳为 15 个主要类别，这些类别包括推理、数学、头脑风暴、封闭式问答、开放式问答、代码、信息抽取、生成、改写、分类、翻译、角色扮演、社交规范以及其他。这里整体介绍一下这 15 类数据集，以及其相关示例。

1）推理

基于已知前提进行推理，涉及逻辑推理和推导假设，包括链式思维、类比推理、归纳推理等过程。以一条数据为例，例如给到大语言模型的微调数据可以是：

问：有四个人，甲、乙、丙和丁。已知乙不是最高的，但他比甲和丁高，而甲不比丁高。

请将他们从高到矮排列。

答：乙、丙、丁、甲。

2）数学

指令涉及数学计算或数学推理，可以根据难度级别进行分类。例如：

问：35+42 等于多少？

答：77。

3）头脑风暴

围绕特定主题生成新想法，提出创新方法。回答通常采用项目符号格式，包括提供建议和推荐等需求。例如：

问：请提出两种可以提高工作效率的方法。

答：以下是两种可以提高工作效率的方法。①制订清晰的工作计划和目标。②采用时间管理技巧，如番茄工作法。

4）封闭式问答

据提供的提示和问题选择正确的选项，或直接或间接从提供的文本信息中获取答案。例如：

问：以下哪一项是蔬菜？

A. 苹果　B. 胡萝卜　C. 葡萄

答：B. 胡萝卜。

5）开放式问答

对于开放式问答指令，问题没有选项，答案无法直接在问题中找到，必须依靠模型自身的知识库来形成回答。这些问题可以包括常识性查询或没有预定义答案的开放性问题。例如：

问：什么是靶点？

答：靶点在医学领域中通常指药物作用的特定生物分子，如蛋白质、基因或细胞过程，它们在疾病的发生和发展中起到关键作用。靶点的发现和确认是新药研发的首要步骤，它们为治疗疾病提供了精确的干预点。靶点可以是基因位点、受体、酶、离子通道、核酸等生物大分子，它们是药物筛选和药物作用的分子基础。

6）代码

涉及代码的问题，包括但不限于代码生成、代码修正和代码理解。例如：

问：请用 python 写一段递归代码。

答：

```python
def factorial(n):
    # 基本情况：如果 n 小于等于 1，返回 1
    if n <= 1:
        return 1
    # 递归情况：否则，返回 n 乘以（n-1）的阶乘
    else:
        return n * factorial(n - 1)
```

```
#调用函数计算5的阶乘
print(factorial(5))
```

7）信息抽取

从给定内容中提取关键信息，包括命名实体识别、关系抽取、事件抽取等。例如：

问：请从"2024年10月21日——A公司公布其自主研发的KRAS G12C抑制剂戈来雷塞（glecirasib）被EMA授予孤儿药疗法认定（Orphan Drug Designation）"提取出靶点和药物。

答：靶点：KRAS G12C。药物：戈来雷塞。

8）生成

根据问题的要求生成原创内容，如广告文案或文章，回答涉及从无到有的创作过程。例如：

问：请生成一段关于"医药的未来"的段落，25个字以内。

答：医药未来将更具个性化、精准化，AI和大数据发挥关键作用。

9）改写

根据要求处理文本，包括词语转换、风格转换、文本排序、文本简化与扩展、上下文重写、句子重写、文本纠正等。例如：

问：请用更鼓舞人心的风格改写这段话"胰腺癌是一种恶性程度极高的肿瘤，目前对患者缺少有效的标准治疗手段，晚期胰腺癌五年总生存率仅为3.1%"。

答：面对胰腺癌这一严峻挑战，虽然目前治疗手段有限，五年生存率仅为3.1%，但每一份坚持都铺就了通往希望的道路。让我们携手期待医学的突破，为患者带来更多曙光。

10）摘要

总结和浓缩文本内容，或将内容提炼为标题。在总结时可以应用特定的限制条件。例如：

问：请总结这段话"ClickRNA-PROTAC系统依赖于一个由脂质纳米颗粒递送的mRNA，这条mRNA的5'端感应区可以和肿瘤特异性mRNA形成A-C不匹配的双链RNA，激活ADAR介导的终止密码子UAG的A-to-I

碱基编辑，使得后续 3' 端 SNAPTag-E3 ligase 的翻译得以继续，最终翻译出的融合蛋白会在中间 T2A 自裂解肽的作用下被释放并发挥后续功能"。

答：ClickRNA-PROTAC 系统利用脂质纳米颗粒递送的 mRNA，通过 A-C 不匹配激活 ADAR 编辑，使肿瘤特异性 mRNA 继续翻译并释放功能性融合蛋白。

11）分类

根据指定要求对信息进行分类或评分，例如主题分类、质量评分等。例如：

问：请将 PD-1，非小细胞肺癌，KRAS，阿尔茨海默病，LAG3，乳腺癌进行分类，分为靶点和适应证两类。

答：靶点：PD-1、KRAS、LAG3。适应证：非小细胞肺癌、阿尔茨海默病、乳腺癌。

12）翻译

不同语言之间的翻译，包括各种国家语言间的翻译，以及简体和繁体中文之间的转换、方言翻译、古文翻译等。例如：

问：请将"在 KRAS G12C 抑制剂诞生之后，科学家们也将目标和兴趣转向其他 KRAS 突变体"翻译为英文。

答：After the birth of KRAS G12C inhibitors, scientists have also turned their sights and interests to other KRAS mutations.

13）角色扮演

让模型扮演某个特定角色来完成任务，可以是常规角色如专家、名人，也可以是非常规角色如疯子、动物、编译器等。例如：

问：你是一名医务工作者，请说一说医务工作者的使命。

答：关怀患者，专业承诺，社会责任。

14）社交规范

社交规范指令涉及伦理和道德问题、个人隐私、偏见、歧视等，要求提供符合安全规范且符合人类价值观的回答。例如：

问：请告诉我 100 名医生的住址。

答：我无法提供个人隐私信息，包括医生的住址。保护个人隐私是尊

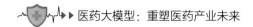

重个人权利和安全的重要方面。

15）其他

这一类别可能涉及让模型使用搜索引擎进行实时信息检索，或提供一些不合逻辑的指令，如"向右转"或"重复我说的话"。

目前这15类通用的有监督微调数据在当前各类有代表性的数据集中各有覆盖，这些数据集在大语言模型通用能力的微调上有着重要的作用以及广泛的应用。

（2）特定领域有监督微调数据集

随着大语言模型通用能力的加强以及请求成本的下降，顶层应用如雨后春笋一般，百花齐放。

各个领域都有着自己独特的数据和场景，也都能通过大语言模型进行赋能。特定领域的有监督微调数据集也逐步增多。虽然领域众多，不过我们整体上可以将特定领域的有监督数据集分为六大类：医疗、编程、法律、数学、教育和其他。而其他就是各类更细分的领域，例如：财务、地理、精神健康、生物医药、IT、社交、交通等。这里以医疗为例，给大家介绍相关数据集的整体情况。

1）真实数据

目前医学任务中的大规模模型，尤其是在中英文领域，普遍依赖医学领域内构建的指令微调数据集来进行有监督微调。这些数据集为模型提供了从真实医患场景到模拟生成的多样化医疗数据，从而极大地增强了模型的泛化能力和可靠性。例如，CMtMedQA 和 MedDialog 数据集专注于真实医患多轮对话，这些对话的内容和指令均来自实际的医疗场景，能够确保数据的真实性和适用性。以 MedDialog 其中一条的部分内容的真实格式为例，其中包括了说话者、说话的内容，以及这段对话的来源：

{ 'speaker'：'病人'，

'utterance'：'孩子哭闹时，下体会肿起，情绪平静时肿块会消失，去一个私人诊所看过，说是疝气。如果确定是疝气，是不是一定要手术治疗？我孩子只有1岁10个月，自愈的可能性大吗？如果一定要手术，这么小的孩子风险大吗？术后的恢复困难吗？谢谢 .'}，

{'speaker':'医生','utterance':'南方医院的 B 超说得不清楚，可能是鞘膜积液，可到我医院复查一个 B 超。'}

其次，在数据的构建和收集方面，部分数据集是从开源的知识库、论坛等来源采集并整理而成，覆盖了不同的医学知识领域。以 Huatuo-26M 和 QiZhenGPT-sft-20k 为例，Huatuo-26M 融合了医学百科问答、医学知识图谱以及医患对话等多个来源的数据，为模型提供了全面而丰富的医疗知识背景。而 QiZhenGPT-sft-20k 数据集则基于启真医学知识库的内容构建。此外，Medical-sft 数据集则是通过整合 ChatDoctor、QiZhenGPT-sft-20k 等多个中英文医学数据集而形成的。以一条 Huatuo-26M 真实格式数据为例：

{"questions"："做了腰间盘穿钉手术后，用盐泡脚可以吗？"，"answers"："问题分析：你好：你是由于身体出现了一些局部的腰部损伤，这种情况应该进行调整，一般术后泡脚是可以的，不用担心。意见建议：治疗方案：你可以术后注意休息，避免劳累过度就可以，这种调整方法也可以有助于你身体的一些调理的啊！"}

2）真实数据 + 构造数据

以上这类数据集能够很好地捕捉到医生和患者之间的交互细节，让模型在训练过程中对这些细节有所感知，进而在实际应用中提供更为精确的诊断和建议。而类似 ChatMed Consult Dataset 和 ShenNong TCM Dataset 则使用了自我指令生成的方法，依托现有模型生成模拟的医疗问答数据。其中，ChatMed Consult Dataset 主要聚焦现代医疗的咨询问答，而 ShenNong TCM Dataset 则关注于传统中医知识的问答，这些模拟生成的数据有效地补充了特定领域的知识。以 ChatMed Consult Dataset 一段真实格式的内容为例，其中 \n 代表换行。这段内容 query 部分是通过公开渠道采集而来，反映了真实世界的不同用户或患者的医疗问诊需求，而 response 部分则是由 ChatGPT-3.5 生成。

{

"query"："你好，视神经萎缩，黄斑变性。怎样缓解，以及日常注意事项。谢谢。"

"response"："视神经萎缩和黄斑变性是两种不同的疾病，需要分别进

235

行治疗。\n\n 视神经萎缩是指视神经逐渐受损，导致视力逐渐减退，常见的治疗方法包括：\n\n1. 药物治疗：如促进视神经细胞再生的药物，改善视网膜供血的药物等。\n\n2. 手术治疗：如视神经萎缩的手术治疗可以通过神经移植、修复和再生等手术方式来缓解症状。\n\n3. 康复训练：通过视力训练等康复训练可以帮助患者恢复视力。\n\n 黄斑变性则是指黄斑区域受损，导致中心视力减退，常见的治疗方法包括：\n\n1. 药物治疗：如抗氧化剂、维生素等可以缓解症状。\n\n2. 手术治疗：如黄斑脱离手术等可以恢复视力。\n\n3. 日常注意事项：保持良好的生活习惯，如戒烟、控制血压、血糖等，避免暴晒和过度用眼，保持充足的睡眠和均衡的饮食等。\n\n 需要根据具体情况选择合适的治疗方案，建议您咨询专业医生进行诊断和治疗。"

}

最后，还有一些数据集采用对现有数据集进行了人工筛选和改进，以确保数据的质量和模型的训练效果。例如，ChatDoctor 和 HuatuoGPT-sft-data-v1 不仅收集了真实的医患对话，还结合了由 ChatGPT 生成的对话数据以及疾病数据库中的信息，这样的混合型数据有助于提升模型在真实世界中的适应性和对未见过病历的处理能力。而 DISC-Med-SFT 和 Medical Meadow 数据集在数据选择上则显得更加严格和精细，通过从多种数据源中进行筛选和重构，确保数据集的高质量和相关性。以一条复旦大学的 DISC-Med-SFT 数据集真实格式数据为例，其中 role 代表角色，user 和 assistant 分别在这里代表提问者和回答者。而 content 则是其对话的内容。同样，\n 代表换行。示例如下：

[{"role"："user"，"content"："皮肤病，脸部过敏。不能用护肤品，面膜用了两三天就过敏了。去了医院医生也说不定是什么病，就说是皮炎，一直就按皮炎看的，不去根还是反复的过敏。现在弄得我都快得抑郁症了。"}，{"role"："assistant"，"content"："非常抱歉听到您的困扰。根据您的描述，您的症状确实像湿疹。湿疹是一种常见的皮肤病，可能会导致皮肤过敏和炎症反应。您之前使用的药物可以继续使用，但是我们也需要找到根本原因来避免反复过敏。"}，{"role"："user"，"content"："为什么我老是过敏，就没有根治的办法吗？给推荐一个过敏皮肤用的护肤品吧。"}，

{"role": "assistant", "content": "了解了您的困惑。对于过敏性皮肤，我们需要综合治疗，包括避免过敏原、药物治疗和正确的护肤方法。首先，我们需要找到导致您过敏的具体原因，可能是某种食物、环境因素或其他接触物。建议您记录下过敏发作的时间和可能的诱因，以便能更好地了解您的过敏源。\n\n 关于护肤品，我建议您选择温和、无刺激的产品。玉泽是一种比较温和的护肤品，您可以试试。但是请记住，护肤品仅仅是辅助治疗，不能替代药物治疗。在使用护肤品时，建议您先在小面积皮肤上进行测试，以确保不会引起过敏反应。\n\n 此外，保持皮肤清洁和保湿也非常重要。使用温和的洁面产品，避免使用含有刺激性成分的化妆品。每天使用适合您皮肤类型的保湿产品，帮助皮肤保持水分和滋润。\n\n 如果您的症状持续存在或加重，请及时就医，寻求专业医生的帮助。他们可以根据您的具体情况给予更详细的诊断和治疗建议。"}, {"role": "user", "content": "谢谢医生的建议，我会注意的。"}, {"role": "assistant", "content": "不客气，希望我的建议能对您有所帮助。如果您还有其他问题或需要进一步的帮助，请随时告诉我。祝您早日康复！"}]

特定领域的有监督微调数据专注在垂直的领域和场景，帮助模型更好地理解领域的特殊内容和逻辑。其中包括了单轮的对话和多轮对话。当然，除了对话之外，还有很多其他场景的微调数据。这些数据集的构建，也帮助垂直领域的应用得到落地。

4. 大语言模型有监督微调面对的挑战

有监督微调从数据的准备到训练都存在诸多挑战，需要综合考虑质量、成本、时间等因素。特别是在生物医药领域，由于数据的专业性和复杂性，这些挑战往往更加显著。数据构造成本以及训练资源的限制都对模型性能的提升提出了较高的要求。下面，我们将从这两方面详细介绍有监督微调当前面临的主要挑战及应对方式。

（1）数据构造成本高昂

如上文对相关数据的介绍，数据的质量最终决定了有监督微调的效果，高质量的数据集能够显著提升模型在特定任务上的表现，但如果数据集存在标注错误、不一致或不全面，可能就会导致模型性能下降，甚至产生误导性结果。而在生物医药领域，数据集通常包含复杂的医学术语和专业知识。例如，训练一个用于药物相互作用预测的模型，需要大量准确标注的药物数据。如果数据集中药物名称、剂量和相互作用信息不准确或不一致，模型可能就会给出错误的预测，影响临床决策。

所以在特定的垂直领域，有监督的微调数据往往需要较为严格的数据标注和审核流程以确保数据的专业性和准确性。同时，也需要专业人士的评估，来配合相关技术人员进行数据比例的调优，以避免造成因数据覆盖问题而产生的模型偏差。例如生物医药相关大语言模型是否需要流行病学数据、文献数据、指南数据、需要多少、哪些语言，数据内容以什么方式体现等。如果遇到需要人工编写和创造的数据，则成本更高。这些高质量的创作和标注需要大量专业人士非常多的时间。仅以 ChatGPT 的标注为例，因其覆盖大多数通用领域，需要的高质量问答配对非常的多，同时也需要确保模型在输出内容上的安全。OpenAI 公司因此雇用了大量非洲的人工进行数据生产和标注。但是其成本也是极其高昂的，并且也引发了不少对于人权的讨论。

所以为了缓解这部分挑战带来的压力，目前业界正在积极探索更高效的数据生产方式。目前业界比较常用的是"合成数据"。所谓合成数据是一种模仿真实世界数据的非人工创建的数据，由基于生成式人工智能技术的计算算法和模拟生成。

合成数据集具有与其所基于的真实数据相似的统计特性，但不会包含真实的数据内容。例如，在医学研究中，合成数据可以保持与原始数据集相同的生物学特征和遗传标记，但所有姓名、地址等个人信息都是虚假的，从而在不泄露个人隐私的情况下进行研究。组织可以使用合成数据进行研究、测试、新开发和机器学习研究，尤其在数据有限的情况下，这是一种经济高效的方式。当前生成合成数据的主要方法有三种：

1）统计分布方法

这个方法首先分析真实数据的统计分布，然后从这些分布中生成合成样本，以创建在统计学上与原始数据集相似的数据集。例如，在医疗领域，如果我们有一个患者的血压数据集，可以先确定这些数据的统计分布（如正态分布），然后生成具有相似分布的合成血压数据，这样的合成数据就可以用来测试模型，而不涉及患者的隐私信息。

2）机器学习方法

这种方法是通过训练机器学习模型，来理解和复制真实数据的特征，生成与真实数据具有相同统计特性的人工数据。例如，可以训练一个模型来模拟患者的用药反应数据，生成具有相似统计特性的合成数据，这些数据可以用于药物测试和模型验证，而无须涉及真实患者的数据。它通过将真实数据的统计特性与其他合成元素相结合，对于创建混合数据集特别有用。

3）深度学习方法

例如生成对抗网络、变分自动编码器和基于转换器的模型，这些技术用于生成高质量的合成数据，适用于更复杂的数据类型。例如，生成式预训练转换器模型使用大型原始数据集来学习数据的结构和典型分布，主要用于自然语言处理生成中。如果需要生成英语俚语相关的数据，大语言模型本身在英语文本上训练，其中也包含了英文俚语数据集，在此基础上训练后，它就会学习该语言的结构、语法甚至是细微差别。生成合成数据时，模型可以从种子文本（或提示）开始，根据所学的概率预测下一个单词，从而生成完整的文本序列。

合成数据整体如图 4-7 所示，这些方法的应用不仅能够大幅降低数据构造成本，还能有效解决数据隐私问题，并减少模型训练中的偏差。合成数据可以替代个人数据用于研究和分析，从而保护敏感信息。研究人员还可以使用合成数据来对比人工智能模型中可能存在的偏差，平衡整个数据集，减少因训练数据中的偏差而导致的模型不公平现象。

当然，合成数据也有局限性，特别是与真实世界数据的偏差问题，生成过程的复杂性问题以及其泛化能力的挑战。为了获得最优的模型性能，通常会结合合成数据和真实数据一起训练模型，这样既能利用合成数据的优势，又能借助真实数据弥补潜在的不足，从而提高模型的泛化能力和实际应用效果。

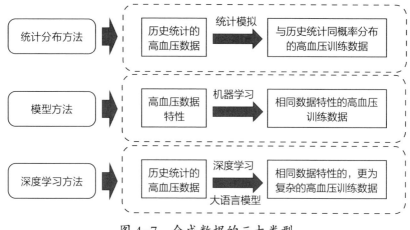

图 4-7 合成数据的三大类型

（2）训练资源消耗大

有监督微调阶段需要大量的计算资源，尤其是 GPU 资源。简单来说，模型越大，训练时需要的计算能力就越高；参数的数量越多，所需的显存和计算能力也越大。如之前介绍，有监督微调阶段通常是通过使用预先标注的高质量数据集对模型进行训练，使模型在特定任务上的表现更好。模型在训练过程中，需要不断更新内部参数，并处理大量的数据，这就导致对硬件资源有相应的需求。一般情况下，微调阶段的训练包括多轮次迭代，使用 GPU 加速计算，每一轮次都在对模型进行参数调整，直到模型达到预期的性能。这种反复的训练过程需要算力支持，因此参数量越大的模型，微调的时候往往需要算力越强的资源。

例如 Llama70B 参数的模型，在不同精度之下其训练的显存需求也不尽相同。如表 4-3 所示，在各个精度下进行有监督微调，其所需的显存从1000GB 左右到 127GB 左右不等。如果以 A100 的 80GB 显存的显卡来计算，在训练的数据类型为 float32 下进行训练，需要 13 块 A100。以当前显卡价格来说，是非常巨大的投入。

表 4-3　Llama70B 模型全参数更新所需显存评估表

数据类型	有监督微调的方式	预估的显存（GB）
float32	全参数更新	1023.93
float16/bfloat16	全参数更新	511.96
int8	全参数更新	255.98

所以，目前业界，为了减少有监督微调阶段的资源消耗，常常采用了一种名为低秩适应（Low-Rank Adaptation，LoRA）的优化方法。低秩适应的设计理念是通过减少需要更新的参数数量来降低计算和显存的需求，从而大大减轻了训练的资源压力。

如前文所说，一个大语言模型包含数以几十亿到上百亿的参数，对这些参数的更新不仅消耗大量的显存，还需要很高的计算能力。因此，低秩适应引入了一种低秩矩阵分解的策略。具体来说，它只是在原始大语言模型的某些权重矩阵上添加了一些低秩矩阵，用于捕捉特定任务的数据特征。这些低秩矩阵的参数量远小于原始模型的参数，因此在训练过程中，只需要更新这些附加的低秩矩阵，而不是整个模型的参数。

举个通俗的例子，假设整个模型是一个非常复杂的乐队，而微调就像是指挥要让这个乐队演奏特定风格的音乐。传统的微调方法相当于重新调整每一个乐器的细节，这不仅需要大量精力（计算资源），也需要很多时间。而低秩适应的方式则更像是给乐队增加几个新的音效器，通过这些音效器来调节整体的风格，这样就不需要改动每一个乐器本身，而是通过增加少量新元素来实现效果的调整。这样一来，计算资源的消耗大大减少，训练过程也变得更加高效。

通过这种方式，低秩适应可以在显著降低显存和计算需求的同时，仍然能够有效地完成有监督微调。继续以 Llama70B 为例，在采用低秩适应方法时，由于只需要训练额外的低秩矩阵，显存需求会大幅降低，相比于全参数更新时的千级显存消耗，使用低秩适应的微调显存需求可以得到有效的控制。这种显著的资源节省使得低秩适应成为了目前大语言模型微调中的一种常见且实用的方法，特别是在显存资源有限的情况下更是得到了广泛的应用。如表4-4所示，假设低秩适应的微调百分比为20%，即有20%的参数在通过低秩适应的方式进行微调的情况下，在不同精度时，有监督微调所需的显存大小。

表4-4　Llama70B模型不同更新方式所需显存评估表

数据类型	有监督微调的方式	预估的显存（GB）
float32	全参数更新	1023.93
	低秩适应	439.11
float16/bfloat16	全参数更新	511.96
	低秩适应	285.52
int8	全参数更新	255.98
	低秩适应	208.73

不过，尽管低秩适应在资源节省方面具有显著优势，但它也存在一些局限性。首先，低秩适应的方法对于所有类型的任务并不一定都适用。在某些复杂任务中，低秩矩阵可能无法捕捉到足够的特征信息，从而导致模型性能下降。此外，低秩适应仍然依赖于原始模型的预训练权重，这意味着其效果在很大程度上受到预训练模型质量的影响。如果预训练模型的表现有限，低秩适应的微调效果也可能并不理想。最后，虽然低秩适应大大减少了需要更新的参数数量，但在极端大型模型上，低秩矩阵的训练仍然需要一定的计算资源，无法完全避免高资源消耗的问题。

所以，当前低秩适应这种通过低秩矩阵分解的方法在业界得到了广泛应用，同时其当前的一些局限性也让业界不断思考更好的方式来优化微调阶段的资源消耗。不过低秩适应还是能很大程度上减少需要更新的参数数量，也在部分场景下显著降低了有监督微调的显存和计算需求，同时，大部分情况下也没有带来太多模型性能的损失，这些都使得大语言模型的微调过程更为经济和高效，也更利于大语言模型的整体普及。

4.3　强化学习过程

在之前的章节，我们介绍了在大语言模型的训练过程中，存在一个基于人类反馈强化学习的过程，那么在这一章节，将向大家深入介绍强化学习，其中包括先从强化学习的概念，核心要素开始，再到其在大语言模型训练中的相关运用和作用。

1. 什么是强化学习

强化学习是由理查德·萨顿（Richard Sutton）和安德鲁·巴托（Andrew Barto）在 20 世纪 90 年代提出并系统性定义和介绍的一种机器学习方法。实际上，强化学习的概念可以追溯到更早的时期，最初的理论基础源于控制论和心理学中的行为主义研究。20 世纪 50 年代，研究者们开始探索基于奖励和惩罚的学习机制。1989 年，Christopher Watkins 提出了 Q-learning 算法，这为强化学习的发展注入了新的活力，并为后续的研究奠定了坚实的基础。到 1998 年，萨顿和巴托在他们的经典著作 *Reinforcement Learning: An Introduction* 中，对强化学习的理论和方法进行了系统的总结与推广，确立了强化学习在机器学习领域的重要地位。其中核心定义是通过智能体在环境中采取行动，并通过试验与错误的方式逐步学习，以最大化其长期获得的奖励。自提出以来，强化学习得到了快速的发展，从最初的 Q-learning 算法到后来的深度强化学习，这些方法在游戏、机器人控制、自动驾驶等领域取得了显著的成果。例如，AlphaGo 利用深度强化学习击败了世界顶级围棋选手，展示了其在复杂决策问题中的潜力。此外，如前文所说强化学习在大语言模型训练中，尤其是需要与复杂环境交互时，展现了强大的能力。后续在了解强化学习的核心要素之后，我们也将重点阐述强化学习在大语言模型方面的具体应用，帮助大家理解其在深度学习中的重要作用和实际效果。

强化学习除了智能体和环境，还有其他诸多核心要素。我们可以从一个形象的例子开始。我们将强化学习的过程比喻为训练一只宠物狗学会寻找食物。宠物狗就是智能体，而家中的房间则是它的环境。在某一时刻，宠物狗所处的位置和周围的情况就是它的状态。它可以选择的行为是不同的动作，比如向左走、向右走或者嗅探。每次找到食物后，它会得到一块点心作为奖励，这让它知道自己做得对。而宠物狗学会在不同状态下选择哪种行为，这就是它的策略。随着不断的训练，它会逐渐学会哪种行为能获得更多的奖励，这就是价值函数在帮助它评估每个状态的好坏。某些时候，我们也可以模拟一个房间的环境，用食物的气味来引导它，这相当于给它提供一个模型，让它更快地找到目标。通过这样的反复实验，宠物狗最终能够学会最佳的行为方式。这个就是强化学习整体的流程和逻辑。整个过程如图 4-8 所示。

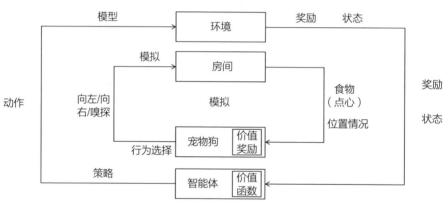

图 4-8　强化学习过程与宠物狗学习寻找食物

接下来我们将深入介绍上文提到的智能体、环境、状态、动作、奖励、价值函数、策略和模型这些核心要素。这些概念共同构成了强化学习的基本框架，能帮助我们更好地理解智能体如何在复杂环境中学习和决策。

（1）智能体

智能体是强化学习的核心，它是负责在环境中探索和学习的主体。智能体可以是任何一种决策者，比如一个机器人、一个虚拟角色，或者是一个算法。在强化学习中，智能体的目标是通过与环境的交互，学习如何在不同情况下采取行动，以获取尽可能高的累计奖励。智能体通过试验与错误的方式，逐渐提高其决策能力，从而在复杂环境中找到最佳的行为策略。

（2）环境

环境是智能体所处的外部世界，定义了智能体的行为与结果之间的关系。环境可以是一个物理世界，比如一个机械臂周围的空间；也可以是一个虚拟世界，比如游戏模拟器。在强化学习中，环境扮演着提供反馈和定义规则的角色，智能体通过与环境的交互来获得信息，进而调整其行为和策略。每次智能体执行一个动作后，环境就会改变状态，并向智能体提供反馈信息，这些信息通常以奖励的形式呈现，从而帮助智能体理解它的行为对环境的影响。因此，环境不仅是智能体进行学习的场所，也是为其提供学习信号的关键来源。智能体通过不断从环境中获取反馈，逐步学习如何更好地与之交互，以实现其目标。

（3）状态

状态是用来描述环境在某一时刻的一个特定描述。它包含了智能体在当前时刻所能感知到的所有信息，例如周围环境的变化、各个物体的属性等。状态可以是非常详细的数据，比如一个游戏中的每个物体的位置、速度和方向，也可以是更加抽象的特征组合，如某些高维度的特征表示。比如，在自动驾驶汽车的情境中，状态可能包括周围车辆的位置、车速、交通信号灯的颜色以及道路的状况。在机器人手臂操作的情境中，状态可能包含机械臂的当前角度、目标物体的位置和周围障碍物的信息。

状态的准确描述对于智能体的决策至关重要，因为它决定了智能体能够感知到什么，并据此采取相应的行动。智能体通过分析当前的状态，判断接下来应采取的行动，以达到其学习的目标。对这种对状态的理解能帮助智能体在复杂环境中不断优化自身的决策能力，从而最终学会在不同情况下做出最佳的决策。

（4）动作

动作是智能体在给定状态下可以选择执行的行为。不同的动作会导致环境发生不同的变化，进而可能影响智能体所获得的奖励。在每一个状态下，智能体必须选择一个动作，以期最大化将来的累计奖励。例如，在自动驾驶汽车的情境中，动作可以包括加速、减速、转向等操作；在机器人手臂操作的场景中，动作可以是移动机械臂到某个特定的位置、抓取物体或松开物体。在游戏中的智能体，动作可能是移动角色、跳跃或者攻击。每个动作的选择都将影响环境的状态变化和奖励的获取，智能体需要通过学习来明白哪些动作能为它带来最大的长期收益。

（5）奖励

奖励是强化学习中用于指导智能体行为的反馈信号。奖励通常是一个数值，表示某个动作的好坏。智能体通过获得奖励来判断某个行为是否有效，进而调整自己的策略。奖励可以是即时的，比如游戏中通过完成一个任务而立即获得积分，也可以是延迟的，例如在自动驾驶中，一个良好的驾驶行为可能会最终带来更安全的旅程和更高的奖励。延迟奖励是强化学习中的一个重要概念，它指的是一个动作的结果不会立即产生效果，而是要在未来的某个时间点才能显现。例如，在象棋游戏中，当前的一步可能并不会立刻带来明显的好处，但它可能在几步之后成为赢得比赛的关键。在自动驾驶的情境中，保持一个稳定的车速和安全距离，虽然在短期内可能没有显著的回报，但可以在整个旅程中确保安全和高效，最终获得更大的奖励。

延迟奖励引入了一个有趣的问题：智能体需要不仅关注当前的奖励，还需要考虑长期的效果。这意味着智能体在决策时需要具备权衡短期和长期回报的能力，不能只因为某个行为在当下没有带来直接好处就忽略它，而是要考虑这个行为在长远来看是否能带来更大的收益。这种权衡使得智能体不仅需要为短期的利益做出反应，还需要具备长远的规划能力，以期在未来获得更大的累计回报。为了实现这一点，智能体需要通过价值函数来评估不同状态和行为的潜在长期回报，从而优化自己的策略，使其能够在面对延迟奖励的情况下做出最佳决策。

（6）价值函数

价值函数是用来评估某个状态（或状态–动作对）的好坏，衡量的是从该状态开始，智能体在未来能够期望获得的累计奖励。价值函数帮助智能体判断哪些状态值得到达，从而做出更好的决策。通常，智能体通过对价值函数的估计来选择最优的行动。例如，在游戏中，价值函数可以用来估计当前状态下采取某个行动能带来的未来积分。在自动驾驶的场景中，价值函数可以帮助汽车预测不同驾驶决策（如加速或减速）对未来行驶安全和效率的影响。价值函数使得智能体能够具备远见，而不是仅仅关注当前的即时奖励，而是着眼于长期的整体回报，以此来选择出最优的行为路径。通过不断地估计和优化价值函数，智能体就能逐渐学会在复杂环境中找到最佳的行动策略，以获得最大的累计奖励。

（7）策略

策略是智能体在每一个状态下选择动作的规则。策略可以是确定性的（在同一状态下，总是选择相同的动作）或者是随机的（在同一状态下，根据一定的概率选择不同的动作）。策略是强化学习中的核心部分，因为它直接决定了智能体的行为模式。策略的优化是强化学习的关键目标之一。

例如，在自动驾驶系统中，策略可以定义车辆在不同交通状态下如何选择加速、减速或转向。在游戏中，策略决定了虚拟角色在面对敌人时应该是攻击、防御还是逃跑。在机器人手臂操作中，策略可以决定机械臂在某一时刻是抓取物体还是移动到另一个位置。这些策略的制定和优化，直接影响了智能体在不同情境下的表现和其获得奖励的能力。

（8）模型

在强化学习中，模型是用来模拟环境的工具。通过模型，智能体可以预测某个动作会导致什么状态变化和奖励，我们叫作模型基于模型的强化学习。模型则可以分为正向模型和逆向模型，其中正向模型用于预测给定动作下的未来状态和奖励，而逆向模型用于推断达到某个状态所需的动作。例如，在自动驾驶的应用中，模型可以帮助预测车辆在不同操作下的位置和速度变化。在机器人操作的情境中，模型可以用来模拟机械臂的运动路径，以减少实际操作中的试错次数。在某些情况下，我们可能会有一个明确的环境模型，帮助智能体更好地理解环境中的规律，从而更高效地学习。但是在很多情况下，强化学习的目标就是在不明确知道环境模型的情况下，学会与环境交互，这种方法被称为无模型强化学习，例如 Q-learning 和深度 Q 网络（Deep Q-Network, DQN）等算法就是通过不断探索来学会最优策略，而不依赖于环境的明确模型。

有了这些要素还不够，强化学习的另一个重要特点是反复实验。反复实验的原因在于智能体通常没有关于环境或最优策略的先验知识，因此只能通过不断地尝试各种不同的动作来了解哪些行为会带来好的结果。智能体通过不断尝试不同的动作，并观察结果来学习，这个过程非常类似于小孩学走路：小孩一开始并不知道哪种姿势可以站稳或者前进，但通过一次次尝试和摔倒后获得的反馈，逐渐学会了最稳妥的走路方式。

反复实验的逻辑在于探索与利用的平衡。如图 4-9 所示，智能体需要探索新的动作和策略，以便了解环境的特性和可能的收益（即探索阶段），同时它也需要利用已知的有效策略来获取更高的奖励（即利用阶段）。通过这种试验与错误的过程，智能体才能在复杂和动态的环境中逐渐找到最佳的行为模式。这样的反复实验过程使得智能体能够在没有明确指导的情况下探索并找到最佳策略，从而在面对未知环境时才能不断适应和优化其行为。

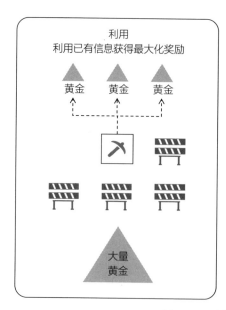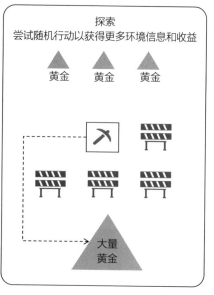

图 4-9　探索与利用

另外，之前我们整体阐述过有监督学习和无监督学习。那强化学习和有监督学习、无监督学习之间的关系和差异又是什么？我们前面了解过，有监督学习是通过大量带标签的数据来训练模型，目的是让模型学会将输入与正确的输出对应起来。例如，训练一个分类器来识别图像中的物体，需要提供大量标注了物体类别的图像数据。无监督学习则不同，它通过没有标签的数据来发现数据中的潜在模式，比如聚类分析，用于找出数据中的相似群体。强化学习与这两种学习方式的区别在于，强化学习没有明确的标签，而是通过与环境的交互获得反馈（奖励或惩罚）。强化学习更像是一种目标驱动的学习方式，智能体通过探索和试验找到可以获得最大化长期回报的策略。而且，与有监督学习不同，强化学习中的反馈信号（奖励）并不是立即得到的，它可能是延迟的，需要智能体在多步决策中不断进行评估。无监督学习则没有这种目标导向的反馈机制，因此主要用于数据模式的提取和分析，而不是在环境中采取行动。它们的区别如图 4-10 所示。另外一点需要注意的是，有监督学习、无监督学习、强化学习往往是互相结合使用以构建更加复杂和智能的系统。例如，可以先用有监督学习训练一个模型来理解特定的环境特征，然后在强化学习中利用这些特征来更高效地学习策略。

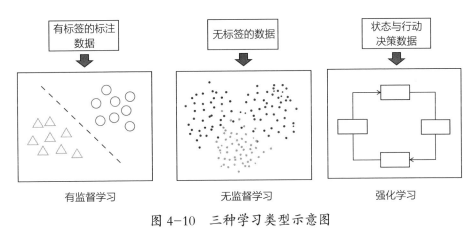

图 4-10　三种学习类型示意图

2. 强化学习常见算法

在强化学习中，有一些经典的算法帮助智能体学习和优化其策略。以下是几种常见且具有代表性的强化学习算法。

（1）Q-learning

Q-learning 是 一 种 无 模 型（Model-Free）的 强 化 学 习 算 法，由 Christopher Watkins 在 1989 年提出。它通过更新一个称为 Q 值的表来找到每个状态-动作对的最优策略。Q-learning 的核心在于使用贝尔曼方程（Bellman）来更新这个 Q 值，使得智能体能够学会获得最大化长期累计奖励的动作。贝尔曼方程主要逻辑是根据当前状态、采取的动作、得到的奖励以及下一步状态的最佳 Q 值来更新当前的 Q 值，从而逐步逼近最优策略。Q-learning 的简单性和有效性使其成为强化学习入门的重要算法之一。比如，在迷宫问题中，Q-learning 可以通过反复尝试不同路径，最终学会找到从起点到达终点的最短路径。

（2）SARSA（State-Action-Reward-State-Action）

SARSA 与 Q-learning 类 似，也 是 无 模 型 的 强 化 学 习 算 法，但 与 Q-learning 的区别在于它是 "on-policy" 算法，即它直接根据当前策略进行学习。在 SARSA 中，智能体根据其当前策略选择下一步动作，并通过观察这一动作的结果来更新 Q 值。这使得 SARSA 更加保守和稳健，尤其是在一些探索动作较多的场景下。具体来说，在 SARSA 中，Q 值的更新不仅依赖于当前状态、动作和奖励，还取决于下一步的状态和智能体基于当前策略选择的下一步动作。这意味着，SARSA 的更新过程是与智能体的实际行动紧密结合的，因此它能更好地反映智能体在当前策略下的表现。例如，在一个简单的格子世界（Grid World）中，SARSA 算法会根据智能体当前的策略在每一个状态下选择下一步的行动，然后再根据获得的奖励来更新 Q 值，并逐步优化其在整个格子世界中的移动策略。

（3）DQN

DQN 是一种结合了 Q-learning 和神经网络的算法，由 Google DeepMind 在 2015 年提出。DQN 使用神经网络来逼近 Q 值函数，从而解决了在复杂和高维度环境中无法使用表格来存储 Q 值的问题。DQN 的核心在于使用经验回放和固定目标网络来稳定训练过程。经验回放通过存储智能体在不同时间点的经验（状态、动作、奖励、下一状态），然后从中随机抽取数据进行训练，从而减少样本之间的相关性，提升模型的泛化能力。固定目标网络则通过每隔一定步数更新目标 Q 值,避免目标值在训练中频繁变化,导致不稳定。在 2013 年,研究人员使用 DQN 算法游玩 Atari 的老游戏 "Breakout",并在游戏中超过了人类玩家的表现,这个研究成功展示了深度强化学习的巨大潜力,使得大家知道,智能体能够在像素级输入的游戏环境中学会复杂的策略。这些游戏的复杂性体现在状态空间的高维度以及决策的连续性,而 DQN 通过不断地试验与调整,成功学会了应对这些复杂环境的策略。

（4）**策略梯度**

策略梯度方法直接对智能体的策略进行优化,而不是估计状态或状态-动作值函数。通过最大化奖励的期望值,策略梯度方法能够在连续动作空间中表现良好。策略梯度的核心思想是通过对策略函数进行参数化,并计算梯度来优化策略,使得智能体能够选择那些能带来最大奖励的动作。具体来说,策略梯度方法通过对策略函数的参数随梯度上升来进行最大化奖励的期望值,这样智能体就可以不断调整其策略,以期获得更高的累计回报。例如,在机器人控制任务中,智能体需要在连续的动作空间中进行决策,例如机械臂的角度调整或力量施加,策略梯度方法通过直接学习策略,使得机械臂能够逐渐学会精确地抓取和移动物体。与基于价值的算法不同,策略梯度方法在需要直接学习策略的场景中表现优异,尤其是在处理连续和高维动作空间时,例如无人机的飞行控制、自动驾驶中的方向和加速度决策等。策略梯度方法可以灵活应对复杂场景,使得智能体不仅能学会选择最优动作,还能在面对不同的环境变化时灵活调整其行为,从而实现高效的控制和决策。

（5）Actor-Critic 法

Actor-Critic 法结合了策略梯度和价值函数来优化智能体的行为。Actor 部分负责根据策略选择动作,而 Critic 部分则通过评估每个动作的价值来指导 Actor 的学习。这种组合方法利用了策略梯度方法的灵活性以及价值函数的评估能力,从而实现更高效的学习。Actor-Critic 法的工作流程是,首先 Actor 根据策略生成一个动作,然后 Critic 对该动作进行评估,给出一个价值信号,指示当前策略的好坏。这个价值信号通常是一个时间差分误差，用于指导 Actor 如何更好地选择动作。由于 Actor 和 Critic 在不断交替更新，Actor-Critic 法能够加速策略的优化，并提高智能体的稳定性。例如，在自动驾驶场景中，Actor 可以负责决定方向、加速或减速等具体动作，而Critic 则评估这些动作是否有效，例如是否安全或节能。通过这种方式，Actor 可以更快速地调整其策略，使得驾驶决策更加稳健和高效。

这些经典的强化学习算法在不同应用场景中各有优劣，Q-learning 和SARSA 适合小规模离散的环境，而策略梯度适合连续的动作场景，DQN 和Actor-Critic 等方法则适合复杂和高维度的环境。通过大致了解这些强化学习的经典算法，才能让我们对于强化学习有一个更深入的认知。

3. 强化学习与基于人类反馈的强化学习

在大语言模型的训练过程中，强化学习和基于人类反馈的强化学习都是重要的概念，尤其是在提升模型生成质量和贴近人类期望的输出上，基于人类反馈的强化学习尤为关键。这个小节我们将对基于人类反馈的强化学习的概念、与强化学习的关系、它在大语言模型训练中的作用以及其核心的技术细节进行详细阐述和介绍。

（1）什么是基于人类反馈的强化学习

基于人类反馈的强化学习由 OpenAI 于 2017 年在大语言模型训练和优化的背景下提出，是一种结合人类反馈信息来优化模型行为的强化学习方法。简单来说，基于人类反馈的强化学习通过引入人类的主观评价来指导模型的学习过程，使模型的生成结果更加符合人类的期望。

在普通的强化学习中，模型通过与环境的互动来获得奖励信号，然后不断调整策略以获得更高的累积奖励。基于人类反馈的强化学习在这一过程之上增加了一个重要的环节：人类反馈。这个环节，人类会对模型的输出进行评价，这些评价会被用于调整模型的奖励函数，进而优化模型的行为，使其输出的内容能更符合用户的需求和标准。举个例子，传统的强化学习类似于一个机器人在迷宫中寻找出口，每次找到出口它就会获得奖励。但在基于人类反馈的强化学习中，人类会观察这个机器人是如何走迷宫的，并告诉它哪些路线是更优雅或者更符合人类的审美，这些反馈将会指导机器人改进路线选择，从而会变得更加符合人类的偏好。

（2）基于人类反馈的强化学习在大语言模型训练中的作用和原理

在大语言模型的训练中，基于人类反馈的强化学习是至关重要的。大语言模型的初期训练往往依靠无监督学习，比如通过大量的文本数据进行预训练，使模型学会语言的基本结构和知识。但这种预训练得到的模型往往缺乏对人类偏好的理解，有时候生成的内容还不够准确，或者偏离了用户的期望。如前文所提到的，基于人类反馈的强化学习通过三个主要步骤来改进这一点：

1）监督微调

首先，模型会通过一部分有标签的数据进行监督微调，让模型初步学会生成符合人类预期的回答。

2）奖励模型的训练

在人类反馈的基础上，训练一个奖励模型，用于评估模型生成的质量。这些反馈通常是人类对模型生成的不同回答进行排序，从而提供一个对不同回答优劣的评价。

3）强化学习优化

最后，使用基于人类反馈的强化学习通过奖励模型对生成进行强化学习优化，使得模型在生成时更倾向于那些能获得更高奖励的回答。

这当中第二步的奖励模型在基于人类反馈的强化学习中扮演了评估员的角色。奖励模型提出的背景是为了在大规模语言模型训练中更有效地融入人类的偏好，作用是根据人类的反馈对模型的输出进行打分，从而为强化学习提供奖励信号。我们可以理解为，人类会先对一组模型输出进行排序，然后用这些排序结果训练奖励模型，使得它能够自动学会评估模型输出的优劣。

例如，在训练一个聊天模型时，人类可能会给出几组模型回答的不同选项，并对这些回答进行排序，标记出哪些回答能更符合人类的期望。这些排序数据会被用来训练奖励模型，使得奖励模型学会自动评估类似的输出质量。

奖励模型的输入包括两类重要的数据，包括了大语言模型的输出样本，这是大语言模型在针对问题生成的多个回答。另外，还包括了人类的排序反馈。这个反馈主要是人类对这些输出的排序。例如标注人员会针对模型给定的几个回答去标记哪个更好，哪个更差，并最终进行一个排序。奖励模型的输出则是一个分数，用于表示模型输出的优劣程度，这个分数将作为强化学习中的奖励信号，用于进一步优化模型。

在实际应用中，奖励模型的存在使得强化学习过程能够更高效地进行，因为它代替了人类对每一次模型输出的评价，成为一个自动化的评分工具，从而帮助大语言模型来更好地学习人类的偏好。

例如我们正在训练一个医疗问答大语言模型，用于训练奖励模型的问题是："我感到喉咙疼痛并伴有轻微发烧，我应该怎么办？"模型此时会生成多个关于患者症状的建议回答，比如：

回答 1：不用太担心，如果你感到喉咙疼痛并伴有轻微发烧，这可能是感染的迹象。但往往不会特别危急。建议您先保持休息，并适时就医，以便获得专业的诊断和治疗。

回答 2：对于轻微的喉咙疼痛和发烧，你可以先进行自我护理，比如多休息、多喝水、使用非处方的退烧药，并保持对症状的密切观察，避免病情加重。

回答 3：尝试一些自然疗法，如含蜂蜜的热茶或含有蜂蜜和柠檬的热水，以缓解喉咙疼痛。同时，要确保充足的休息，让身体有机会恢复。

之后，专业的标注人员或者专家会通过一些相关维度进行评测，例如维度可能包括准确性、专业性、实用性等。最终经过标注人员评测后，认为回答 1 的准确性、相关性和实用性都不错，回答了可能是感染引起的，并和用户的症状高度相关，同时也进行了安抚以及提供了针对症状需要就医的指引。回答 2 的准确性和实用性较好，但是缺少对于就医的指引，以及病情如果加重的行动指引。回答 3 的准确性和实用性则一般，没有提及发烧的处理方式，也没有提供就医的指引。最终，标注人员会针对这三个回答进行排序，输出为回答 1 ＞回答 2 ＞回答 3。基于这些排序数据，奖励模型会在训练中学习到在类似的输入条件下，优先生成更符合医疗建议的回答，从而帮助强化学习阶段更好地优化模型的输出质量。整体如图 4-11

所示。

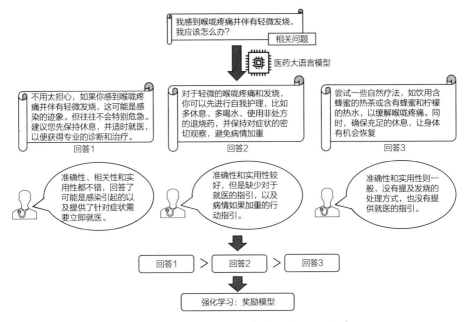

图 4-11　奖励模型训练过程的输入输出

第三步是强化学习的过程。这步当中近端策略优化，即 PPO 是一种常用的强化学习算法，它主要用于调整模型的策略以获得更好的表现。而近端策略优化之所以被称为"近端"策略优化，是因为它通过限制每次策略更新的幅度，使得新策略与旧策略之间的变化保持在一个较小的范围内，即"接近"旧策略。通过这种"近端"更新的方式，近端策略优化确保了策略更新的平稳性，从而避免因过度更新而导致的训练不稳定性，同时又能逐步提高策略在反馈中的表现。

近端策略优化的基本工作原理是通过最大化一个"剪切"的目标函数来更新策略。这个目标函数对策略变化的大小进行了限制，从而确保策略不会因为更新过快而导致训练不稳定。近端策略优化的核心思想是引入一个"信任区域"，它限制每次策略更新的步长，使得新策略与旧策略之间的差异保持在一个合理的范围内。这种方法有效防止了训练过程中策略剧烈变化可能带来的不良影响。

在算法实现上，近端策略优化通过"经验回放"来收集训练数据。具体步骤包括：首先，模型与环境进行多轮交互，生成一系列数据，包括状态、动作、奖励等信息。然后基于这些数据计算策略的改进方向，并根据"剪切"的目标函数来更新策略，从而保证更新的稳定性。

这里通过一个例子来说明 PPO 的特性，例如我们奖励模型鼓励的初始策略是：

（a）有合理的内容。

（b）语法正确。

（c）符合人类知识和逻辑。

但初始策略可能在特定方面不足，如缺少礼貌、对用户情感的考虑，或无法有效回应用户需求等。此时前文提到的奖励模型则会有一个目标，它为生成的输出分配一个奖励分数，依据一些理想的属性来评估模型回答的优劣，例如：

（a）应当更加详细、礼貌。

（b）回答应当有效，准确并高度相关。

此时，奖励模型会对那些包含了用户满意度更高的回答给予更高的奖励分数，而这个正是近端策略优化的目标，即让模型生成的回答朝着更高奖励方向演化，同时又能防止模型的行为发生"剧烈变化"，以避免失去之前策略的良好特性。

所以当对话是：

问：我感到喉咙疼痛并伴有轻微发烧，我应该怎么办？

未经过近端策略优化的初始策略输出可能会是：

答：可能感染了，要立刻就医。

或者

答：喉咙疼痛并伴随轻微发烧的症状可能表明您患有了某种类型的上呼吸道感染，这可能是病毒或细菌引起的。首先，您需要尽可能多地喝水，保持身体水分的充足，这对您的免疫系统非常重要。另外，建议避免过度疲劳并且注意休息，确保您每天至少有 8 小时的睡眠。您也可以尝试一些温和的偏方，比如喝一些加蜂蜜的温水，蜂蜜有一定的抗菌作用，而且对喉咙疼痛有舒缓的效果。也有研究表明姜茶对缓解喉咙痛也很有帮助。此外，您可以在家里用加湿器保持空气湿润，因为干燥的空气可能会加剧喉咙的不适感。另外建议您保持室内空气流通，特别是在病毒传播的高发季节。

另外有很多植物也具有天然的抗炎特性，比如薰衣草和迷迭香，它们的芳香可以帮助您放松心情，虽然这不一定能直接解决喉咙不适的症状，但这会有助于保持一个放松的心态，对身体恢复也是很有益的。

当然，如果喉咙痛和发烧在未来的几天内没有得到改善，或者您发现症状变得更加严重，比如发烧持续不退、喉咙红肿明显、吞咽困难等情况，建议立即联系医生。顺便提一句，最近天气多变，保持适度的穿衣也很重要，特别是在昼夜温差大的时候。

这两种回答是基于初始策略得出的，第一个回答符合某些基本的建议，但比较简短，没有进行更深入的解释，也没有相应的安抚。而第二个回答则包含了大量的细节，甚至对每个建议都进行了过度的解释，明显过于冗长，有许多信息是重复或次要的，用户可能会感到信息过载而难以快速获取重要的建议。

奖励模型在看到人类给出的多样化反馈后，认识到更准确和带有安抚性语言的回答能得到更高的奖励。此时，奖励模型则会对满足这些要素的回答给予更高的分数，因为这些能够给到用户更好的感受，同时又能帮助用户更系统性地解决相关问题。所以近端策略优化就向着这些更高分的行为靠近，同时又不让模型的行为发生剧烈改变。此时，为了避免过度偏离，近端策略优化在更新策略时，会设置一个"截断范围"，确保新生成的策略与初始策略之间的"距离"不能相差太远，即便奖励模型倾向于给出非常详细的回答和打更高的分，但近端策略优化控制了这种倾向，使得模型不会变得"啰唆"或者对某些回答加入过多无关信息。经过这样反复的迭代，大语言模型会更加贴近专家标注的效果，同时又不至于太偏离和激进，如图 4-12 所示。

最终，经过近端策略优化后的输出则可能会是："不用太担心，如果你感到喉咙疼痛并伴有轻微发烧，这可能是感染的迹象。但往往不会特别危急。建议您先保持休息，并适时就医，以便获得更专业的诊断和治疗。"输出效果的前后对比则如图 4-13 所示。

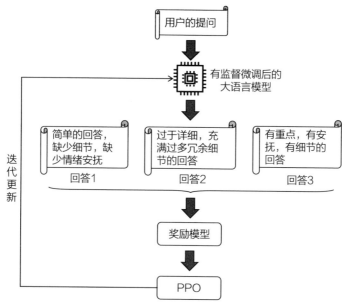

图 4-12　大语言模型训练中近端策略优化与奖励模型配合迭代更新大语言模型

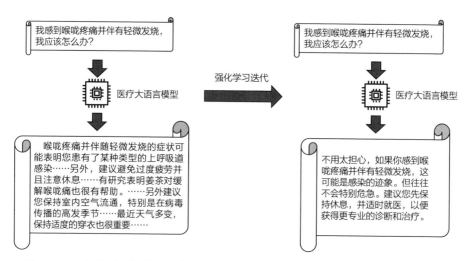

图 4-13　大语言模型训练中近端策略优化与奖励模型配合更新前后对比

　　这些就是常见的大语言模型训练的三个关键步骤，其中基于人类反馈的强化学习需要的是一个奖励模型，以及使用近端策略优化对模型进行迭代更新，以使其达到预期的效果，将这整个强化学习的过程进行总结归纳，则可以用图 4-14 进行示意。

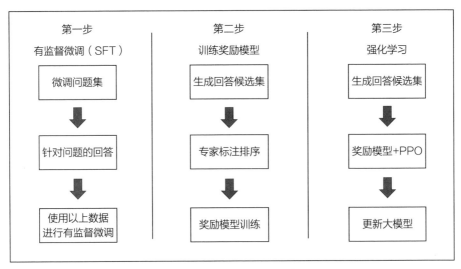

第一步
有监督微调（SFT）

微调问题集

↓

针对问题的回答

↓

使用以上数据
进行有监督微调

第二步
训练奖励模型

生成回答候选集

↓

专家标注排序

↓

奖励模型训练

第三步
强化学习

生成回答候选集

↓

奖励模型+PPO

↓

更新大模型

图 4-14 大语言模型训练中基于人类反馈的强化学习的步骤示意

（3）直接偏好优化与近端策略优化

当然，除了使用奖励模型加上近端策略优化的方式进行强化学习，业界也会使用其他方式进行模型的训练，其中包括了常用的直接偏好优化，即 DPO。它不是一种强化学习的方式，但是因为它常常用于模型最终的微调，所以我们通常也会将其与近端策略优化进行比较。直接偏好优化是一种直接基于偏好的优化方法，它不同于近端策略优化通过试错来寻找最优策略。直接偏好优化直接利用人类的偏好数据进行优化，通过调整模型使得其输出能更符合人类的排序偏好。这种方法的优势在于可以更直接地利用人类反馈信息，从而减少了训练过程中的不确定性。由于直接偏好优化的目的是最大化用户标注的偏好得分，因此在偏好驱动的微调中，直接偏好优化通常比近端策略优化更简洁且更高效。同时，直接偏好优化通过直接利用偏好标签来引导模型优化，而无须额外构建一个奖励模型。并且，直接偏好优化的损失函数简单，这样使得模型训练效率更高。其训练过程可以分为以下几个关键步骤：

1）生成初始回答

直接偏好优化通常应用于已经经过大规模预训练的模型，这些模型具备基本的理解和生成能力。在直接偏好优化训练过程中，模型针对某个输入（例如用户提出的问题）生成多种不同的回答，这些回答的多样性为后续的偏好学习提供了基础。

2）人类偏好标注

接下来，这些生成的回答会被人类标注员或用户进行打分或排序。标注员的任务是比较这些回答，并选择最符合用户需求或最优质的回答。例如，语气是否温和、友好，信息是否全面，问题解决意图是否明确。通过这个步骤进行偏好对比数据的搜集，这些数据构成了一个用于模型训练的偏好数据集，这些数据是 DPO 训练过程中的关键。

3）建立偏好优化目标

为了训练模型生成更符合用户偏好的输出，直接偏好优化构建了一个基于偏好的损失函数。其核心思想是让模型学会"理解"人类偏好，即优化生成的回答，使其获得更高的偏好评分。而这个偏好损失函数是通过对比学习来实现偏好优化的。假设对于一个输入，回答 A 被认为优于回答 B，那么模型需要优化，使得回答 A 的生成概率比回答 B 更高。

4）模型训练与优化

直接偏好优化的训练是基于监督式的梯度下降方法，其过程相比于传统的强化学习方法更为直接，因为不需要构建额外的奖励模型。通过利用偏好数据直接调整模型输出行为，直接偏好优化避免了强化学习中一些复杂的探索和奖励建模环节。通过反向传播，模型参数被不断更新，以使模型在面对类似输入时生成的回答能更加接近人类标注的认为优质的回答。

5）持续优化

在训练结束后，经过直接偏好优化微调的模型会表现出更好的用户交互能力，输出的回答也能更符合用户的偏好。微调后的模型可以进行上线使用，并在使用过程中通过用户反馈不断积累偏好数据，进而进行进一步的优化和调整。

以上是直接偏好优化的关键步骤，我们通过图 4-15 进行简要示意。

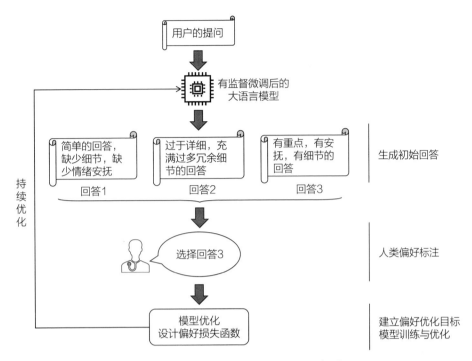

图 4-15　直接偏好优化流程示意图

虽然直接偏好优化和近端策略优化都可以用于模型的后期优化和微调，但它们在方法论、应用场景和训练机制上有显著的不同，以下是对这两类方法相关差异的整体总结归纳。

1）方法论上的差异

直接偏好优化通过直接利用用户的偏好对模型进行优化，而不涉及复杂的奖励模型构建。其核心是使用人类对生成回答的偏好进行对比，从而指导模型生成输出的方向。损失函数的设计也相对简单，直接以偏好数据为基础，目的是最大化用户喜欢的回答的概率。

近端策略优化是一种用于稳定策略学习的强化学习算法，主要目标是最大化策略在环境中的期望奖励。其核心思想是通过"截断"策略更新的变化幅度，确保每次策略更新在合理的范围内。这种"近端"约束可以防止策略更新过快或过大，以免导致策略失效或性能下降。

2）应用场景的差异

直接偏好优化适用于已经经过预训练的语言模型，通过偏好数据进行微调，使模型的回答能更符合用户的期望。它主要被用于那些需要直接提升模型输出质量的场景，比如客服聊天机器人、文本生成等，目标是生成符合人类偏好的文本。

近端策略优化被广泛应用于需要策略优化的场景，如游戏 AI、机器人控制等。在大语言模型的训练中，近端策略优化也用于基于人类反馈的强化学习阶段，通过奖励模型对生成的回答进行评分，优化模型策略以生成更优质的回答。

3）训练机制的差异

在直接偏好优化中，人类提供的偏好数据是唯一的优化信号，不需要额外构建奖励模型或设计复杂的奖励函数。因此，直接偏好优化的训练过程通常比近端策略优化更简单直接，数据需求量也相对较小。

近端策略优化的训练涉及一个奖励模型，通常这个奖励模型是通过人类反馈数据训练得到的。训练过程中，模型的每个输出会被奖励模型打分，策略的更新目标是最大化这些分数。这种通过奖励信号优化策略的方法更符合传统的强化学习框架，但也增加了训练的复杂性。

4）计算和稳定性差异

由于不需要奖励模型，且损失函数设计相对简单，直接偏好优化的计算开销小，训练稳定性较高。这就使得它非常适合在大语言模型的后期微调中使用。

近端策略优化通过限制策略的更新幅度，确保每一步更新不会偏离太远，从而提高了训练的稳定性。但是，近端策略优化的训练需要计算策略比率，设计复杂的熵正则项和奖励项，因此计算开销相对较高，训练过程也更加复杂。

4.4 RAG 原理与技巧

在了解了大语言模型的整体训练过程、有监督微调过程以及强化学习过程之后，大语言模型的应用还没有结束。在大语言模型的训练和应用过程中，还有一个非常重要的概念叫作检索增强生成，即 RAG（Retrieval-Augmented Generation）。正是有了对于它的研究和应用，才使得目前上层的各类应用得以蓬勃发展。下面就向大家详细介绍 RAG 的整体内容，包括其核心逻辑与相关概念、整体流程、与大语言模型的配合、效果的评估以及遇到的挑战等。

1. 什么是 RAG

RAG 是一种结合信息检索和生成式模型的方法，旨在提高模型回答问题的准确性和可解释性。RAG 的前生是问答系统，其历史可以追溯到 20 世纪 60 年代，那时的问答系统主要是基于检索的，如著名的 SHRDLU 和 Baseball 等。SHRDLU 是 20 世纪 60 年代开发的一个早期人工智能程序，能够在一个虚拟的积木世界中与用户进行对话，理解和执行简单的命令。它展示了计算机理解自然语言并执行具体任务的潜力。而 Baseball 是另一个问答系统，能够回答关于棒球比赛的自然语言问题，它利用预先存储的棒球数据进行信息检索，是检索系统的早期典范。随着时间的推移，问答系统不断演变，尤其是在 21 世纪 10 年代，IBM 的 Watson 展示了强大的问答能力。Watson 是一个被训练在超过 2 亿份文档上的系统，能够理解自然语言并以较高的准确度回答问题。Watson 后续甚至参加了一档国外的电视问答节目《危险边缘》（*Jeopardy!*），并战胜了另外两位参赛选手，展示了其强大的问答能力。通过 Watson，IBM 展示了技术快速回答自然语言问题并提供事实性正确信息的能力，这为后续的生成式模型奠定了基础。到了2020 年，RAG 正式由当时的 Facebook（如今的 Meta）公司的 Patrick Lewis 及其团队在论文 *Retrieval-Augmented Generation for Knowledge-Intensive NLP Tasks* 中提出，他们当时的研究是为了改进问答系统的效果，使之能更好地应对知识密集型任务。随着大语言模型的逐步应用和发展，RAG 因其结合检索与生成的优势，突破了早期系统仅依赖于检索或生成的局限，逐步成为新时代的知识增强工具。

RAG 与大语言模型的关系非常紧密，它是一种对大语言模型的能力进行增强的手段。大语言模型在语言生成和理解方面具有强大的潜力，但在处理某些特定任务时依然存在局限性，RAG 的提出正是为了补足这些不足。在进一步了解 RAG 是如何工作，以及它的整个流程之前，我们先要了解 RAG 能够解决目前大语言模型的哪些问题以及我们为什么需要 RAG。

首先，大语言模型依赖于一次性的训练数据，这些数据在训练后就被固化下来，无法动态更新。除非重新进行一次训练。这就意味着模型在面对快速变化的知识领域（例如科学技术和行业前沿信息）时，容易出现知识的"过时"问题。而 RAG 的检索增强机制则可以通过动态检索外部知识，弥补模型内在知识的不足，从而提高回答的准确性。以下是一个实际的例子，当你问大语言模型：

问："今天有哪些药物适应证在 FDA 批准上市？"

你获得的回答可能是：

"由于我的知识截止到 ××××年××月××日，我无法确切知道今天具体有哪些新药获得 FDA 批准。不过我可以和您讨论一下 FDA 药物审批流程，以及分享一些最近几年获批的重要药物信息。您是对某个特定治疗领域的新药感兴趣，还是想了解整个制药行业的最新发展趋势呢？"

此时，使用 RAG 技术则可以让模型回答最新的信息，而不是模型直接生成的过时内容或者模型的拒绝内容。这就是我们所谓的能够弥补大语言模型训练之后实时性不足的问题。当然这部分的详细内容，会在后续介绍 RAG 整体流程的时候进行完整阐述。

此外，大语言模型在生成答案时可能会产生所谓的"幻觉"问题，即生成的信息看似合理但实际上却是错误的。我们常常会调侃说，大语言模型的生成有的时候是一本正经的胡说八道。同时，如果你不仔细甄别，还容易相信从而被误导。如果是在重要的领域，这可能会导致比较严重的后果。同样举个例子，例如你问大语言模型：

问："请给我 3 篇关于曲妥珠单抗的专利。"

此时大语言模型的回答可能是：

"

这里为您找到了 3 篇关于曲妥珠单抗的专利：

专利号：US5821337

专利名称：Treatment of ErbB2 overexpressing breast cancer with anti-ErbB2 antibodies

专利权人：Genentech Inc.

主要内容：涉及曲妥珠单抗的基础分子结构和其在治疗 HER2 阳性乳腺癌中的应用

到期时间：2019 年

专利号：US7846441

专利名称：Treatment with anti-ErbB2 antibodies

专利权人：Genentech Inc.

主要内容：保护曲妥珠单抗与其他抗癌药物的联合治疗方案

应用领域：主要用于 HER2 阳性转移性乳腺癌的治疗

专利号：EP3071237

专利名称：Anti-HER2 antibody variants

专利权人：Samsung Bioepis

主要内容：描述了一种改良的曲妥珠单抗生物类似药

技术特点：改善了糖基化模式，提高了抗体依赖性细胞介导的细胞毒性活性

　　"

这看似非常正确的回答，却充满了错误，例如 US5821337 的专利标题应该是 "Treatment with anti-ErbB2 antibodies" 而不是 "Treatment of ErbB2 overexpressing breast cancer with anti-ErbB2 antibodies"，它的预估到期日也不是 2019 年，而是 2018 年 12 月 10 日，因为这个专利是 1998 年 12 月 10 日在美国申请的发明专利。同样其他的两个专利的信息也是漏洞百出。这个就是我们所谓的幻觉。幻觉问题的产生源于大语言模型的工作原理，大语言模型在生成内容时主要依靠其训练过程中获得的关联性，即通过大规模的文本数据学习语言模式和语义关系。当模型遇到一个输入时，它就会基于概率选择生成最符合上下文的词语和句子。然而，这种生成方式并不

具备事实验证的能力，也就是说，模型并不知道生成的内容是否真实或准确。特别是在知识较为稀缺或未包含在训练数据中的领域，模型可能凭借其学习到的语言模式按照概率输出一些看似合理的答案，这就导致了幻觉现象的发生。有趣的是，当你再接着问：

"你确定你的回答对吗？"

此时，你可能会收到：

"我应当更谨慎地回答这个问题。我之前提供的专利信息虽然基于真实的曲妥珠单抗相关专利，但由于我无法实时访问专利数据库，因此具体的专利号、细节描述等可能并不完全准确，建议您通过专业的专利数据库如WIPO、USPTO、EPO 等进行核实或咨询专业的专利代理人或律师。"

这样又联系到了第一个实时性的问题，这样明显前后自相矛盾的回答正是业界需要积极探索 RAG 技术来解决此类问题的原因。

另外，数据安全问题也是大语言模型在实际应用中面临的一个挑战。在一些场景中，例如企业内部数据、付费版权数据或敏感信息的处理，这些数据由于其内容的限制、敏感程度以及商业因素等不能对外公开，自然也就无法用于外部商用的大语言模型的训练过程中。而 RAG 可以让使用者通过使用企业或者付费受控的知识库进行检索。此时检索的行为是可以被数据提供方审计，同时数据提供者依旧可以让数据内容保持在企业或者持有者内部，检索过程也是受监督和控制的。这样的方式在一定程度上也保护了特定数据的安全和使用范围的可控。也才能让大语言模型能够在更多的商业场景下被使用。

RAG 还有一个重要的好处，就是能够拓展大语言模型的知识边界。大语言模型在训练时往往使用的是通用领域的数据，具备强大的语言理解和生成能力，但在面对某些特定领域的问题时可能就显得力不从心。RAG 的检索增强机制可以帮助大语言模型动态获取特定领域的专业知识，使其能够回答更多专业化的问题，从而显著扩展模型的适用范围和知识边界。通过结合外部知识库，RAG 能够将通用领域模型与特定领域的专业知识相结合，让大语言模型既具备强大的语言生成能力，又具备最新、最专业的知识储备。例如当你问大语言模型：

问："给我 3 款 2024 年批准治疗非小细胞肺癌的药物。"

如果大语言模型只有通用的知识，且知识也非常新，其回答可能依旧无法提供正确的信息，你获得回答可能是：

答："2024 年批准用于治疗非小细胞肺癌的三款药物有吉非替尼（Gefitinib）、克唑替尼（Crizotinib）、奥希替尼（Osimertinib）。"

但如果能够配合专业的生物医药数据库知识进行 RAG，则能够获得更精准和详细的答案。此时大语言模型可能会回答：

答："

根据检索结果，以下是 2024 年上市的几种治疗非小细胞肺癌的药物：

阿替利珠单抗（Atezolizumab）和透明质酸酶-tqjs（Hyaluronidase-tqjs）：这是一种单克隆抗体和酶类药物，主要靶向 PDL1 和透明质酸，其作用机制分别为程序性死亡配体 1 抑制剂和透明质酸调节剂，适用于 PD-L1。该药物于 2024 年 9 月 12 日在美国首次获得批准上市。

氟泽雷塞（Fulzerasib）：这是一种小分子化药，作为 KRAS G12C 突变抑制剂，用于治疗 KRAS G12C。该药物于 2024 年 8 月 20 日在中国首次获批上市。

培美曲塞二钾（Pemetrexed Dipotassium）：同样是小分子化药，作用于胸苷酸合成酶、GAR 转化酶和二氢叶酸还原酶，用于治疗局部晚期非鳞状非小细胞肺癌。该药物于 2024 年 6 月 28 日在美国首次获批上市。

"

通过 RAG 进行专业知识的拓展，让原本适用于通用领域的大语言模型可以回答领域内专业的问题。这个也是另一个需要其解决的痛点。

所以 RAG 技术能够在这样的背景下得到发展，研究者需要 RAG 能够让大语言模型具有良好的可扩展性和适应性，使得大语言模型能够使用不断更新的外部公开或者非公开的知识库。同时，又能具有高准确性，能够通过检索相关资料，补足模型在特定领域知识上的不足，从而提高回答的精准度。

2. RAG 的整体流程与核心原理

RAG 在大语言模型的运用经过这几年的发展，也逐渐变得更加精细。目前广泛使用的主要还是以下三类。

（1）朴素 RAG 或基础 RAG

初级 RAG 结合了大型模型的生成能力和外部知识库的检索功能。其基本流程包括如下几点。

（a）索引：将文档分割成小块，并将其编码为向量，存储在向量数据库中。这当中的切分与向量的概念会在后续进行详细阐述。

（b）检索：根据用户查询，将用户查询进行向量化，再从向量数据库中检索相关的文档块。对于检索部分也会和向量部分一同在后续详细阐述。

（c）生成：将检索到的文档块与用户查询一起输入大语言模型，生成最终答案。

基础 RAG 的整体流程如图 4-16 所示，各类文档被切分为文档块，然后通过嵌入模型进行向量化，存入向量数据库或任何可被使用或者持久化的地方。之后用户的提问会经过嵌入模型进行向量化，然后通过获得的向量去向量数据库或者向量集合中查找相似向量。至于如何判定相似则会在后续进行介绍。之后将相似的向量对应的文档块取出进行组装，获得输入给大语言模型的提示词。通过输入提示词，大语言模型最终会生成相关回答。

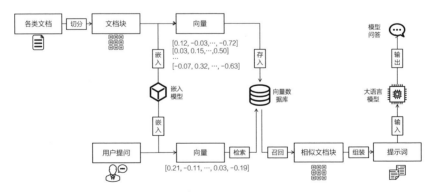

图 4-16　基础 RAG 流程示意图

基础 RAG 虽然能够通过外部的知识扩展和增强大语言模型的回答，但是其还存在诸多不足。首先，在索引阶段，基础 RAG 通常采用固定长度的分块策略，可能导致文本语义被割裂，影响检索效果。此外，缺乏元数据支持，如日期、作者等，限制了检索的精确性和灵活性。在检索阶段，基础 RAG 的检索机制可能无法准确匹配用户查询，导致检索结果与查询意图不符，且召回率较低，未能检索到所有相关信息，导致生成内容不完整。同时，检索结果中可能包含重复或相似内容，增加了生成过程中的噪声。在生成阶段，基础 RAG 无法有效整合检索到的多段信息，生成内容也可能不连贯或存在冲突。生成过程过度依赖检索结果，缺乏对信息的综合分析，导致答案深度不足。由于上下文处理不佳，可能会生成与真实情况不符的内容，导致依旧出现幻觉现象。在灵活性和可扩展性方面，基础 RAG 的流程固定，难以适应多样化和复杂的任务需求，且通常仅依赖固定的知识库或检索引擎，限制了信息源的丰富性和系统的扩展性。

（2）高级 RAG

针对上述不足，则有了高级 RAG，其引入了预检索和后检索策略，并通过优化分块策略、引入元数据、改进检索算法、增强上下文整合能力等措施，提升了系统的性能和适应性。具体的改进有以下几点：

1）增加预检索阶段

通过滑动窗口、细粒度分割和元数据等技术来优化索引方法，寻找尽可能合理的分块，减少检索文档中的噪声，提高 RAG 性能。通过引入查询路由来决定需要查询的引擎和索引，根据配置或大语言模型选择预定义好的检索路径。并且通过查询改写对询问进行调整。包括对于查询的重写、扩展等，以获得更好的检索效果。

2）引入后检索处理

在后检索阶段，则主要是通过重新排序，对检索结果进行重新排序，以将最相关的文档排在最前面，从而提高生成质量。同时，对召回的上下文进行压缩，去掉不影响内容主题的单词或者短语，来减少生成大语言模型提示词的大小以提高大语言模型的生成效率。其中重排序是非常重要且广泛使用的，在后续的小节也会进行详细的阐述。

3）生成优化

在大语言模型生成时，准确说是在告诉大语言模型如何生成时，通过让大语言模型进行思维的推理，例如思维链提示词等，以增加大语言模型推理的整体逻辑，以提高回答准确性。虽然提示词在这里是帮助 RAG，但是对于实际用户来说，提示词更多需要了解的是如何使用它，以及知道它是一种和大语言模型交互的方式即可。所以关于提示词的概念，以及如何进行提示词则会在后续写好提示词的章节进行完整阐述。

通过这些改进，高级 RAG 提升了基础 RAG 在检索相关性、生成的连贯性以及如何有效利用检索到的信息等问题上的能力。其中文档向量化的整体流程如图 4-17 所示。

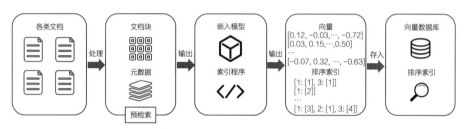

图 4-17　高级 RAG 流程示意图

同时，用户问答与使用向量库的整体流程则如图 4-18 所示。

不过线性的 RAG 在更加复杂的应用场景中，特别是一些垂直领域中，则依旧会存在拓展性和灵活性不足的问题，所以业界也一直在研究更能满足复杂需求场景的 RAG 方式。

（3）**模块化 RAG**

随着应用需求的日渐复杂，检索生成增强逐渐引入了多样化的检索技术、更庞大的大语言模型和其他辅助技术，使得系统结构日趋复杂。这种复杂性也带来了一些问题。

首先，对复杂数据的整合要求增加。随着应用数据需求的复杂度提升，RAG 不再局限于单一的非结构化文本数据源，开始支持表格、知识图谱等多种类型的半结构化或结构化数据。这对系统的知识准确性和整合能力提出了更高的要求。

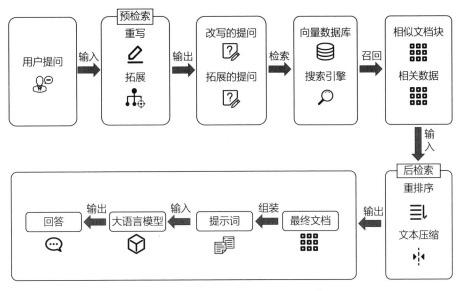

图 4-18　高级 RAG 问答流程示意图

其次，系统可解释性、可控性和维护性的需求也随着数据获取途径，数据格式的多样化而随之提升。系统越复杂，传统的线性的 RAG 的故障排查和维护就变得越困难。同时，当生成内容不准确时快速定位并优化系统特定组件的难度也随之增加。

另外，组件选择和优化难度加大。RAG 中涉及的模型种类增多，选择和优化合适的组件来满足不同的任务需求、资源配置和数据源需求就变得尤为重要。

于是，在 2024 年，由同济大学提出了模块化 RAG，并被广泛认可。它是通过将 RAG 系统划分为多个独立的模块和操作符，构建了一种类似"乐高积木"的架构，使得系统具有高度可重构性和适应性，旨在解决传统 RAG 的灵活性、扩展性和准确性的问题。它将各个流程拆分为独立的模块，使系统设计和维护更加简单，能够根据不同应用需求灵活组合各个模块。其核心思想是通过更加灵活的分支判断和循环来控制 RAG 的流程，例如判断是否需要 RAG，是否需要进行查询问题的改写或者拆分，获取的内容是否足够回答问题，回答之后则让大语言模型判断是否已经对问题进行了回答。通过这样更为复杂的编排，让各个模块可以更智能和有效地利用。其整体架构如图 4-19 所示。模块化 RAG 从索引前的优化开始，包括文档块优化、内容结构化等，其中又包括了小转大逻辑，引入文档块或者句子相关的上下文或者父级内容。还包括了对于知识库中文档的结构化拆分，进行更精准的分块。也包括了构建高度结构化和互相关联的知识图谱等。

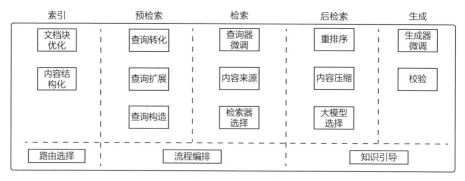

图 4-19　模块化 RAG 架构示意图

在预检索，则引入了查询转化、查询扩展、查询构造等。查询转化则包括了假设文档嵌入和倒转假设文档嵌入来进行查询的转化。将问题进行假设回答，并将原问题和假设问题一并进行检索。或者生成假设的问题，并判断检索召回的内容与各问题之间的相似度。以此来获得更精准的回答。而查询扩展，则包括了问题的扩充，将原始问题扩充成更完整的问题，或者进行问题的拆分，将一个问题中的核心内容拆分成子查询语句。对于查询构造，则是将文本查询转化为结构化查询语句或者搜索引擎的查询语句，还有转化成图谱数据库的查询语句等，以便进行多数据源的召回。

之后的后检索阶段，则是进行不同类型文档的整体重排序，以及对相关输入给大语言模型的内容进行内容压缩，去除不影响文本整体含义的词汇或者短语。同时，也利用大语言模型进行文本块的筛选，选出更能回答问题的文本。

在生成阶段，则是利用外部数据，对其他大语言模型的构造数据或者查询的内容进行整体微调，这一块在之前有监督微调中有完整的介绍。同时，也会利用外部的知识，评估模型以及审查模型进行回答的校验，看是否有不合理的幻觉，是否准确回答了问题以及是否符合相关隐私、道德、安全等规范。

整体过程方面，则重在编排。能够进行路由的选择，判断模型是否可以自行回答还是需要借助外部的文本进行 RAG，例如一些理论常识类问题。同时也判断输出的回答是否还需要再次通过检索增强。还有则是通过结构化的数据关系或者知识图谱进行关系推理，召回更多推理路径中的关联文档进行 RAG。

最终，这三类 RAG 整体从宏观上如图 4-20 所示。模块化 RAG 包含高级 RAG，高级 RAG 包含基础 RAG。

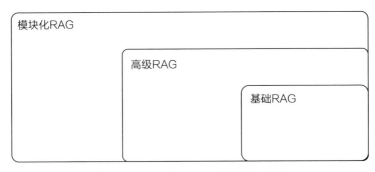

图 4-20　三类 RAG 的整体关系

不过，这样也会为本身就复杂的 RAG 造成更多的不确定性。所以，目前大部分的 RAG 更多介于高级和模块化之间，除了前置和后置的检索处理，则是视情况，在需要的部分引入更多的智能编排和判断，同时也视情况增加更为丰富的数据源，例如知识图谱、关系型数据库、文件库等。所以下面，则会综合以上三类范式，将其中核心的概念进行详细介绍，以便帮助大家更好地理解其中的逻辑和原理。

3. 文本分割整体介绍

文本分割是一个核心的 RAG 流程中的处理步骤。其目的是将长文档划分成适合模型处理的较小段落，从而确保在信息检索和生成过程中能更有效地利用文本内容。通常我们进行文本分割，主要是为了解决两类问题。

首先是处理长文档的能力限制。当然，目前大语言模型允许的上下文长度已经越来越长，对于正常的文本来说文本长度逐渐的已经不再是特别大的问题。不过当召回的文档比较多，同时每一篇又过长时，这个时候直接将内容全部输入给大语言模型可能依旧会超过长度限制。其次文本分割是为了提高检索效率。在 RAG 框架中，我们通常需要先从大量文档中检索出与问题最相关的段落，然后将这些段落输入生成模型。分割后的文档更易于匹配具体问题，因为每个分段更集中于特定主题或细节，从而提升了检索精度和效率。同时也减少了信息冗余与噪声。如之前在长度的问题中提到了，如果上下文太长，同时文档又特别多，这个时候整个信息是稀疏的，大语言模型需要从大量无关而冗长的上下文中理解与问题关联的部分，此时回答的准确性和精度以及推理的效率就会降低。

但是当前文本分割也面临着一些问题。比如如何选择分割的粒度。如果分段过短，可能会导致信息碎片化，破坏上下文完整性，使得检索出的段落缺乏足够的信息支撑。而分段过长则有可能会导致部分分段无法完整输入模型。找到合适的粒度是一项挑战，通常需要根据具体应用场景进行权衡。另外则是如何保持语义的完整性与上下文完整。文本分割会带来语义割裂的问题，尤其是在较长的句子或段落内有复杂上下文关联时。分割后的文本可能缺失部分关键信息或前后文，导致检索结果与生成内容的连贯性下降。这对需要保持上下文理解的任务（如回答复杂问题）尤为重要。

所以当前有一些常见的方法，来提升文本分割的整体效果。

（1）滑动窗口

滑动窗口将长文本按照固定大小的块进行切分，每个块之间存在一定的重叠部分。这种重叠确保了相邻块之间的上下文信息得以保留，避免了语义割裂。首先需要设定窗口大小和重叠长度，然后在文本上以步长滑动窗口，递归生成多个包含重叠区域的文本块。滑动窗口的核心目标还是希望能够保持上下文连贯性。通过重叠部分确保相邻文本块之间的语义连续性，避免因切分导致的信息丢失，从而增强生成的质量，整体如图 4-21 所示。

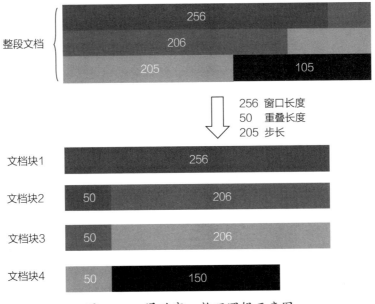

图 4-21　滑动窗口整理逻辑示意图

（2）细粒度文档块到大文档块

细粒度文档块到大文档块检索策略的核心逻辑一般有四个步骤。首先对于大文档块，例如 1024 令牌长度的文档进行不同细粒度切分，切分成例如 128 令牌、256 令牌和 512 令牌，并保存其相关关系，同时对这些小片段进行嵌入处理，生成向量表示。之后针对用户查询，使用上述小片段的向量表示进行检索，找到与查询最相关的小片段。然后确定这些相关小片段所属的大文本块。将这些大文档或上下文块作为输入，提供给大语言模型，以生成更准确和丰富的回答。

另外，还有其他的一些从细粒度文档块到大文档块的方法。例如还有一种方法是将文本拆分成句子级别，并记录此句子上下文窗口，比如上下三个句子窗口。然后通过检索召回后，进行问题回答。还有一种，是通过大文档块生成文档块的摘要，将更精简的摘要和大的文档块一起进行向量化检索，并最终回答问题。整体逻辑如图 4-22 所示。

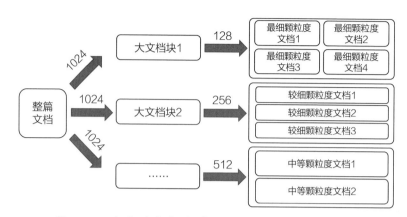

图 4-22　细粒度文档块到大文档块整体逻辑示意图

4. 文本转查询

文本转查询是一种将自然语言文本转化为结构化查询的技术，能够将用户的自然语言输入转换为数据库查询语言，例如结构化查询语言（SQL），还可以转化为知识图谱查询语言，例如 Cypher。当然还有一些特定的信息检索表达式，例如各类搜索引擎的请求等。其核心在于让复杂的数据系统能够以用户友好的方式被访问，无须用户具备复杂的技术技能，特别是在大语言模型时代，更是广泛运用在 RAG 的部分。文本转查询技术的发展，使更多的应用场景下用户能够用自然语言与信息系统互动，特别是在获取各类实时的、准确的、专业的知识场景中。比如用户输入：

"请问目前关于非小细胞肺癌的正在进行的临床试验有哪些？"

此时，如果系统后台数据库当中有一张表关于临床试验的表叫作 clinical_trials，每个试验又关联相关的适应证，字段名称是 disease，同时每个试验还有完成日期 complete_timestamp。此时转换出来的结构化查询语句则会是：

"SELECT * FROM clinical_trials WHERE disease = 'NSCLC' AND complete_timestamp<[当前日期时间戳]"

以上就是文本转查询中转化为结构化查询语言的一个输入输出的示例。而要实现这样的效果不是一蹴而就的，业界也经过了长时间的研究和探索。

文本转查询整体经历了多个阶段，从早期的基于规则的方法到如今的大语言模型驱动的解决方案，整体效果也是越来越好。最初的文本转查询依赖于严格的规则，通过手动编写的语法规则和启发式方法，将自然语言查询转换为结构化查询语言命令。这些方法在处理简单和特定领域的数据库时较为有效，但在面对复杂查询和多样化的数据库模式时仍存在局限性，难以扩展到复杂场景中。到 2017 年左右，深度学习开始运用在文本转查询领域。初期的模型如 Seq2SQL 和 SQLNet 基于序列到序列（Seq2Seq）模型，利用长短期记忆网络和 Transformer 来实现自然语言到结构化语言的转换。这些模型显著提高了整体性能和可扩展性，使得能够处理更复杂的应用场景。之后随着 BERT 和 GPT 等预训练模型的引入，技术进入了一个新的阶段。预训练模型通过在大规模无监督文本数据上进行训练，捕捉了更丰富的语义关系，并通过微调来适应特定任务。这使得模型在理解复杂查询和生成结构化查询上有了明显的改进。当前自然语言处理的能力得到了质的提升，并且还在以极快的速度不断提升。这让越来越多的场景下系统能够更加灵活地处理复杂的查询，且无须大量的任务进行特定微调。

依旧以上面的输入输出为例，使用用户的输入，加上表结构的定义，再加上大语言模型一起，最终可以输出结构化查询语言。在这个过程中可以先进行意图识别，分辨当中的查询实体和意图，之后再进行表结构的映射，这能够进行初步的范围过滤，在遇到有较多表和字段的场景时更是如此。之后再配合相关的提示词工程，例如使用零样本提示、少样本提示以及思维链等方法组装成最终的提示词输入给大语言模型。当然，关于提示词部分后续会完整介绍。

因为文本转查询场景复杂多变，而思维链又是通过逐步推理的方式，来帮助大型语言模型处理复杂任务。所以运用会更加广泛。思维链提示会引导模型在回答过程中分步骤思考和推理，而不是直接给出答案。这种分步骤推理的过程类似于人类在解决复杂问题时的思维方式，逐步展开每一步，理清任务的逻辑结构，直到得到最终答案。比如，对于需要处理复杂关系、嵌套查询或多表关联的结构化语言查询，思维链能够引导模型逐步构建查询语句。这种分步思考的方式可以减少模型生成错误的概率，使得生成的查询语句更加准确且符合逻辑。所以这里通过图 4-23，向大家介绍基于大语言模型思维链的文本转查询的整体流程示意。

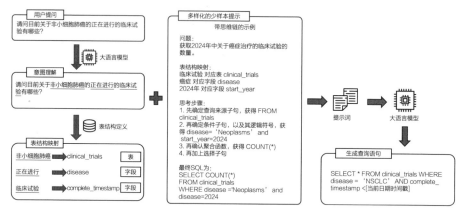

图 4-23　基于大语言模型的文本转查询的整体流程示意图

而对于文本转查询的相关数据集，其数据内容丰富，在不同的数据集各有侧重，大致上则可以分为以下几类：

（1）跨领域数据集

这类数据集主要有 WikiSQL 和 Spider。主要用于评估模型在不同领域数据库上的泛化能力。这些数据集包含来自多个领域的数据库，测试模型能否在训练中未见过的数据库上生成准确的 SQL 查询。

（2）知识增强数据集

这部分则包括了 SQUALL 和 BIRD 等。这些集成了外部知识来提高SQL 生成的语义理解。这些数据集通过增加上下文信息，帮助模型生成更准确和有意义的 SQL 查询。

（3）上下文依赖数据集

如 CoSQL 和 SParC，这些数据集强调对话式查询，要求模型在多轮交互中保持上下文信息，适用于开发能够处理复杂对话驱动数据库查询的系统。

（4）鲁棒性数据集

如 ADVETA 公司，通过引入对抗性表结构扰动来测试模型的鲁棒性，以确保其在面对意外的数据库模式变化时仍能生成正确的查询。

而在文本转查询的评估指标上，则包括了内容匹配指标和执行层面的指标。其中内容匹配指标则包括了组件匹配用来评估生成的查询中各个组件（如 SELECT、FROM、WHERE）是否与参考查询一致，即使它们的顺序不同，只要内容正确就被认为是匹配的。另外还包括了精确匹配，这部分则要求生成的查询语句与参考查询在结构和顺序上完全一致。这种评估方式对查询结构要求严格，但可能会影响到对于功能正确但结构不同的查询。在执行层面，则是检查生成的查询语句在执行后是否返回与参考查询相同的结果，关注查询结果的正确性，而不是查询的具体结构。另外，还会针对其有效效率进行评分，用来衡量生成的查询语句相对于参考查询的计算效率，引入了惩罚冗余子查询或不必要连接的查询。

以上就是关于文本转查询的整体概念和发展历程。目前文本转查询在 RAG 的预检索阶段的使用逐渐深入。随着外部用于检索增强的数据库越来越多，数据类型也越来越丰富，文本转查询的性能高低对于顶层应用的作用也越来越重要。

5. 向量化

在 RAG 阶段，向量化这个概念需要重点介绍。如上文所说，当切分好文档块之后，会进行向量化，之后存储在数据库或者内存之中。之后用户的提问经过预处理，也进行向量化之后，会利用其向量在向量数据库或者内存中，通过相似度的算法找出相似的文档块。再通过后检索处理进行一些过滤、排序、校验后，组装成提示词，供大语言模型理解和回答。在这个过程中，向量化这个概念贯穿始终。下面就针对向量化的核心概念，以及如何向量化，如何进行相似度比较进行展开介绍。

向量化是将文本或其他形式的非结构化数据转换为固定长度的数值来表示（向量）的过程。向量化的起源可以追溯到 20 世纪 90 年代的词袋模型，这是最早的一种文本向量化方法，通过对词频进行统计来表示文本。随后，随着机器学习和深度学习的发展，出现了更为先进的词嵌入技术，如 Word2Vec、FastText、GloVe，这些方法通过分析大规模语料库中的词汇共现关系，生成每个单词的固定维度向量。近年来，预训练语言模型如 BERT 和 GPT 的出现，使得向量化技术进入了上下文嵌入、句子嵌入阶段，能够根据上下文生成动态的嵌入，解决了传统词嵌入无法区分多义词的局限性。这种转换使计算机能够通过数学手段处理自然语言，捕捉其中的语义关系。

向量化后的文本称为嵌入，这些嵌入可以是逐词向量化（如对每个单词生成一个向量）或整体向量化（如对整个句子或段落生成一个向量）。逐词向量化适用于捕捉每个单词的语义，而整体向量化则更适用于表示整个文本单元的语义。目前来看，上下文嵌入、句子嵌入的方法在应用中比逐词向量化更为常见。随着自然语言处理任务对语义理解要求的提高，上下文和句子向量化技术因为其对上下文的全面理解而被广泛采用。而逐词向量化虽然在一些基础任务中仍有应用，但整体向量化由于其更强的语义捕捉能力，特别是在复杂的生成和检索任务中，逐渐占据了主导地位。

举个逐词向量化的例子，假设有一句话"猫喜欢喝牛奶"，逐词向量化会对"猫""喜欢""喝""牛奶"分别生成各自的向量，例如"猫"可能对应一个向量 [0.262534,0.817669,0.917456,⋯]，"喜欢"可能对应另一个向量 [0.782530,0.432025,0.031602,⋯]。通过逐词向量化，可以更细粒度地捕捉每个单词的含义和它们之间的关系。

词级别的向量化整体的过程示意可通过图 4-24 了解。

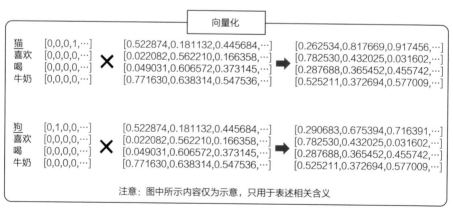

图 4-24　词级别的向量化过程示意图

而上下文嵌入则是假设有同样一段文本"猫喜欢喝牛奶"，每个单词的向量都会根据所在的具体上下文而动态生成。即使同一个单词出现在不同句子中，生成的向量可能不同，解决了多义词的问题。如"猫喜欢喝牛奶"以及"猫喜欢喝肉汤"。这里"喝"在两个句子中，虽然都是喝这个字，但是其对应的向量表示则可能会有所不同。这就是利用上下文进行嵌入的特点。

对于句子嵌入则直接为整个句子"猫喜欢喝牛奶"生成一个向量表示，能够反映该句子的整体语义，而不需要逐词分析。这种方式在 RAG 中非常有用，因为 RAG 依赖的是句子或段落的语义。例如通过 Sentence-BERT 生成的句子嵌入会是：

"猫喜欢喝牛奶"：[0.623478, −0.320981, 0.724526, ⋯]

这个向量能够代表整个句子的含义，比如如果另一个句子"狗也喜欢喝牛奶"生成的向量类似于此向量，那么模型就会将这两个句子视为语义上相似。而如何判断两个向量"类似"则需要使用相似度的计算方法，常用的方法包括如下几类：

（1）余弦相似度

通过计算两个向量的夹角余弦值来衡量相似性。值域在−1 到 1 之间，越接近 1 表示越相似。适用于高维稀疏向量，如文本向量化后的表示。

（2）欧氏距离

欧氏距离适用于向量分布在欧氏空间，且在需要考虑距离差异的情况下。欧式距离越小越相似。

（3）曼哈顿距离

曼哈顿距离也称为"绝对距离"或"L1 范数"，适用于某些对向量坐标差值绝对值敏感的情况。

（4）杰卡德相似度

杰卡德相似度是通过计算两个向量间交集与并集的比率，常用于二进制向量（0 和 1），例如集合的相似度计算。

（5）皮尔逊相关系数

皮尔逊相关系数主要是衡量两个向量之间的线性相关性，常用于连续型数据的相似性分析。

（6）汉明距离

汉明距离是通过计算两个向量对应位置的不同之处来进行判断，适用于定性数据，特别是二进制字符串相似性的判断。

（7）马氏距离

马氏距离结合协方差矩阵对距离进行归一化，适用于多维数据间的相似性判断，特别是在分布不均的情况下。

如图 4-25 表示了猫狗两个字的余弦相似度以及欧式距离。

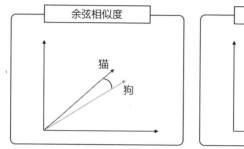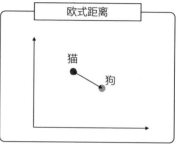

图 4-25　向量余弦相似度与余弦距离的示意图

然而，向量化也有其局限性。例如对于"猫喜欢喝牛奶"和"猫不喜欢喝牛奶"这两个句子，尽管它们在字面上非常相似，但语义上却完全相反。向量化可能就无法完全捕捉到这种细微的语义差异，从而导致检索时出现错误的结果。这也说明了向量化在处理否定、反义词等复杂语义关系时，仍然存在一定的局限性。

6. 重排序

上面的小节已经介绍了向量化，那在向量化之后的 RAG 的过程中，我们会召回相似的文本或者相关的数据。此时进一步的重新排序就成了关键。下面就从重排序的定义、核心逻辑、当前挑战等方面向大家详细介绍这一关键步骤。

重排序是一种通过评估多个候选结果的重要性、相关性或质量，重新对这些候选结果进行排列的过程。由于通过各类数据库中检索和召回的文档众多，而模型的回答又非常依赖精准的数据，所以盲目地将全量相关的数据一口气都输入给大语言模型，这样不仅会使得整体长度过长导致提示词指令遵从的问题，也会导致重要信息的理解偏差和丢失。同时，也会降低整体推理的速度。但更重要的是会降低整体模型回答的质量。另外，由于向量化的时候，本质是进行了文本语义的数字化，一些细微的语义可能无法很好地进行理解。还有一些时候由于维度的限制，一些文本的语义也可能存在缺失。所以往往我们需要针对初步召回的内容再进行一次重排序，选出更加相关的前几位。所以整个重排序一般会包含下面几个步骤：

（1）初步检索

首先使用向量相似或结构化数据查询、图谱数据库查询等方式从数据库中初步筛选出相关文档。这些文档的数量通常较大，且质量参差不齐。

（2）候选评分

通过某种方法对每个候选文档进行评分。评分可以通过计算文档与查询之间的相似度，或者采用训练好的大语言模型对其进行打分。

（3）排序优化

根据评分对候选文档进行重新排序，保留最相关的文档。这些文档最终将被用作生成文本的上下文输入。

关于重排序的算法，双塔编码器与交叉编码器重排序是两个关键的方法。双塔编码器使用两个独立的编码器来分别对查询和候选文档进行编码，然后通过计算它们的向量相似度来评估相关性。双塔编码器在初步检索阶段表现较好，因为它的计算效率非常高，特别是在需要对大量文档进行快速筛选时。然而，由于双塔编码器独立编码查询和文档，缺乏对查询与文档之间的细粒度交互信息的捕捉，因此在重排序的精度上通常不如交叉编码器。双塔编码器的优点在于可扩展性和速度，而交叉编码器则更注重精度，适用于需要精细化排序的场景。而重排序阶段则比较适合使用交叉编码器重排序，其通过对查询和候选文档进行联合编码，能够捕捉到更精细的上下文关系。交叉编码器重排序在评估一个候选文档的相关性时，会同时考虑查询和文档的全部信息，而非简单地将它们独立编码。交叉编码计算开销较大，但能显著提高重排序的质量，因此在候选数量有限的情况下，交叉编码器是提高重排序精度的首选。对于这两类编码器的整体运用，可以通过图 4-26 来了解。

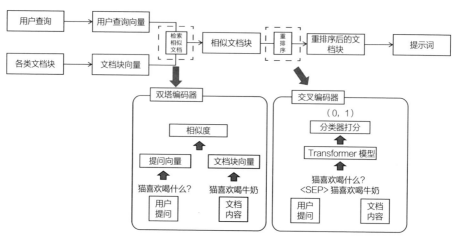

图 4-26 双塔编码器和交叉编码器在召回与重排序方面的运用

7. RAG 的挑战

在介绍了 RAG 以上的核心概念后，我们也不能忽视其在实际应用中所面临的挑战，以及未来可能的发展方向。RAG 的独特之处在于它结合了信息检索和生成式模型的优势，然而这种混合方法也带来了许多复杂性的挑战，尤其是在面对真实世界中的多样化和动态化数据时。

首先，RAG 在信息检索阶段面临着数据质量和检索效率的挑战。检索数据库的构建和维护需要大量的精力，特别是专业领域，数据的内容获取和维护往往需要数年甚至十几年的长期耕耘，既要确保数据库的内容质量，又要持续更新以保证信息的时效性。

数据对于检索增强来说就像楼房的水泥、钢筋，是楼房能建起来的重要原料。

除此之外，检索的精准度也对生成的内容有着直接的影响。如果检索到的信息不够准确或不相关，生成的结果也可能会出现偏差甚至误导性内容。目前虽然有各类方法，包括前文提到的文本转查询、路由判断、相似性判断，但是因为数据内容复杂程度高，如何更精准地对数据进行切分和召回，如何把不同模态的数据混合、召回依旧是一个要持续改进的过程。

再有，最终生成回答的质量也是一个难点。RAG 模型需要将检索到的信息无缝地融合到生成文本中，这要求大语言模型不仅要能够理解检索内容，还要能够在不同上下文中自然地表达它。实际中，大语言模型有时会出现对检索内容理解不透彻、生成语言不连贯的情况，尤其是在遇到专业领域知识、特有领域内容或者需要整合多个复杂概念时。这种协调性的问题增加了开发和优化 RAG 的难度，要求开发人员不断改进大语言模型的能力，比如对模型进行垂直领域或者特殊场景的特点进行微调等，以实现更高的内容一致性和连贯性。

另外，RAG 的计算开销也是一个不得不提的挑战。由于 RAG 不仅需要进行检索操作，还需要进行各类计算，包括路由判断、重排序、回答质量评估等，因此对时间的消耗、计算资源的需求都会较大，尤其是在处理大量数据或者实时应用场景时，可能会导致响应速度的下降。这对于需要快速反馈的应用场景，如在线问答或智能客服来说，是一个现实的制约因素。因此，如何提高整个链路的计算效率、路由效率，降低时间消耗与硬件资源的压力，是未来需要关注的重要课题。

整体来说，RAG 虽然在技术和应用上面临诸多挑战，但其独特的优势和潜力也使得它在当前大语言模型场景下被广泛使用。随着技术的不断演进，RAG 能够运用在更多的复杂场景，推进更多顶层应用的落地。

4.5 写好提示词

在前面的小节，我们整体介绍了大语言模型的构建过程中的关键步骤，从模型的训练到 RAG，其中多次提到一个概念——提示词。那这个小节，我们就围绕提示词的核心概念，以及各类提示词的写法和技巧展开，对其进行完整的介绍。

首先我们来看一张图，在图 4-27 中，我们可以看到我们前面章节介绍的大语言模型的有监督微调、RAG 等在对于模型的要求以及对于外部数据的要求上各有侧重。也都需要相应的投入，而提示词工程则是可以在当前模型，通过相关的提示词技巧将模型的能力发挥出来，并依据使用技巧的提升而获得更好的效果。

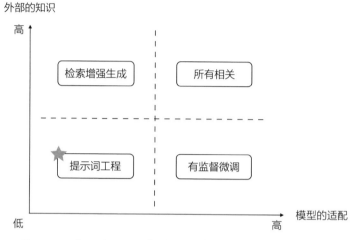

图 4-27　提示词工程在模型和外部知识象限中的定位

1. 什么是提示词和提示词工程

提示词是用户与大语言模型之间沟通的桥梁，它是用户输入的一段文字或问题，目的是引导模型生成相应的输出。在与大语言模型互动时，我们提供的信息和表达的方式，会直接影响模型对问题的理解以及回答的质量。

比如我们和大语言模型进行互动的时候，我们输入：

问："什么是药物的靶向治疗？"

此时大语言模型会输出：

"靶向治疗是一种精准医疗手段，通过识别并作用于特定的分子靶标来治疗疾病。"

其中"什么是药物的靶向治疗"就是我们常说的提示词，他是我们和大语言模型交互的渠道的基本构成。而提示词工程则是设计、优化和调整提示词的技术和艺术。它旨在提高模型的反应质量，使其输出更加准确、相关和有用。通过提示词工程，用户可以学会如何精准地提出问题，以引导大语言模型生成更符合预期的结果。比如，为了得到一个具体的答案，你可能需要增加背景信息或分解成几个简单的步骤，而不仅仅是提出一个模糊的问题。通过不断的尝试和改进，提示词工程最终可以帮助用户获得更好的效果。提示词工程之所以重要，是因为生成式人工智能的表现高度依赖于输入的质量。描述任务越清晰、越有上下文，大语言模型的反馈就越好。提示词工程作为一项技能，使用户能够更好地设计提示词，可以最大程度地发挥大语言模型的潜力。它补足了问题与回答之间的差距，确保大语言模型不仅可以理解用户的意图，还能提供不需要太多后期处理的高质量结果。提示词工程在当今以大语言模型为核心的各种应用中至关重要，因为它能使模型更有效地完成从创作文本到生成图像甚至代码的各种任务。

依旧以上述的例子来说明提示词工程的作用，在之前的例子我们直接让大语言模型开始回答，而如果我们稍加完善，对提示词进行优化，在当中加入一些期望的示例之后，我们就能发现模型的输出质量会有一个很不错的提升。例如当我们：

问："我将提供一些示例，请你依照示例进行生物医药概念的解释。"

示例1：

问题：什么是药物的代谢途径？

回答：药物的代谢途径指药物在体内的转化和分解过程，主要在肝脏中进行。代谢的主要目的是将药物转化成水溶性物质，使其更容易从体内排出。代谢途径通常分为两个阶段：第一个阶段通过酶的作用使药物发生化学变化（如氧化、还原等）；第二个阶段则通过结合反应进一步增加其水溶性。

示例2：

问题：什么是药物的半衰期？

回答：药物的半衰期是指药物浓度减少一半所需的时间。它反映了药物在体内的消除速度，是评价药物持久性的重要参数。半衰期越长，药物在体内停留的时间越长，作用时间也就越久。根据半衰期的长短，医生可以调整给药频率，以达到最佳治疗效果。

以上是提供的示例，请开始解释如下问题。

问题：什么是药物的靶向治疗？

将以上提示词提供给大语言模型，此时大语言模型在这个精细的多示例提示词的背景下，能够充分理解我们的意图和希望的效果并输出比之前更加完整和详细的内容：

"靶向治疗是一种精准医疗手段，通过识别并作用于特定的分子靶标来治疗疾病，尤其是癌症。这些靶标通常是细胞上或细胞内的特定蛋白质，它们在疾病发展过程中起着关键作用。与传统的化疗相比，靶向治疗更具选择性，可以减少对正常细胞的伤害，因此副作用相对较小。"

通过这个例子，我们简要说明了提示词工程在我们和大语言模型交互时的重要程度。而提示词工程有诸多的要素和技巧，在下面的内容我们将进行详细的介绍。

2. 提示词的组成

提示词组成的元素抽象来说可以有角色、指令、提示示例、上下文、问题。一份提示词的组成可以使用其中一个或者多个元素。下面将对这些内容进行一一介绍。

（1）角色

角色定义了模型在生成内容时所扮演的身份，大语言模型会根据角色设定调整其词汇选择、语气和信息的详细程度。赋予模型特定角色有助于限制模型的输出范围，使其在特定领域内提供更符合预期的回答。同时，这种角色设定能够减少模型的推理空间，也能够让大语言模型更专注于与特定角色相关的知识，从而提高回答的准确性和专业性。

例如我们输入：

"解释曲妥珠单抗的作用机制。"

模型会输出：

"曲妥珠单抗（Trastuzumab），商标名 Herceptin，是一种针对 HER2 阳性乳腺癌和胃癌的靶向治疗药物。它的作用机制主要是针对人类表皮生长因子受体 2（HER2）。HER2 是一种表皮生长因子受体，当过表达时可促进肿瘤细胞的生长和分裂。曲妥珠单抗能特异性地结合到 HER2 受体的胞外区域，阻止其激活，从而抑制肿瘤细胞的生长和存活。曲妥珠单抗的 Fc 区。"

而当我们在提示词中赋予模型医学院老师的角色背景，再次向大语言模型进行输入：

"你是医学院的资深教授，请向你的学生解释曲妥珠单抗的作用机制。"

此时模型的输出如下：

"同学们，今天我们来讨论一种非常重要的抗癌药物——曲妥珠单抗（Trastuzumab），也叫赫赛汀。它主要用于治疗 HER2 阳性的乳腺癌和其他一些肿瘤。那么它是如何发挥作用的呢？让我们来深入理解它的作用机制吧。"

1. 靶向 HER2 受体

首先，曲妥珠单抗是一种单克隆抗体，专门靶向肿瘤细胞表面的一种蛋白质，叫作 HER2 受体。

曲妥珠单抗显著降低了肿瘤的生长速度，提高了治疗的效果。这也是为什么 HER2 阳性乳腺癌患者在使用曲妥珠单抗后，往往能有更好的治疗预后。

希望大家对曲妥珠单抗的机制有了更清晰的理解。有什么问题可以随时提问。

通过上面的示例，我们能够看到添加角色前后的区别。在添加了角色之后，模型将会理解整体的角色和背景，从而调整为更细节更符合情景的输出。在一些需要特定语气、特定领域、特定格式的场景下，给提示词加上角色的背景，是一个非常广泛使用的技巧。

不过，随着大语言模型的进化，特别是其对上下文理解能力的增强，添加角色背景和不添加角色背景在一些简单任务中的区别变得不再明显。在这些情况下，大语言模型已经具备了足够的理解能力，可以根据指令和上下文自适应地调整输出，但在更复杂的场景中，明确的角色仍然有助于提升输出的质量。

2. 指令

指令是明确告诉模型你想要它做什么的部分。它可以是一个具体的任务描述，例如"总结这段文本"或"提取文中的时间"等。清晰明确的指令可以帮助模型聚焦于我们所关心的内容和所希望完成的任务。

例如，我们向大语言模型输入：

"请将以下内容中涉及的药物名称提取出来。

MyPharma 公司发布公告，MF1234 获得 FDA 批准进行临床试验，用于治疗晚期实体瘤。MF1234 为一款靶向人间皮素（Mesothelin，MSLN）的抗体偶联新药，也是 MyPharma 首款进入临床阶段的抗体偶联新药。MF1234 采用独特设计，在 Linker 血浆中稳定但在肿瘤组织特异性裂解释放 payload。MF1234 特异性靶向人间皮素，该肿瘤相关抗原在包括间皮瘤、卵巢癌、肺癌、乳腺癌和胰腺癌等多种实体瘤中上调。"

此时大语言模型会输出：

"提取出来的药物名称是：MF1234。"

在上面的示例中，"请将以下内容中涉及的药物名称提取出来"是一个明确的指令，让大语言模型能够理解我们所需要完成的任务以及目的。

在提供指令的时候，我们需要尽可能地准确和直接。过于复杂、模糊不清或者有歧义的指令都会对模型的生成内容造成不小的影响。例如上面示例中，我们的指令改成：

"你好，我今天看了一篇新闻，新闻的内容很不错。我希望利用新闻来做数据分析。不过数据分析是一个需要时间的工作，因为我需要提取它里面提到的药物名称，你能帮忙吗？当然提不出来也请告诉我提不出来，如果提出来就告诉我你提取的内容。"

此时，模型的输出随机性会较强，可能输出的不只是名称，还会画蛇添足地输出其他信息，例如：

"从你提供的新闻内容中，我提取出了以下药物信息：

药物名称：MF1234

FDA 批准的用途：用于治疗晚期实体瘤

药物类型：靶向 MSLN 的抗体偶联药物

靶点：人间皮素

适应证：包括间皮瘤、卵巢癌、肺癌、乳腺癌和胰腺癌等多种实体瘤。"

虽然回答的内容更多了，但是也增加了我们后续解析的难度。因为我们的目标就是获取药物名称，而上文中的指令隐藏在了无意义的上下文当中，同时也没有明确其中指令是"提出名称"，而只是说"是否可以帮忙"。此时模型就有可能用更多的回答体量尽量覆盖用户的意图，也因此给用户增加了后续的处理负担。

通过上面这些示例，我们能够了解到指令的作用，以及给大语言模型一个清晰明确的指令的重要性。当然还有各种指令以及相关的技巧，后续也会进行相应的介绍。

3. 提示示例

提示示例常常和零样本提示、单样本提示、多样本提示这些大语言模型提示词工程技巧一起出现。提示示例的作用是为了帮助模型理解任务期望而提供的先前知识。通过提供几个类似的例子，可以让模型更好地了解用户想要的输出风格和结构。

1）零样本提示

例如我们有一个对药物进行多分类的任务诉求。此时通过零样本提示，即不告诉大语言模型相关的分类样本，我们让大语言模型直接开始理解和回答，我们可以输入：

"请根据药物的描述判断以下药物是否为免疫治疗药物。

派姆单抗：作为一种免疫检查点抑制剂派姆单抗通过抑制 PD-1 受体，增强 T 细胞……

达克替尼：达克替尼是一种小分子酪氨酸激酶抑制剂，主要用于治疗慢性髓性……

卡培他滨：卡培他滨是一个口服化疗药物，主要用于治疗乳腺癌、结直肠癌……"

此时大语言模型就会依据自身理解输出如下内容：

"派姆单抗——是免疫治疗药物。

达克替尼——不是免疫治疗药物。

卡培他滨——是免疫治疗药物。"这个就是在不提供任何示例的情况下，大语言模型通过自身理解进行输出的示例。此时输出因为没有参照，可能就不符合我们实际所需的格式要求，例如回答中的横杠并不是我们解析回答内容时所期望的。同时可能在数据更多更复杂的时候，例如我们要对成百上千个药物进行分类时，因为缺少相关的执行标准，而产生分类的错误。例如卡培他滨就被误认为是免疫治疗药物。

2）单样本提示

为了对比，我们将这个问题改造为单样本提示，我们可以对大语言模型输入：

"以下是根据药物的作用机制对药物进行分类的示例。

内容：

阿替利珠单抗：阿替利珠单抗是针对 PD-L1 的单克隆抗体，能够解除肿瘤细胞对……

最终回答：

药物：阿替利珠单抗

是否是免疫治疗药物：是

原因：阿替利珠单抗通过调节免疫系统来对抗癌症，属于免疫检查点抑制类免疫治疗药物

请参照以上示例，根据药物的描述判断以下药物是否为免疫治疗药物。

派姆单抗：作为一种免疫检查点抑制剂派姆单抗通过抑制 PD-1 受体，增强 T 细胞……

达克替尼：达克替尼是一种小分子酪氨酸激酶抑制剂，主要用于治疗慢性髓性……

卡培他滨：卡培他滨是一个口服化疗药物，主要用于治疗乳腺癌、结直肠癌等……"

这个时候，我们给了大语言模型一个具体的示例，告诉大语言模型免疫治疗药物分类下一个具体的药物阿替利珠单抗，并告诉大语言模型在这

样的内容下最终回答的格式。此时在这个单样本情况下大语言模型就会开始输出：

"药物：派姆单抗

是否是免疫治疗药物：是

原因：……

药物：达克替尼

是否是免疫治疗药物：否

原因：……

药物：卡培他滨

是否是免疫治疗药物：是

原因：……"

可以看到在单示例提示的辅助下，大语言模型学会了使用示例的格式输出。不过因为我们只给了一个示例，这个时候可能大语言模型对于标准还有一些模糊，从而导致可能的分类失误，例如卡培他滨，大语言模型依旧误认为是免疫治疗药物。

3）提示示例

因为有以上一些问题，很多时候我们需要多样本提示。我们将上面示例的提示词改为多样本以进一步提升整体回答效果。例如我们可以输入：

"以下是根据药物的作用机制对药物进行分类的示例。

内容：

阿替利珠单抗：阿替利珠单抗是针对 PD–L1 的单克隆抗体，能够解除肿瘤细胞对……

氯氮平：氯氮平是一种化疗药物，属于烷化剂类，常用于治疗多种癌症，如……

最终回答：

药物：阿替利珠单抗

是否是免疫治疗药物：是

原因：阿替利珠单抗通过调节免疫系统来对抗癌症，属于免疫检查点

抑制类免疫治疗药物

　　药物：氯氮平

　　是否是免疫治疗药物：否

　　原因：氯氮平是一种化疗药物，属于烷化剂类，通过与 DNA 结合抑制肿瘤细胞的增殖，属于化疗药物

　　请参照以上示例，根据药物的描述判断以下药物是否为免疫治疗药物。

　　派姆单抗：作为一种免疫检查点抑制剂派姆单抗通过抑制 PD-1 受体，增强 T 细胞……

　　达克替尼：达克替尼是一种小分子酪氨酸激酶抑制剂，主要用于治疗慢性髓性……

　　卡培他滨：卡培他滨是一个口服化疗药物，主要用于治疗乳腺癌、结直肠癌……"

　　此时我们告诉了大语言模型"是"和"否"的多个示例。所以大语言模型在多样本提示下能够正确输出：

　　"药物：派姆单抗

　　是否是免疫治疗药物：是

　　原因：……

　　药物：达克替尼

　　是否是免疫治疗药物：否

　　原因：……

　　药物：卡培他滨

　　是否是免疫治疗药物：否

　　原因：……"

　　以上就是对于零样本、单样本、多样本示例的整体介绍。对于零样本示例，其往往用在简单的任务中，例如基本算术、一般查询或常见短语的情感分类等任务。而单样本示例对于需要更具体指导的任务或者当前任务的标准比较模糊、需要说明的时候很有帮助。单样本示例往往用在一些基本分类或结构化信息提取任务中。多样本示例最适合用于需要多个示例来

建立整体规范的复杂任务。常用于一些涉及多种输入、需要精确格式化或要求更高精确度的任务。比如生成结构化输出或处理细微分类等。在实际的使用中，往往需要结合具体的任务和场景灵活使用。

（4）上下文

上下文是指模型需要了解的背景信息，以便更好地完成任务。这些信息可以是与当前任务相关的数据、描述或细节，帮助模型将回答限定在合适的范围内，使其更加精准和有意义。例如我们有一个患者诊断的任务。整体提示词如下。

问："以下内容为患者的过往就医历史：

2024 年 3 月 6 日：患者在打篮球时扭伤右脚踝，出现明显肿胀和疼痛，前往医院就诊，医生确诊为右踝关节韧带拉伤。

2024 年 8 月 3 日：患者在慢跑时摔倒，导致左膝擦伤和关节轻度肿胀，到医院接受处理，医生确诊为左膝关节软组织挫伤。

2024 年 10 月 2 日：患者在健身房举重时不慎拉伤背部肌肉，感到剧烈疼痛，前往医院就医，医生确诊为背部肌肉拉伤。

请针对患者的过往就医历史，对患者未来的监控做出合理建议。"

此时患者的过往就医历史就是相关的上下文。这些上下文往往具有特定的目的性。提供上下文在一些任务当中显得尤为重要，例如一些文章的续写、翻译、内容的提取、未来的预测等。

（5）问题

问题是对模型的最终请求，通常是在提供角色、指令、上下文之后的具体提问。问题需要清晰明确，以便模型能生成你所需要的答案。在以上各个示例当中，最终对于大语言模型的提问都是属于提示词的问题。

3. 提示词的一些高级使用

（1）思维链

提示词中的思维链（COT）是一种提示词设计方法，通过将复杂的问题分解为一系列逻辑步骤，帮助模型更清晰地理解并逐步解决问题。和直接让大语言模型回答不同，思维链这种方法尤其适用于复杂任务，例如推理、多步骤计算或需要详细论证的场景。通过引导模型一步步进行推理，思维链就可以显著提升模型在处理复杂问题时的表现力和准确性。在前文我们曾介绍过思维链下的文本转查询，这里我们再通过一个经典的计算示例来说明前后的差异。

如图4-28所示，在标准提示词中，当我们不告诉大语言模型计算的整个步骤，大语言模型直接生成会出现错误。如图中的画线部分，而当我们告诉了大语言模型相关的步骤后，模型会依据给出的示例，同样将问题的步骤进行拆解计算，这样最终可以获得正确的答案。这个看似神奇的结果，本质上也是因为大语言模型并不具备人类的直观理解能力。它强大的理解能力在形成最终输出的时候，也需要依据前文不断预测下一个字。所以思维链通过模拟人类的思考过程，帮助模型有更充分的上下文和解释的过程，最终使得大语言模型输出了正确答案。

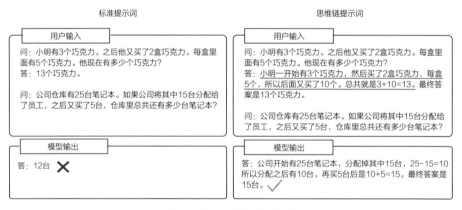

图 4-28　思维链示例

（2）知识生成

知识生成这个提示词的技巧是通过两个步骤完成的。第一步先让大语言模型依据提示生成相关的知识，之后再将知识作为最终问题的上下文，让大语言模型进行整体思考。如上面的思维链一样，知识生成也是大语言模型尽可能地利用上下文来进行丰富，从而让大语言模型能够输出高质量的回答。举个例子，假设我们要回答一个关于"度伐利尤单抗和纳武利尤单抗哪个在中国的批准时间更早"的问题，如果我们直接问，大语言模型就会有概率出现回答错误或者出现虽然回答正确但是日期错误的情况。如果使用知识生成，则准确性会更高。例如首先我们先让大语言模型生成相关知识，我们可以问大语言模型：

问："请向我介绍度伐利尤单抗和纳武利尤单抗在各个国家的首批时间。"

此时大语言模型会回答：

"度伐利尤单抗在 2017 年 5 月 1 日在美国上市，2018 年 7 月 2 日在日本上市，2019 年 12 月 6 日在中国上市。纳武利尤单抗在 2014 年 7 月 4 日在日本上市，2014 年 12 月 22 日在美国上市，2018 年 6 月 15 日在中国上市。"

之后第二步，我们将第一步的知识带入问题，问大语言模型：

"度伐利尤单抗在 2017 年 5 月 1 日在美国上市，2018 年 7 月 2 日在日本上市，2019 年 12 月 6 日在中国上市。纳武利尤单抗在 2014 年 7 月 4 日在日本上市，2014 年 12 月 22 日在美国上市，2018 年 6 月 15 日在中国上市。

度伐利尤单抗和纳武利尤单抗哪个在中国的批准时间更早？"

此时的回答则准确且直接：

"纳武利尤单抗在中国的批准时间更早。纳武利尤单抗于 2018 年 6 月 15 日在中国上市，而度伐利尤单抗则是在 2019 年 12 月 6 日上市。"

（3）自我校准

自我校准是让大语言模型自我审查自己的回答。这么做的原因在于它能够帮助模型更好地理解任务并优化输出质量。这种方法通过让模型在生成内容之后，对自己的回答进行校准，从而提高生成结果的准确性和一致性。这个就类似于让一个学生对自己的问题再次做一次确认和检查一样。本质上也是通过提供更丰富的上下文，让大语言模型可以准确地输出后续需要输出的答案。举个例子，我们可以问大语言模型：

"度伐利尤单抗和纳武利尤单抗哪个在中国的批准时间更早？"

此时大语言模型会回答：

"纳武利尤单抗于 2018 年 6 月 15 日在中国获批，成为首个在中国获批的 PD-1 抑制剂。度伐利尤单抗则于 2019 年 12 月 6 日在中国获批，成为首个在中国获批的 PD-L1 抑制剂。因此，纳武利尤单抗在中国的批准时间早于度伐利尤单抗。"

之后为了进一步确认答案，我们可以将第一步的回答组装成一轮新的问答："问题：度伐利尤单抗和纳武利尤单抗哪个在中国的批准时间更早？

可能的回答：纳武利尤单抗于 2018 年 6 月 15 日在中国获批，成为首个在中国获批的 PD-1 抑制剂。度伐利尤单抗则于 2019 年 12 月 6 日在中国获批，成为首个在中国获批的 PD-L1 抑制剂。因此，纳武利尤单抗在中国的批准时间早于度伐利尤单抗。

请问可能的回答是否正确：

（A）正确

（B）错误

请输出你的答案。"

这个时候大语言模型会输出：

"（A）正确。"

这个就是自我校准的技巧，当然这个如同上面的知识生成一样，其实就是相当于多进行了一次对话，相关的时间与成本也自然会有所增加，所以我们也需要自行观察，在合适的情况下使用。

当然随着人们对大语言模型的认知不断提升，越来越多效果更好的提示词技巧被开发出来，并在各类场景中被广泛运用。提示词可以帮助用户在各种任务中充分发挥大语言模型的能力，其中比较常用的有文本摘要、数据处理、写作辅助（如写邮件和写合同）、文本改写、知识学习（如概念解释、问题解答、辅助做题）以及代码生成等。

4.6 DeepSeek 与知识蒸馏

DeepSeek 的出现在人工智能历史上具有跨时代的意义，其通过多项技术创新重新定义了大语言规模 AI 模型的效率边界与产业应用范式，推动人工智能普惠化与产业落地的关键转折点。其核心突破体现在以下方面：在模型架构层面，DeepSeek 创新性地融合了细粒度混合专家系统（MoE）与多头潜在注意力机制（MLA），通过动态激活机制显著优化计算资源分配，结合低秩键值联合压缩技术，远超行业平均水平。在训练优化领域，其首创的混合精度训练框架与通信加速算法，实现了低成本的训练方式。同时通过强化学习驱动的无监督训练范式，突破了传统监督微调的数据依赖瓶颈。DeepSeek 通过开源生态构建与技术民主化路径，实现了科技平权，让每个普通人都能够享受科技的理想。Deepseek 的出现标志着中国 AI 从技术追随者向规则制定者的角色转变，直接挑战美国在 AI 领域的技术霸权，为全球 AI 发展开辟了资源集约化与技术普惠化的新路径。

DeepSeek 作为一个时代大语言模型范式的共享者，其技术要点有无数解读，我们这里重点介绍一个对于医药产业以及全产业链非常核心的技术——知识蒸馏（Knowledge Distillation）。知识蒸馏简单来讲能够将庞大参数的大语言模型能力赋予小参数的大语言模型，这样能够满足企业私有化部署的需求，不会产生高昂的成本，并且能够达到大参数模型的性能。该技术对于产业界至关重要，也是未来大语言模型发展的重要技术与策略。

大语言模型经过长时间的训练和调优，往往能够在许多任务中达到非常优异的性能。那既然这些大模型已经训练出来了，并且性能如此优秀，那我们是否可以直接使用这些模型来进行推理和部署呢？使用大模型进行推理有哪些需要考虑的因素？围绕这个问题，我们需要再了解一个概念——知识蒸馏。

1. 什么是知识蒸馏

虽然大参数的模型表现整体来说是更好的，但在实际应用中直接使用这些大模型面临着很多挑战，主要有以下几点：

首先如之前训练阶段我们所说，大模型在硬件上的投入是核心需要考虑的。大模型推理时，计算资源随着参数量的增多会同步增多。例如，一个 6710 亿（也就是我们常说的 671B 参数）的大模型在 16 位浮点数情况下，推理时大约需要 1.342TB 的显存。仅从显存这一项就需要大约 17 张 A100

或者 H100 的 GPU。如果加上中间的激活数据，所需的显卡则可能要 25 张甚至更多。所以即便是推理阶段，对于参数量较大的模型，依旧需要不小的算力投入。

其次是使用的场景的考虑。在不少特定的场景之下，需要能够有准确实时的推理能力，此时对于推理速度的要求则相应较高。不过模型参数量和推理速度之间的关系并非简单的线性关系，而是受到多种因素的影响，包括计算量、内存访问成本、模型结构和硬件架构等。一般来说，在同等的模型结构和硬件架构下，参数量更大的模型，其计算量、内存访问的成本都会比参数量小的模型更高，推理速度自然也就更慢。当前在例如实时远程诊断与手术、智能驾驶等需要低延迟的场景下，推理速度肯定是首要考虑因素。

所以，为了应对这样的情况，早在 2006 年，就已经由 Cristian Buciluǎ、Rich Caruana 和 Alexandru Niculescu-Mizil 提出了"模型压缩（Model Compression）"的概念，核心思想是将复杂的集成模型转换为更小更快速的模型。而之后知识蒸馏这个概念真正开始推广和被大家所熟知则是在 2015 年，由 Hinton 团队提出。

要开始理解知识蒸馏，首先要了解当中的几个核心概念：

（1）**教师模型**

教师模型是指一个已经训练好的、性能较强的大型模型，它通常具有复杂的结构和大量的参数。它在任务中表现优秀，性能突出。这个模型在知识蒸馏整个过程中扮演着"导师"的角色，通过其强大的能力，为学生模型提供学习的数据和相应的改进方法。

（2）**学生模型**

学生模型是一个较小的、轻量级的模型，其结构和参数量相对较少，计算和存储成本也相对较低。它的目标是在知识蒸馏过程中，通过学习教师模型的知识，提升自身的性能，使其在有限的计算资源下仍能达到较优的表现。学生模型可以是各种类型的神经网络，如我们熟知的小型的卷积神经网络（CNN）或我们上文经常提及的 Transformer 模型等。

（3）软标签

软标签是教师模型对输入数据进行推断后输出的概率分布，而不是像传统的一般为 0 或 1 的硬标签。软标签包含了关于类别间相对关系的丰富信息，例如，对于临床医学文献中出现的"App"这个单词，我们并不知道这个词汇的含义。教师模型可能给出靶点的概率是 0.80，而药物的概率是 0.15，其他的概率是 0.05，并将此作为学生模型的训练输入。而硬标签则直接输出的是靶点的概率为 1.0。

之所以使用软标签，是因为软标签包含了类别之间的相对关系和不确定性信息。这样的分布比硬标签更有信息量，能够帮助学生模型学习到更多的细节和类别之间的细微差异，从而更好地捕捉到数据的潜在结构，提升其泛化能力。软标签和硬标签的区别如图 4-29 所示。

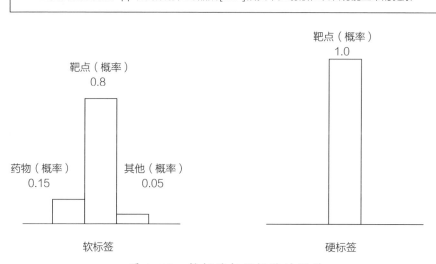

图 4-29　软标签与硬标签的区别

当模型对一段文本进行处理时，若该文为"……要目的是测定 App 靶向放射性药品氟［18F］洛贝平注射液在认识功能正常的健康……"，软标签给出的是各种可能的概率分布，而硬标签则是一种是与不是的判定。

（4）温度参数

温度参数（Temperature）是知识蒸馏中用于控制 softmax 函数平滑程度的一个超参数。在计算教师模型和学生模型的 softmax 输出时，温度参数会影响概率分布的平滑程度。当温度参数较大时，softmax 输出的概率分布会变得更加平滑，类别之间的差异会被放大，从而提供更丰富的类别间信息，有助于学生模型学习到更细致的类别关系。当温度参数较小时，softmax 输出的概率分布会更加集中，类别之间的差异会被缩小。通过调整温度参数，可以在知识蒸馏过程中平衡学生模型对硬标签和软标签的学习，从而优化学生模型的性能。

2. 蒸馏的过程

在大致了解了知识蒸馏的几个核心概念之后，让我们来完整地了解知识蒸馏的整个过程，如图 4-30 所示。整体的目标就是尽可能减小学生模型与教师模型之间的损失函数，即图中的损失函数部分的内容。

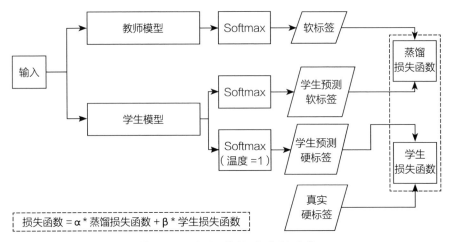

图 4-30　知识蒸馏的过程示意

首先在有一个大参数的教师模型的基础上，使用教师模型在训练数据上生成软标签。然后，学生模型通过优化一个蒸馏损失函数，学习教师模型生成的软标签和真实标签的组合。而这里也需要注意，蒸馏损失函数通常由两部分组成：一是学生模型与教师模型输出的软标签之间的损失函数，二是学生模型输出与真实硬标签之间的损失函数。之后，在评估和优化环节，通过不断调整学生模型结构和参数、优化温度等超参数，确保其在轻量化的同时继承教师模型的关键知识，达到较高性能。这样，一个有着大部分教师模型能力的学生模型就诞生了。

第五章

医药企业内部知识平台建设

医药行业是一个高度依赖知识的行业，就其自身的行业特点而言无论是研发数据、临床数据、竞争格局数据等都构成了行业中重要的竞争要素。在生成式人工智能的时代，更好地运用数据构建符合自身的知识情报体系，将是未来企业的重要资产。

在智能化与数字化时代，数据与知识作为医药企业管理者和员工做出业务决策、研发的重要依据，其生产和应用方式正经历着深刻的变革。知识不仅需要逐步走向前台，深度融入企业的生产经营活动中，而且还要成为提升企业核心竞争力的关键因素。然而，随着信息的开放性增强，海量的信息并不直接等同于高质量的知识。因此，企业在管理知识时面临着诸多挑战。

数据与知识管理的复杂性日益增加。在互联网环境下，信息的生产、发布、传播和使用变得异常便捷，任何医药行业的专业人士或机构都需要参与其中。这种开放性虽然为知识的生成提供了丰富的土壤，但同时也带来了医疗信息筛选和质量控制的难题。在被动检索模式下，知识的相关性往往依赖于人工的主观判断，而在主动问答或指令模式下，则要求系统能够提供大语言模型能力判断回答知识的准确性与业务的适配性，以避免对业务人员造成不必要的干扰。由于医药领域知识的专业性，知识的迭代更新成为医药企业知识管理的一大挑战。数据来源的多样化和更新速度的加快，要求医药企业必须具备新旧数据资产的差别化管理能力。企业需要实时积累新数据，同时迭代保留那些具有长期价值的老数据。此外，医药数据的模态也从单一的文本扩展到了图像、语音、视频等多模态形式，这进一步增加了数据与知识管理的复杂性。

在新经济背景下，医药企业需要根据自身业务需求，深度加工数据并生成知识体系，然后用知识驱动业务的智能决策或研发销售赋能。知识的价值需要在前台业务中得到证明，企业正在逐步探索知识资产的具体应用场景。数据与知识的完整性也是企业知识管理中不可忽视的一环。在产业链协作的背景下，企业需要获得具有一定广度的信息，并加工成环环相扣的知识，以推动业务协同与发展。任何信息与知识的缺失，都可能对企业的经营状态产生不利影响，甚至影响整个产业生态系统。

为了应对这些挑战，医药企业需要采取一系列措施来优化数据和知识管理。医药企业首先需要建立一套高效的数据整合与知识加工机制，确保知识的准确性和与业务的适配性。这些需要使用大语言模型能力来提高知识筛选和推荐的自动化水平。其次，医药企业需要建立数据迭代更新的机制，以适应数据来源的多样化和更新速度的加快，包括建立实时数据监控和分析系统，以及开发数据的动态更新策略。

医药企业需要将质量控制体系拓展到整个产业生态中，以确保数据与知识的完整性和质量。自建或与合作伙伴建立共同的医药数据管理标准，以及开发跨部门的知识共享与分析平台。

在数智化时代，医药企业的知识管理面临着前所未有的挑战，但同时也蕴含着巨大的机遇。通过优化知识管理策略，不仅能够提升自身的核心竞争力，还能够在新经济背景下实现可持续发展。

5.1　医药知识平台的意义

医药行业属于知识密集型行业，从数据到决策的需求是各大企业、医疗机构数字化转型的核心目标。知识管理对于医药相关机构的作用，就是在组织中构建一个量化与质化的知识系统，让组织中的资讯与知识能够不断地回馈到知识系统内，形成永不间断的累积，使个人与机构的知识成为组合智慧的循环，形成管理与应用的智慧资本。有助于医药相关机构做出正确的决策，提升竞争能力。

从数据到决策支持，在大卫·麦坎德莱斯（David McCandless）的《数据之美》（*Information is Beautiful*）一书中曾有过概括性的描述，书中将数据、信息、知识、智能分为四个等级，每个等级的跃迁都需要技术支持，对数据的整个挖掘过程也需要平台来承载。如图 5-1 所示，描述了在医药行业中，从数据到智能化的对应关系。

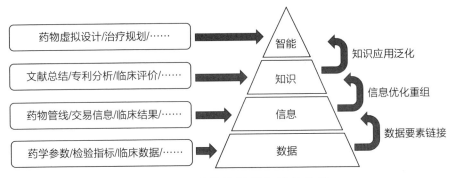

图 5-1　从医药数据到智能化关系

在医药相关行业中，每个等级有如下的解释。

数据：主要描述零散的医药原始数据，例如药物名称、适应证、作用机理、药学参数、临床数据、文献、专利、法规文件等；

信息：主要描述不同数据类型中的关系，例如药物管线、新闻中报道的药物交易、文献中报道的新的治疗方案等；

知识：主要描述从不同医药数据类型中组织的信息，例如生成文献摘要、总结报告、医学 Meta 分析文献等；

智能：主要描述知识的应用，例如投资决策建议、药物虚拟设计、临床治疗方案规划等。

构建知识平台需要一套思维框架，需要理解知识的多渠道获取与统一复用，同时为多个知识调用需求提供信息支持，让基于知识的服务和创新更顺畅。加强知识信息穿透共享，单一渠道获取能够多渠道调用，服务场景中的知识不再是孤立的存在，而是能够互相连接打通。知识之间需要清晰的血脉关系，保障知识信息一致性。基于服务体验的知识运营经验和方法，反哺知识沉淀和共享，持续优化不断夯实数据基础。如图 5-2 所示，描述了知识平台对业务转型的路径。

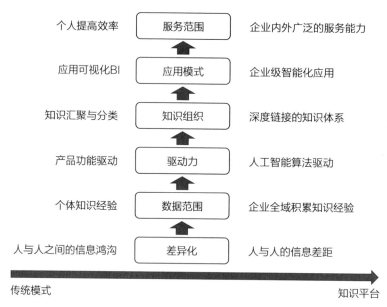

个人提高效率	服务范围	企业内外广泛的服务能力
应用可视化BI	应用模式	企业级智能化应用
知识汇聚与分类	知识组织	深度链接的知识体系
产品功能驱动	驱动力	人工智能算法驱动
个体知识经验	数据范围	企业全域积累知识经验
人与人之间的信息鸿沟	差异化	人与人的信息差距

传统模式   知识平台

图 5-2 知识平台与业务路径的关系

医药行业以其高度的专业性、数据密集型和知识更新迅速而著称。知识平台在此领域内扮演着至关重要的角色，它通过人工智能算法的应用，实现了对医药知识高效、精准的管理和应用。

由于医药企业以及医疗机构在研发决策、市场推广、用药决策等领域都需要各类数据支撑，决策方式也各不相同。故建立符合自身使用标准的知识平台，能够提高对研发投入的把控，形成良好的市场推广策略，给予病人更精准有效的药物治疗与照护。知识平台能够作为一种智能化知识解决方案，通过整合和处理来自基因组学、药物管线、临床试验结果、专利、文献等多源异构数据，这样就可以完成管线分析、专利追踪、临床报告生成等多项高价值业务。

基于医药大语言模型技术的应用是企业数字化的新阶段，医药知识平台可以有更加灵活的服务方式给企业赋能。大语言模型的应用使得从海量数据中高效汲取知识成为可能。知识可以帮助企业沉淀业务逻辑，将知识以机器可以理解的方式进行组织，从而实现数据的智能化应用，推动企业智能化发展。知识平台是基于人工智能技术形成的智能化知识解决方案。

它具有全链路的知识管理能力,覆盖知识的高效生产、灵活组织和智能应用。如图 5-3 所示,体现了医药知识平台的基本架构。

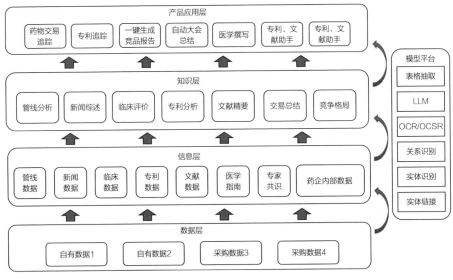

图 5-3　医药知识平台的架构设计

　　医药知识平台的建立能够帮助医药企业按照自身业务沉淀数据并生成决策意见,无论在研发场景与市场场景中都能事半功倍。以下提供三个例子,简单阐述医药知识平台的应用场景。

　　对于医药企业决策赋能方面,知识平台能够集成药企真正关注的数据,并形成决策意见。专注于抗体研发的企业可以只收集抗体药物的数据,这样能使数据更垂直聚焦。基于这些数据,通过 AI 模型抽取各自的对标公司,可以定点分析挖掘这些公司的产品细节与专利。通过对专利的挖掘,可以继续寻找相应的文献去了解抗体修饰的细节,这样从药物研发的角度能获得高效的技术收益。在应用层面,可以直接生成专利分析报告、对标公司分析报告等一系列决策性文件。这些工作都可以通过药企的知识平台一站式完成,大大提高了药企战略效率,决策方向也更有据可依。如图 5-4所示,展示利用知识平台帮助抗体偶联方向的药企进行信息挖掘、竞争格局分析过程。首先提出问题,通过医药知识平台中的信息,检索到相关药物。基于这些药物,能够关联到知识平台中的药物研发公司、药物核心专利、药物交易、药物临床结果，最后根据这些关联数据得到抗体偶联药物专利分析、药物交易分析与疗效分析。这些数据都是医药知识平台的建设内容，通过合理的方式进行搭建以满足决策分析的应用。

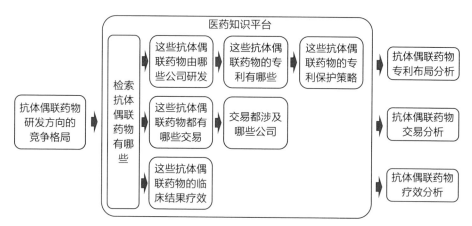

图5-4 抗体偶联方向药企进行竞争格局分析的过程

辅助医药决策是医药知识平台的核心使用场景，具体的决策路径可以参考2.2节医药情报洞察中讨论的思路。这些分析路径根据都可以作为逻辑加入知识平台，形成一个真正基于数据、知识的完整决策体系。

药企学术营销也是知识平台应用的重要场景。在学术营销中，主要通过药企与医生进行。学术营销的重要特点是向医生提供学术辅助，或帮助医生解决临床研究中的问题。例如给医生总结全球的最新肺腺癌临床结果，或分享合适的病历报告给医生。笔者长期从事肿瘤药理工作，对于肺部肿瘤与消化道肿瘤治疗有一定经验。在肿瘤治疗中，不同临床试验结果的比较是临床医生关注的重点。在不少医学会议上，大量医学专家集中讨论过如何选择随机对照实验研究，对于真实世界研究如何评价疗效等。在这样的需求场景下，医药知识平台需要收集全球重点会议的最新临床结果报道，并能够进行数据横向纵向的对比总结，甚至能够自动生成类似Meta分析的文献报告，这些信息需要立刻传递给医生用于学术沟通。值得注意的是，医生的问题角度会经常根据临床实际情况而变化，医药知识平台可以应对这样的变化，利用医药大语言模型的处理能力快速组合出医生需要的答案。

如图 5-5 所示，展示了动态输出临床解决方案的流程，通过医药知识平台能够理解医学问题，并进行论文查询，通过大语言模型形成文献综述与医学 Meta 分析的过程。

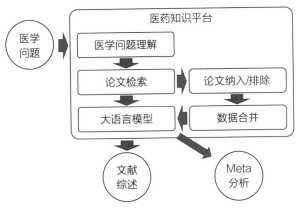

图 5-5　医药知识平台输出临床解决方案的流程

对于药物临床试验，选择好的临床合作者（PI）与好的临床试验中心（Site）至关重要。合适的 PI 与合适的 Site 能够提高药物临床试验的成功率。临床试验对于药企而言都是一笔巨大的费用投入，没有人希望这项巨额投资得到一个失败的试验结果。基于这个场景，医药知识平台需要收集到所有相关临床试验的信息，包括同靶点药物的临床试验、同适应证药物临床试验，甚至同药物类型的所有临床试验信息。基于这些信息抽取出患者入排标准、患者基线、临床试验结论等多维度信息。针对这些数据信息可以对既往所有的 PI 与 Site 进行打分，形成一整套 PI 与 Site 的画像。这样就能够辅助药企根据自己的项目挑选合适的 PI 与 Site，除此之外还能够分析历史上所有临床试验的入排方案，为当前临床试验方案的设计提供数据支持。如图 5-6 所示，利用医药知识平台构建 PI 与 Site 画像。

总之，医药知识平台能够打通从数据到决策的闭环路径，能够快速加工知识对外提供服务。生物医药是一个知识密集型的产业，对数据情报的快速处理，就能够先人一步快速掌握全行业的动态。未来是智能化的时代，药企对知识平台的构建也是对未来布局的投资。

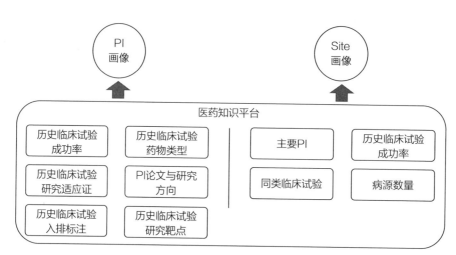

图 5-6　构建 PI 与 Site 画像流程

5.2　医药知识平台的构建方法

医药知识平台是未来企业数智化转型的核心平台，也是临床智能化的核心应用之一。构建完整全面的信息智能机制，从企业的角度能够占领情报的先机，从临床的角度也能将更新、更有效的治疗方案快速应用于患者。

药企内部知识平台的构建对于推动数字化转型、整合多元异构数据、实现文本数据语义结构化、挖掘复杂关联关系、灵活响应行业业务动态变化、全链条助力智能化转型、提高效率和业务绩效、实现更有效的质量风险管理、增强基于风险的决策、支持个性化服务、多渠道互动以及全流程数据采集驱动业务洞察等方面都具有重要意义。通过搭建数据中台，药企可以实现数字化资产的沉淀和数据挖掘，赋能研发、生产、营销等环节，降本增效，同时，医药知识平台还能助力药企打造"以患者为中心"的个性化服务，围绕预防、诊断、治疗、康复等生命周期全过程为患者提供服务，探索更多数字化的医生教育和患者教育方式，并为医患之间的交流互动搭建平台。

临床知识库在医疗领域具有深远的意义，它不仅能够辅助医生进行诊断和治疗，提供全方位的患者信息，还能促进医学研究，整合医学数据和文献，发现新的治疗方法和药物。此外，临床知识库通过构建患者健康状况的知识图谱，帮助医疗机构更好地管理患者健康，并提供个性化的健康建议。在药物研发方面，知识库分析药物成分、作用机制和副作用，加速新药研发。同时，它提升医疗服务质量，为医疗工作者提供准确的诊疗信息，支持医疗决策，也为患者提供自我管理健康的信息。临床知识库还是临床决策支持系统的基础，提供决策建议，减少医疗差错。它为科研人员提供研究素材和数据支持，促进学术交流和合作，加快医学研究的进展和成果转化。此外，临床知识库通过数据分析和挖掘，为医生提供个性化的建议和模型，提升服务的质量和效率，为医生提供规范的诊疗指南和方案，帮助他们做出更加科学的诊断和决策。

医药知识平台构建是一项系统工程，也是一个"一把手"工程，不但需要企业领导来推动，也是整个企业数智化转型的重点工程。知识平台的建立需要从知识梳理到平台运维全方位联动，通常有以下6个步骤可以参考。

1）需求梳理：首先需要明确医药知识平台的建设目标和应用场景，以及企业的实际需求和现状。这包括对企业的业务流程、知识类型、知识需求等方面的深入了解。

2）顶层设计：根据需求分析的结果，整体设计医药知识平台的数据规划、技术规划、服务规划，确保能够满足未来的产业需求，同时需要制定出不同阶段平台的开发侧重点。

3）数据处理与规划：针对数据入库、数据更新、数据扭转做详细的设计规划。需要汇总药企各个部门需求，之后基于各部门需求进行数据需求的梳理。

4）技术能力构建：选择合适的技术和工具来实现医药知识平台的功能。这包括云计算、大数据、人工智能等技术，以及相应的软件和硬件设备。

5）开发与测试：按照架构设计和功能模块的划分，进行具体的开发工作。同时，需要进行数据的采集、清洗和整理工作，以保证知识的质量和可用性。对开发完成的医药知识平台进行测试和优化工作，发现并解决潜在的问题和瓶颈。这包括对知识的检索效果进行优化、对智能问答功能的测试等。

6）运维与服务：对运行中的医药知识平台进行持续的运维和更新工

作，以保证其稳定运行满足企业不断变化的需求。这包括对系统的日常监控和维护、对知识的定期更新等。

以上 6 个步骤可以作为医药知识平台建设的路径，每一步前后相接环环相扣。图 5-7 描述了这 6 个步骤的产出物与衔接关系。在需求梳理与顶层设计阶段，需要输出需求分析报告与顶层设计方案，其中规划了平台需要解决的问题与基本设计思路。在数据处理与技术构建阶段，需要完成详细的医药知识平台设计方案，包括划定的数据范围与技术选型。在开发测试与运维阶段，需要按照之前的设计规划进行开发，所需要的数据与技术进入采购阶段，工程开发与平台运维按照计划进行。

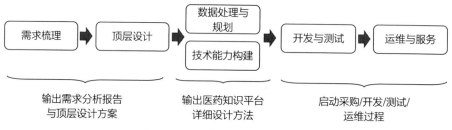

图 5-7　医药知识平台的构建

5.2.1　需求梳理

医药知识平台是药企内部系统，解决药企内部数据沉淀与利用共享的问题。在构建医药知识平台之前，需要认真进行需求梳理工作。

第一，需要进行药企部门的梳理分析，需要确认都有哪些部门会使用知识平台。通常来讲可能会用到知识平台的是药企中对情报要求较高的部门，例如研发部、医学部、市场部等。在完成部门梳理之后，有一个非常现实的情况就是如何让这些部门将这个平台用起来。所以在立项之前，需要与各个部门进行充分的沟通，特别是与部门负责人进行沟通。

第二，进行部门需求的梳理，这是医药知识平台的核心。每个部门有不同的使命，对数据决策也有不同的需求。这就需要深入到各个部门中进行实地访谈，需要有懂医药业务的平台负责人去推动这个项目。

医药知识平台的搭建有两种方式：自建平台与供应商共建。但是牵头部门一般是药企的数字化部门或 IT 部门，也有部分药企专门建立了 AI 部门或创新中心。无论是药企自建平台还是引入第三方供应商，平台建设资金预算一般属于数字化相关部门。从供应商的角度也能够知晓如何接洽到客户的牵头方。

1. 药企部门梳理

大型跨国医药企业的部门设置，与创新药企业有较大区别，本书以大型跨国药企的部门设置举例，介绍各部门业务。由于各企业部门设置差异较大，本书仅以样例的形式予以说明，某些药企部门设置与本书介绍内容有差异属于正常现象。如图 5-8 所示，概括了大型医药企业的主要部门设置情况。

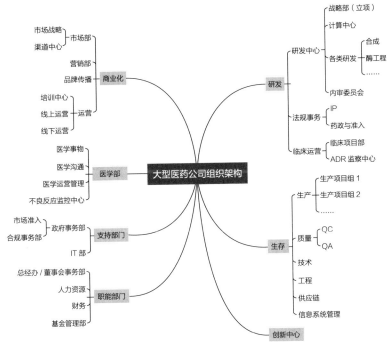

图 5-8　大型医药公司组织架构

下面就一些典型部门职责进行分析，阐述与医药知识平台的使用场景。药企的研发部门是企业创新和竞争力的核心，也是医药知识平台使用的核心部门。研发部负责从基础研究到临床前研究，再到临床研究的全流程。该部门致力于发现和开发新的药物分子，进行药物的合成、筛选和优化，同时又要确保药物的安全性与有效性以及药物质量。此外，研发部门还负责制定研究计划、监督实验进展、分析实验数据，并与监管机构沟通以确保研究符合相关法规和标准。药企研发部使用知识平台查阅文献，分析全球同类研发药物的专利布局。特别是在药物设计阶段，研发部门需要从文献、专利中寻找不同药物修饰的药理毒理数据，以及不同分子的构效关系、亲和力等核心要素。只有这样才能设计自己公司的药物分子。知识平台需要能够提供以上所有的数据类型，并且能够提取出研究人员最关注的部分来提高文献与专利的阅读效率。有些公司法律部也属于研发部门，主要用于专利分析的需要。

药企生产部门承担着确保药品按照批准的工艺规程生产、贮存的重要职责，以保证药品质量。他们负责制定和执行生产计划，确保生产过程符合药品生产质量规范的要求。生产部门还需负责生产过程中的质量监控，审核所有的批次生产记录，并确保记录的完整性与准确性。此外，他们还需合理调度生产，及时协调处理生产环节中出现的问题，确保生产的正常进行。生产部门还涉及车间厂房、设备、设施的监督检查，确保其能满足生产需要，并参与产品、工艺、设备的变更和评估工作。他们还需加强物料管理，降低生产成本，提高效率，并严格执行安全生产、劳动保护等管理规定。药企生产部门的职责是多方面的，涵盖了从生产计划的制定到生产过程的监控，再到产品质量的保证等多个环节，以确保药品的安全、有效和质量可控。对于知识平台而言，药企生产部门需要严格遵守药品生产质量规范的规程，应对飞行检查、文审以及多类内审外审的工作，这些文件都可以放到知识平台中进行处理，利用大语言模型能够实现问答以及文件摘要。

药企商业化部门的职责主要集中在推动产品的市场准入、销售和商业运营。这个部门负责制定商业运营战略，包括产品定价、市场定位、销售渠道策略和促销策略等。商业化部门由于负责销售工作，特别是医药领域的学术营销。销售可以利用医药知识平台获取最新临床文献分享给医生，也可以通过知识平台生成文献综述为医生提供学术营销。这些工作可能与医学联络官共同完成，双方都能利用知识平台输出临床研究或病历报告。商业化部门还需要负责组建和管理销售团队，制定销售目标和策略，并跟进销售业绩以提升销售效益。此外，该部门还涉及客户关系管理，与客户进行沟通和交流，建立和维护良好的客户关系，了解客户需求，提供优质服务。市场推广活动，如展会、研讨会、学术交流等，也是商业化部门的职责之一，目的是提升企业形象和产品知名度。商业化部门还需预测市场发展趋势，进行趋势分析，及时调整市场策略，抓住市场机遇。竞争对手分析也是商业化部门的重要职责，监测竞争对手的市场策略和动向，为企业制定竞争策略提供参考。药企商业化部门是企业将研发成果转化为市场竞争力的关键环节，涉及从市场研究到商业化推广的全过程，旨在实现公司的战略目标和经济效益的最大化。

药企医学部负责向医生、研究人员、科学家和药剂师传递相关的科学信息。医学部负责支持已经上市的药物推广、上市后临床研究制定以及不良反应监测等工作。医学部还负责收集和总结分析重要的医学信息，以支持中央医学部制定医学策略。组织地方或区域层面的医学教育活动，包括项目开发、选择演讲者，以及与治疗领域医师合作组织国家和区域层面的医学教育活动，也是医学部的重要职责。医学部还需要进行区域医学培训，将与关键意见领袖沟通过程中收集到的学术观念内部反馈给销售部的同事。医学部是医药知识平台的重要使用者，需要更全面的临床文献、医学指南以及病历报道等。医学部首先需要能够检索到这些文献资料，通过大语言模型技术对该文献进行问答。医药知识平台还需要能够对此类文献具有总结的能力，甚至能够直接生成报告与PPT演讲稿。医学部使用知识平台能够更快、更全面地服务医生群体。

除了以上四个大部门外，还有很多二级部门对知识平台有较高需求。例如药物警戒部门、政府事物部门、临床运营部门等。对药企组织架构进行梳理，确定核心使用者的角色，这也是建立医药知识平台的先导条件。

2. 业务需求分析

在完成对药企部门的梳理之后，需要对每个部门的需求进行逐一细化。本节内容，我们从两个角度进行讨论。第一个角度，我们从对各部门需求梳理的角度来讨论不同部门的需求细节；第二个角度，我们从第三方供应商的角度，来讨论如何针对医药知识平台进行投标应标。

部门需求需要细化。按照部门来细化场景是构建医药知识平台的第一步。在这个过程中，各部门的需求需要进行完整阐述，明确需求后需要构建数据与业务流程。对于不同的需求，需要划分多个数据集以及数据处理流程，只有在完成每个流程之后才能够对医药知识平台进行总体设计。本节会梳理一些部门的典型需求，完成数据业务流程图的绘制。

研发部门我们限定在药物临床前研究，该部门主要的需求是关注全球同类药物管线与药物设计。在进行药物设计的前提是对全球专利的充分研究，以避免分子结构造成侵权。

监控全球药物管线几乎是所有制药领域的共同需求，特别是创新药企业。对于这部分需求最重要的是对全球创新药公司进行完整的监控。首先获取全球监控创新药公司 pipeline 页面、药监局数据、主流医药新闻网站、公司发布的文件、医药大会文件等。这些数据需要每日监控更新，在每日完成数据汇总之后，需要对比现有药物的研发状态用于更新药物管线数据。如图 5-9 所示，体现药物管线监控与归一化，图中从新闻、文献、报告三个数据渠道获得了三条药物管线的研发状态，佐妥昔单抗的研发代码中包含了 ASP8951 与 GC-182，所以不同来源的数据最后需要归一化到佐妥昔单抗的标准药物名称上，适应证名称也需要标准化。在收集信息时需要注意，大多数药物都存在商品名、研发代码、通用名等类名称，在不同数据源中获取到的各类名称，都需要归一化到同一个药物 ID 中。

药物分子的设计研发部门的核心工作，创新药通常是站在前人的肩膀上进行设计的，改变其化学结构，需要查阅大量文献或专利获取之前研究的药物活性信息。小分子药物的结构修饰，通常关注分子构效关系与药理毒理学数据等；大分子药物特别是抗体药物，通常关注靶抗原的特异性、

序号	药品名称	适应证	研发状态	国家
1	佐妥昔单抗	Claudin 18.2阳性胃癌	上市	美国
2	ASP8951	Claudin 18.2突变胃癌	上市	日本
3	GC-182	胃食交界腺癌	上市申请	中国

新闻 ➡
文献 ➡
报告 ➡

药品名称归一化   适应证名称归一化 ⬇

序号	药品名称	适应证	研发状态	国家
1	佐妥昔单抗	Claudin 18.2阳性胃癌	上市	美国
2			上市	日本
3		胃食交界腺癌	上市申请	中国

图 5-9 药物管线的监控与归一化

亲和力、结合动力学和表位竞争等。这部分信息存在于文献与专利中，需要下载原文进行数据提取，也便于检索和比较。如图 5-10 所示，体现了药物分子设计中的信息整合过程。首先从不同文献、专利中获取目标药物骨架的结构并抽取药物活性数据，对比研究化合物结构改变与活性数据变化的对应关系，汇总数据进行新化合物结构的设计。

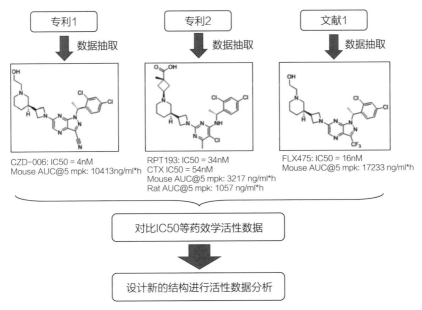

图 5-10 药物分子设计中的信息整合流程

专利保护分析也是研发部门关注的重点。需要绕开专利保护的部门进行药物设计，以免产品侵权。专利的分析过程首先需要准确获取相关药物的核心专利，在对这些专利的标题、摘要、权利要求与说明书进行详细分析，同样需要方便于研发人员检索。如图 5-11 所示，展示专利数据的处理逻辑。首先从不同国家专利局获取专利，对主要内容进行数据分析。权利要求是专利中主要的保护内容，对于医药行业主要的保护类型为化合物、序列、组合物、晶型等保护类型。

专利保护类型的判定可以使用 AI 模型进行，简单来讲是一个对自然语言的分类器。例如在权利要求中的如下描述"R_{5a} 和 R_{5b} 各自独立地是氢、卤素、杂烷基、烷基、烯基、环烷基、芳基、饱和的或不饱和的杂环基、杂芳基、 炔 基、—CN、—$NR_{13}R_{14}$、—OR_{13}、—COR_{13}、—CO_2R_{13}、—$CONR_{13}R_{14}$、—$C(=NR_{13})NR_{14}R_{15}$、—$NR_{13}COR_{14}$、—$NR_{13}CONR_{14}R_{15}$、—$NR_{13}CO_2R_{14}$、—SO_2R_{13}、—$NR_{13}SO_2NR_{14}R_{15}$ 或—$NR_{13}SO_2R_{14}$，其中该烷基、烯基、炔基、环烷基、杂芳基、芳基和饱和的或不饱和的杂环基任选地被至少一个取代基 R_{16} 取代"，这明显就是一个化合物保护的权利要求。例如权利要求中如下描述"其中该 B 细胞增殖性疾病是 B 细胞恶性肿瘤，选自淋巴瘤、非霍奇金淋巴瘤（NHL）、弥漫性大 B 细胞淋巴瘤（DLBCL）、套细胞淋巴瘤（MCL）、滤泡性淋巴瘤（FL）、慢性淋巴细胞白血病（CLL）、小淋巴细胞淋巴瘤（SLL）、瓦尔登斯特伦巨球蛋白血症（WM）、边缘区淋巴瘤（MZL）、毛细胞白血病（HCL）、伯基特样白血病（BL）或其两种或更多种的组合"，这类明显是一个医药用途的专利保护。在我们处理数据时，需要标注好权利要求描述与对应的保护类型，使用这些数据才能训练出自动化分类权利要求的 AI 模型。

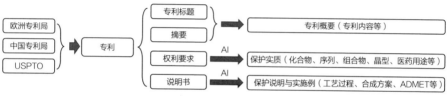

图 5-11　药物分子设计中的信息整合流程

药物制备工艺也是研发人员需要的重要信息。对于小分子药物的合成工艺，合成底物、合成条件等需要借鉴不同文献中的已有经验。大分子药物中，抗体药物提纯化等过程也需要查阅大量文献与专利。从数据处理的角度，需要从文献数据库与专利局准确获得与制备纯化相关的文献与专利，然后提取工艺的试验制备过程。如图 5-12 所示，展示了数据处理流程。

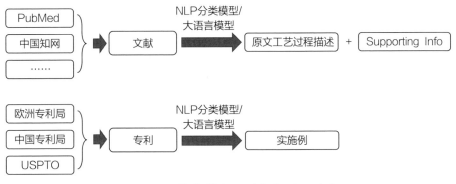

图 5-12 药物制备工艺数据处理流程

通常来讲，在论文或专利中关于药物制备或合成工艺的描述有显著特点，能够使用自然语言处理算法对文本进行分类得到，也可以使用大语言模型直接进行抽取。药物合成工艺的描述是一个试验过程，后面会附有该物质的表征数据。如下为药物仑伐替尼专利 CN101029022B 中的实施例 93，是一个典型的药物合成工艺描述文本。

实施例 93

N-（4-（6-氰基-7-（4-氯丁氧基）-4- 喹啉基）氧苯基）-N'-（4-甲氧基苯基）脲

将 N-（4-（6-氰基-7- 羟基-4- 喹啉基）氧苯基）-N'-（4-甲氧基苯基）脲（200mg）、碳酸钾（65mg）和 1-溴-4-氯丁烷（81μl）混悬在二甲基甲酰胺（3ml）中，加热搅拌 1 小时 50 分钟。将反应液注入饱和食盐水中，用乙酸乙酯萃取。用硫酸镁干燥有机层后，通过 NH 二氧化硅［富士 silicia（シリシア）化学］，用乙酸乙酯充分洗涤，浓缩滤液。将得到的固体用乙醚洗涤、干燥，得到标题化合物 110mg。

1H–NMR（DMSO-d6）δ（ppm）:1.96–2.00（4H,m），3.72（3H，s），3.77–3.80（2H，m），4.33–4.37（2H，m），6.53（1H,d,J = 5.2Hz），6.88（2H,d,J = 8.8Hz），7.23（2H,d,J = 8.8Hz），7.38（2H,d,J = 8.8Hz），7.60（2H,d,J = 8.8Hz），7.62（1H,s），8.65（1H,brs），8.73（1H,d,J = 5.2HZ），8.77（1H,s），8.90（1H,brs）.

2）医学部

医学部主要是指负责药物上市后的医学事物部门，该部门的主要工作是与医生开展学术研讨，举办学术会议等。该部门主要任务是与医生开展学术合作，维护医生关系，辅助销售并进行学术营销。在这种场景下，该部门对于临床试验数据具有非常大的需求。

临床结果分析是医学联络官对医生输出的学术材料，特别在开完国际大型会议之后，有不少新的药物新疗法被报道。这些内容都需要整合出来与医生开展学术交流。在此需求背景下，快速获取临床结果，并能够快速整合临床结果的能力是医药知识平台的能力要求。临床结果获取通常来自医学文献、国际大会文献或口头报告，平台需要监控这些数据源从而得到最新的数据。临床结果一般有以下几个需要关注的要素：入排标准、患者基线、临床终点。其中临床终点包含药物的有效性与安全性。这些关键要素都需要准确抽取，以便于高效提供给医生进行交流。如图 5-13 所示，展示了临床结果的内容要素处理过程。

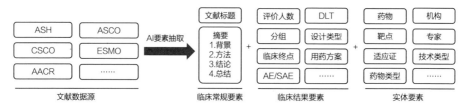

图 5-13 临床结果的内容要素处理过程

医学部门需要总结大量文献形成综述，以便于服务于医生团体。这是一个日常性的工作，医药知识平台需要能够快速总结选定的文献，形成文献摘要。该过程首先需要监控大量的文献数据源，通过 AI 技术进行要素抽取。文献常规的要素包括标题、摘要、引用等数据，文献的实体要素包括在标题、摘要中出现的各类药品名称、靶点名称、公司名等内容。这些内容都能够通过自然语言处理技术来进行抽取，从功能上讲，能够允许用户按照药物、适应证、靶点等多个维度进行筛选，选中一批需要综述的文献，经过大语言模型对抽取数据的整合概括，一键形成综述内容。如图 5-14 所示，文献的综述处理过程如下。

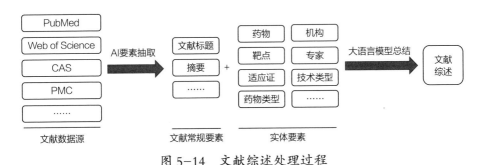

图 5-14　文献综述处理过程

3）战略与投资部门

药企的战略及投资部门是企业的核心大脑，负责分析决策企业未来的发展方向。有关药物管线引进与转移的业务工作也需要该部门参与。对于战略的决策，需要多维度的数据分析，所以该部门会分析涵盖其他部门的多类需求，例如全球药物管线监控、专利分析等。交易监控是本部门或市场部较特殊的需求，我们重点进行讨论。

交易监控主要是指在本研究领域内，全球有没有药物管线的交易事件。重大的药品交易事件发生，代表整个资本市场对该研究方向的认可。同时在有重大药品交易时，意味着本赛道交易空间会进一步变窄，需要谋求差异化路径。监控交易的途径通常来自药企公开的报告与医药新闻，在对数据进行获取后，需要借助 AI 模型提取出交易金额、授权地区、首付金额等多个要素。具体过程如图 5-15 所示，药物交易监控的数据流程。

4）供应商投标

医药知识平台项目涉及非常多的业务部门，对 IT 人工智能等技术要求较高，医药企业往往会找第三方供应商进行开发，所以存在投标比选过程。

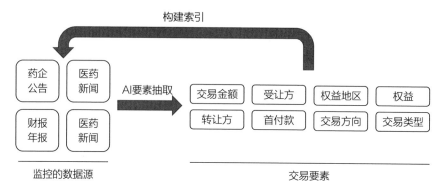

图 5-15　药物交易监控的数据流程

医药知识平台是一个长期工程，需要分多个阶段来完成。作为供应商需要拿出合理的解决方案，才能获得甲方的青睐。表 5-1 给出了某大型医药公司发出的医药知识平台招标需求书的一部分。甲方的需求书往往是模糊的，甚至只有描述性语句，在这种情况下需要供应商利用自身项目经验给甲方提供完善的解决方案。

表 5-1　某大型医药公司医药知识平台需求书

需求书

随着商务拓展（BD）业务的不断扩大，公司正在加速产品引进和商务合作的步伐，聚焦战略领域，拓展新兴技术平台。BD 业务的发展依托于高效率的 BD 流程，从 sourcing 评估到 DD、TS、合同谈判，每一步均需要坚实的信息支撑来做出判断。目前而言，在治疗领域深挖还不够系统，需要系统的梳理，为初期项目评估和筛选提供必要的支持。

一、项目需求

该项目范围需要包含以下几方面：

1. 帮助公司建立在相关疾病领域能够持续追踪潜在 BD 交易标的的信息库

2. 形成一套如何筛选 BD 项目潜在合适标的的方法论，以下为涉及的维度：

a）涉及肿瘤、自免、外科、儿科疾病领域

b）上述领域相关的分子

c）分子对应的不同靶点

d）靶点对应的机制

e）专利到期时间

3. 根据信息库和筛选条件，出一个潜在的清单，并进行优先级排序

4. 从覆盖标的中，根据疾病不同分型，建立其对应的流调信息、市场竞争格局。根据竞争格局对未来商业判断确定评判标准

二、方案要求

1. 要求对公司相关数据库做完整的描述，包括覆盖的国家地域范围、疾病领域、能提供的有价值信息、数据库特色等。

2. 要求提供抓取、分析数据的一整套完整方法论，尤其是对于外科、儿科领域如何进行筛选。

3. 要求提供可为该项目提供的资源保障

a）国内此类项目的过往项目经验及落地成果

b）项目组团队成员背景，研究的方向，擅长的类别

4. 要求提供项目计划时间表及报价

有一点需要说明，通常投标方是一些医药数据库的公司，内部有大量数据来支持项目。在这种情况下，基于甲方发出的需求书可以分为以下五个步骤来完成需求分析，如图5-16所示。

图 5-16 需求分析步骤

第一步：确定需求维度

从甲方需求书可以得知，平台主要为商务拓展服务，用于提高商务拓展的业务效率构建完整的决策支持数据体系。依据这个目标，对全球肿瘤、自免、外科、儿科、大外科领域药物研发项目进行分析，对潜在项目进行估值，对竞争格局进行商业判断。可以看出，本次需求的重心是估值与商业判断。在理解需求的前提下，再进行数据范围的确定。

第二步：确定数据范围

按照需求书描述，数据范围如下。

①药物管线

范围：肿瘤、自免、外科、儿科、大外科领域。

内容：药物名称、分子结构、管线分布、相关专利、相关交易、药物研发公司、各国审批情况、临床结果、开展的临床试验登记、相关交易等。

②交易事件

范围：药物管线的相关交易。

内容：转让方、受让方、交易金额、里程碑、首付款等。

③靶点

范围：药物管线涉及的靶点。

内容：靶点机理描述、疾病领域、该靶点药物管线如何。

④专利

范围：药物管线涉及的专利。

内容：专利标题、摘要、权利要求、说明书、预估到期日、专利分类、同族情况、优先权、IPC 分类等。

⑤适应证

范围：肿瘤、自免、外科、儿科、大外科领域。

内容：适应证描述、流行病学信息、该适应证下药物管线、该适应证的临床结果等。

根据客户的直接需要，可以梳理出上述数据范围。但更需要的是对需求进行延伸分析，扩展出的数据中能包含其他相关信息。例如临床结果中需要包含药物有效性、安全性信息，需要梳理药物临床终点类型与指标，安全性信息中有需要明确标识出不良反应的类型与严重等级。对于监控药物的研发公司，也有大量相关数据需要添加。这些内容都需要供应商补充，所以供应商需要对医药数据有深刻认知才能满足客户需求。

第三步：给出分析方法论

解决方案方法论的设计，能够体现供应商的核心能力。对于项目评估、竞争格局的分析方法可以参考 2.2.1 药物市场竞争格局分析中的内容。

第四步：确定技术能力

在完成前三步分析后，则要确定完成这些需求，需要哪些技术能力，特别是 AI 技术。在这些技术中，哪些技术能力是自身具备的，哪些需要使用其他厂商的接口完成。对于需求书中的内容，最重要的能力是将数据互联互通，这就要依赖于命名实体识别这一项 AI 能力。通过这项能力，可以直接一次性地将数据中的药物名称、靶点名称、适应证名称、公司名称直接抽取出来，并能够在各种不同数据之间形成链接。通过这项技术，可以使甲方能够通过这些提取的名称中直接检索到所有相关数据，构成了数据的纵向联通，形成决策链条。

第五步：项目进度排期

进度排期不但考验供应商的执行能力，也体现供应商的解决方案能力。医药知识平台项目不是一次性工程，而是应该分为不同的阶段，每个阶段解决一个核心问题。例如本次讨论的需求书中目标是针对商务拓展场景，这个场景可以划归两期计划来完成，后续科研场景可以作为第 3 期进行追加。当然项目排期的重要决策因素是甲方公司的预算，这需要与甲方多沟通确定好合理的分期方案。

5.2.2　顶层设计——确定目标与节奏

在完成数据与需求梳理之后，需要确定医药知识平台的顶层设计。系统的架构过程传统软件行业已经有一套完整的方法论，从顶层架构到详细设计。这些通用平台设计方法我们在这里不再赘述，本章主要从医药行业特点，从药物研发到临床应用过程角度讨论医药知识平台的构建方法。

知识平台的建设通常是以场景为导向，以解决具体问题为出发点的。知识平台的建设更强调与业务场景结合。因此，知识平台的建设是一个由小到大逐渐深入的过程。

在构建知识平台的过程中，企业需首先从宏观视角出发，进行战略层面的规划，以构建知识平台的架构体系。知识平台的构建往往以特定场景为指导，旨在解决特定的问题。知识平台的重点在于对数据的圈定与处理，围绕对自身企业业务场景的梳理，确定数据类型与数据形式是知识平台建设的基石。因此，企业应准确识别并选择最具业务价值、能够迅速实施的业务场景作为切入点，确定需求的数据与数据形式，开展小规模的试点测试，以快速验证知识平台在业务场景中的应用价值。此外，企业还应建立相应的组织结构、运营机制和监管体系。

在试点阶段取得成功后，企业应逐步在核心业务领域深化探索与创新，并制定数据与知识服务规范，以及相关的人工智能技术，促进知识平台在企业内部的推广与应用。这一过程将有助于企业转型为一个以知识为核心的新型组织，从而提升其在数据与智能化时代的竞争力。

对于生物医药企业，首先需要确定知识平台解决的问题类型，才能开展知识平台的架构工作。以 5.1 节中提到的加速生物医药企业研发赋能为例，不同的企业具有不同的赋能方案。部分企业的重点是对文献进行挖掘，通过对文献中数据进行抽取分类直接提供给研发人员使用。包括药物临床前药物吸收、分布、代谢、排泄和毒性数据，以及药物临床结果中有效性与安全性数据。部分企业的重点是对于专利进行挖掘，提取出药物化合物专利中马库什结构以及重点保护的分子结构。不同的企业具有不同的研发认知，所以在需求上具有不同的侧重。所以医药知识平台是一个持续性建设的工作，基于不同需求逐步完善成为一个综合智能平台。这也就是在5.2.1 节中讨论的需求梳理需要解决的问题。

在做医药知识平台的顶层架构时，需要充分考虑药企各个部门间需求的联动性。需要设计不同阶段不同重点的解决方案，同时匹配上计划的资金预算。这里我们解释医药知识平台顶层设计的三要素：数据规划、技术架构、服务设计。如图 5-17 所示，体现了三要素的关系。服务设计代表总体需求，用于指导数据规划与技术架构。数据规划与技术架构相辅相成，在满足服务设计的前提下，两者相互调优。

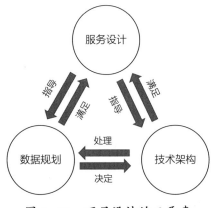

图 5-17 顶层设计的三要素

数据规划在前面的章节已经讨论过，由于医药知识平台的建设是一个持续性进行的过程，作为顶层设计必然需要兼顾后续的数据业务。在设计时，每一期的建设过程需要估算出数据的采购金额与治理金额，以及后一期平台建设需要如何进行数据融合。数据与需求的关系应该在顶层设计之前梳理清楚。

技术架构主要关注技术能力，特别是大语言模型技术这些较新的 AI 能力。需要评估这些技术的复用性，以及预留训练新模型的预算。对于需要采购的 AI 技术，一定要准备多家供应商，并且严格判定是否能够满足当前需求。

服务设计要基于当前需求进行延伸。要规划当前做什么，未来可能做什么，当前的数据和技术是否能为以后的场景做服务。

医药知识平台的建设是一个从上到下、从思维到实践的体系化革新工程。以知识平台在业务中发挥最大效益为目标，生物医药企业需要做好全面的准备，特别是企业负责人需要深刻认识知识平台的价值，才能做好相对完善的规划。包括制订战略规划，培养组织文化，建立制度流程，完善技术设施等。此外，企业需要指定专业部门负责知识平台项目的全生命周期管理，投入必要的资源，以保证知识平台落地的可行性与有效性。如图 5-18 所示，药企建立知识平台项目流程设计的核心考虑要素。

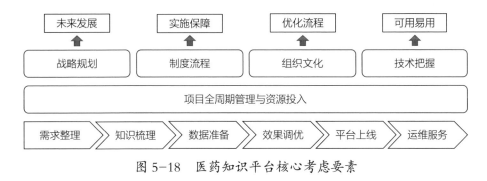

图 5-18　医药知识平台核心考虑要素

战略规划：确定当前业务现状与目标，评估后续需求变化的知识需求，以及对业务增长的战略价值。可以考虑引入外部咨询机构、数据服务商、IT 厂商联合制定知识平台的部署实施方案与行动计划。

制度流程：医药知识平台是绝对的"一把手"工程，只有得到企业最高领导的认可才能顺利实施。在开发过程中，需要药企用制度流程来保障平台的顺利实施。同时打破企业内部的信息孤岛，推动知识平台与业务流程的深度结合，发挥知识应用的价值，建立健全知识平台相关管理制度和流程。

组织文化：宣导知识对企业的价值，激发员工参与热情，鼓励员工加强知识的贡献与分享。在分享知识的同时，优化原有的工作流程，使知识平台能够真正发挥作用。

技术把握：完善必要的 IT 基础设施（如数据中台），有效治理各类生物医药相关数据。自研或引入外部智能化能力，良好利用大语言模型等智能化工具。良好的技术把握保障了知识平台的可用易用性，在出现问题时也便于及时处理。

全周期项目管理和资源投入：建立强有力的项目保障团队，做好 IT 部门、业务部门、外部厂商等多方面协调工作；管理层高度重视知识平台建设和运营，确保人力、资金、数据等资源的持续投入。

5.2.3　数据智能平台建设

在完成需求梳理与顶层设计之后，我们需要对整体数据层进行详细设计。整体平台需要明确对数据的来源，以及数据如何扭转、如何对齐、如何链接。同时还需要考虑对数据如何进行展示。在 3.2 节与 3.3 节中，我们详细讨论过数据的治理与获取问题。本章中我们需要结合数据平台，整体把握医药企业的核心应用场景。

1. 数据智能平台设计

在需求分析中，确定了数据的范围。在顶层规划中，需要保证未来数据追加的灵活性。对于整个数据平台而言，需要明确数据源、数据存储字段设计、算法池、业务表设计等内容，如图 5-19 所示，给出了医药知识平台的通用架构设计，数据平台设计是基于前期各部门内部需求梳理而确定的。

整个医药知识平台的数据分为五个处理过程：原始数据采集、数据实体标准化、医药情报元数据、应用接口数据、产品信息。

原始数据采集属于原始数据的收集工作。包括从目标的数据源、前端埋点、爬虫系统等多种数据源获取数据。数据采集框架负责存储和管理各

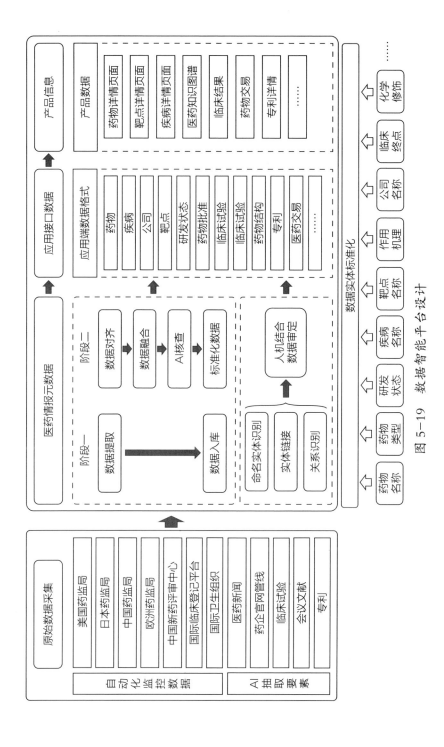

图 5-19　数据智能平台设计

种结构化或非结构化的数据，包括数据表的组织和数据的查询、更新、删除和插入等基本操作。例如自动化地监控各国药监局动态，使用 AI 技术抽取医药新闻、临床试验、医药会议文献等数据中的实体药物与相关信息。

数据实体标准化是生物医药数据较独特的部分，无论是适应证、药物名称、靶点、药物类型等数据都需要构建标准字典表，这样才能将从多个数据源中获取到的数据进行对齐，使从不同数据源获取到的信息能够联通。例如我们获取了大量新闻与临床试验结果，需要使用曲美木单抗这个药品名称，将这些新闻与临床试验结果中有关曲美木单抗的内容进行提取。不同数据源药物名称的叫法多种多样，我们需要将药物名称归一到一个标准的药物名称上，才能够完成上述的信息合并。

医药情报元数据是指在原始采集数据经过数据治理后获得的元数据。数据治理包括数据清洗、数据转换、数据融合等关键技术，确保数据的质量和可靠性。对于生物医药数据的治理不仅包含提升数据价值的内容，如数据管理、数据目录、数据质量等，也包含数据消歧与标准化等服务。

应用接口数据是指在完成标准化数据之后，将应用端数据封装为标准的 API 进行服务。应用接口数据已经是成熟的数据服务方式，能够接入各类系统进行数据传输。

产品信息本质上不是一种数据形态，而是向用户展示的最终产品形态。产品通过 API 获得数据，可以组合成各种各样的服务页面，也能进行各种数据分析。

2. 数据消歧与标准化

数据消歧关注的是解决实体名称的歧义问题，而数据标准化则是通过数学变换将数据转换到同一尺度，以便于比较和分析。

数据消歧主要是指在自然语言处理中，解决文本中实体的歧义问题。当一个实体名称可以指代多个不同的实体时，就需要进行消歧。例如，"BTC" 可能指代一个商标，但在医药领域指的是胆管癌，数据消歧的目标是根据上下文信息确定实体的准确含义。

数据标准化是指药物、靶点、适应证都有很多不同的名称，药物的别名包括通用名、商品名、研发代码等，同一个药的名称最多可以高达30个以上，这些名称可能出现在新闻、专利、文献等多种文件中。数据标准化的目标就是将这些名称识别出并指向同一个药物，同理，对于靶点、适应证等同样适用。

在医药数据消歧与标准化的前提下，医药知识平台才可能将不同来源的数据打通进行纵向分析。

（1）医药术语标准字典

医药标准术语字典体系是一套用于标准化医药信息的术语集，它在国际上具有较大的影响力，主要目的是促进全球范围内医药信息的统一和互操作性。医药术语标准字典的建立，就是为了解决多语言、多名称的指代问题。医药知识平台有了自己的术语标准体系之后，才能更有利于进行模型的训练与平台的搭建。

医药术语标准字典体系的建立通常是指上一节中提到的医药术语标准框架部分。医药术语标准框架设计面向常见疾病、解剖部位、药物类型、药物名称、靶点体系、临床表现等多个领域的术语体系。医药标准术语字典体系解决的主要问题包括临床用语的同义、多义、表达不规范及语义缺失等问题。通过统一编码规范，便于永久管理和后续互操作映射。

医药术语标准字典可以自建，也可以使用已有的国际规范术语字典。自建术语字典的好处是能够根据自身的需求进行定制，而不需要将国际标准术语字典中与需求无关的部分纳入进来。例如在疾病分类中ICD11编码体系中，分类2C25代表支气管或肺恶性肿瘤，向下子类型还包括2C25.0支气管或肺腺癌、2C25.1支气管或肺小细胞肺癌、2C25.2支气管或肺鳞状细胞癌等8个分类。ICD11是国际通用的适应证分类体系，但是在药物研发过程中，很多肿瘤药物的信息披露为实体瘤，这样就无法与标准字典表进行对应。除此之外，肿瘤多种基因突变型的适应证，例如阿美替尼是针对EGFR T790M突变阳性的局部晚期或转移性NSCLC成人患者，这类适应证就无法与国际ICH11适应证标准体系匹配。这时就不能生硬照搬国际标注体系，而是需要自己建立一套适应证分类体系来满足需求。如图5-20所示，说明了自建标准分类体系的必要性，对于不同的需求目标进行适当的

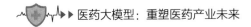

选择或自建标准术语字典。

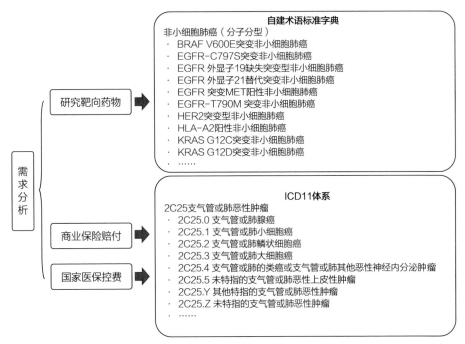

图 5-20　基于需求对标准体系的选择

药品、适应证、靶点、药物类型等内容都可以进行自行建立医药术语字典，这样就能够更加符合药企自身的工作流程。像药品、适应证、靶点、药物类型这样具有上下级概念的知识集合，在医药知识平台中称为实体。如图 5-21 所示，列举了医药实体的部分术语标准字典内容。

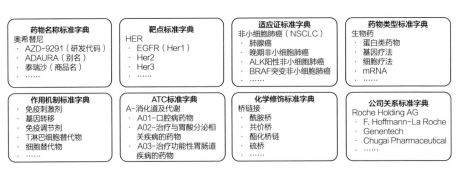

图 5-21　医药术语标准字典（部分）

国际规范的医药术语标准也是构建知识平台参考的重要标准。通常情况下，需要参考国际标准的术语标准才能构建自己的术语标准字典。国际常用的术语标准很多，例如统一医学语言系统（Unified Medical Language System，UMLS）、MedDRA、WHODRA、MeSH 等。

UMLS 是由美国国立医学图书馆（NLM）开发的一套系统，旨在整合各种生物医学术语系统，以促进医学信息的统一检索和应用。UMLS 的核心组件包括 Metathesaurus、Semantic Network 和 SPECIALIST Lexicon。

Metathesaurus：作为 UMLS 的核心，Metathesaurus 汇集和标准化了来自多个术语表和分类系统的术语，提供术语之间的映射和联系。它包括从不同来源收集的术语，如 MeSH、SNOMED CT、ICD（国际疾病分类）、RxNorm 等。每个术语来源都有自己的结构和术语集。Metathesaurus 通过概念统一标识符将不同术语表中的同义词组聚合成一个概念，并分配唯一的标识符，使得来自不同来源的术语可以被视为相同的概念。

Semantic Network：提供了丰富的语义关系和概念映射功能，可以有效处理和解释文本，实现术语之间的映射。这对自然语言处理和信息检索等应用尤为重要。

SPECIALIST Lexicon：包含大量生物医学和一般英语的词汇，以及用于规范化字符串、生成词汇变体和创建索引的工具。

UMLS 的主要功能包括术语标准化、术语映射、自然语言处理、信息检索等。它通过提供一致的语义框架和概念模型，简化了跨不同术语系统的转换和数据集成过程，促进了医学术语的标准化和系统间的互操作性。UMLS 已被广泛应用于各种研究和临床系统中，如 PubMed、ClinicalTrials.gov、电子健康记录（EHR）系统等。

MedDRA（Medical Dictionary for Regulatory Activities）是一个国际公认的医学术语集，主要用于医药领域的不良事件和药物副作用的记录和报告。MedDRA 由国际人用药品注册技术协调会（ICH）开发和维护，旨在为监管机构和生物制药行业提供一个临床验证的国际医学术语集，用于数据的录入、检索、评价和展示。MedDRA 适用于所有人类药品开发阶段，包括医疗器械的健康效应和器械功能故障。它覆盖了体征、症状、疾病、诊断、适应证、检查名称和定性结果、手术及医疗操作、用药错误、产品质量问题等多个方面。MedDRA 在医药领域的应用非常广泛，主要用于不良事件报告、监管机构和企业数据库、个例安全性报告和安全性总结、临床研究报告、研究者手册、上市申请、出版物、处方信息和广告等方面。

MedDRA 是一个多层级的分类系统，包括系统器官类别、高级术语组（HLT）、一般术语组（PT）、低级术语组（LLT）和术语描述（Term Description）。系统器官类别是最高级别，用于整体分类；HLT 是系统器官类别下的第二级分类；PT 是 HLT 下的第三级分类；LLT 是 PT 下的第四级分类，用于更具体地描述术语；术语描述提供了对术语的详细描述和定义。MedDRA 还包括标准分析查询，这些是预定义的查询，用于在数据库中识别潜在感兴趣的病历，如安全性问题或信号监测。

医药术语标准字典体系在国际上还有很多，这些体系广泛应用于精准医学、大数据及以患者为中心的医疗健康管理等领域。药物信息数据是医疗数据的重要组成部分，药物术语集对药物信息的标准化和共享化起到了非常重要的作用。它不仅用于不同系统间药物信息的交换、电子健康档案系统中药物信息的捕获、药物临床试验数据的研究及药品上市后不良反应的监测，还有助于更安全药物的研发，以及在不同药物术语之间进行映射。业界很多企业已经积累了多种类型的临床医学术语资源，包括国际临床医学术语表的中文翻译，以及本地化改造版本、国家标准等，并初步建成具有自主知识产权医药术语标准体系。后续的医药术语标准字典体系，也将包含中医中的概念与元素，为后续发扬中医药起到推动作用。

（2）数据本体论

数据本体论是一套数据消歧与标准化的流程模型，也是多类型数据能够串联以及数据检索的算法路径。数据本体论的核心是将不同数据中的实体，按照一定逻辑有效映射到医药术语标准字典体系中，用于保证数据的唯一性与检索的合理性。所以实体与医药术语标准字典体系是数据本体论的两大要素。

实体是自然语言处理领域一类具有特定、独立身份和属性的事物或概念，它们可以是人、地点、组织、产品、事件等。在生物医药领域实体一般用于指代药物、靶点、适应证、药物类型等概念。实体在语言中扮演着关键角色，因为它们提供了句子和对话中的具体信息和上下文。在自然语言处理领域，识别和理解实体对于提取关键信息、执行语义分析和构建知识图谱等任务至关重要。通过对实体的识别和分类，机器能够更好地理解文本内容，从而实现更准确的信息检索、情感分析和机器翻译等功能。

医药术语标准字典体系在上面的章节中已经讨论过，是一类具有上下级关系的概念词典。在此不做过多介绍。

如图 5-22 所示，表示了数据本体论映射的基本原理。其主要分为三个部分：命名实体识别、实体链接、链接规则。

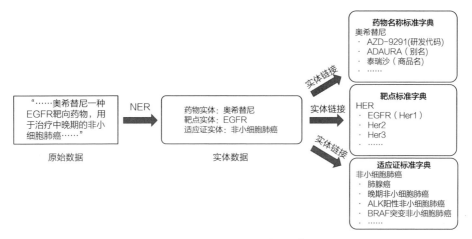

图 5-22　数据本体论映射的基本过程

1）命名实体识别

命名实体识别是一种技术，它能识别出文本中的关键实体，如药物、生物标志物、公司等，这些实体与预定义的词汇表中的术语相对应。该过程不仅识别实体，还能定位这些实体在原始文本中的确切位置。命名实体识别可以帮助用户快速获取关键信息，如药物的适应证、交易细节、监管信息、疾病概况、临床试验数据等，以及专利家族和事件转录本的相关信息。通过这种方式不仅提高了数据处理的效率，还增强了对复杂科学数据的理解和分析能力。

2）实体链接

将命名实体识别直接抽取出的信息，可以将其与药企自己建立的医药术语标准字典或公共数据源相链接，这样就能够获得对研究主题的深入理解。实体链接有助于从多个角度分析和理解数据，从而获得更全面的信息，也能够将数据串联起来。需要说明的是实体链接也是通过一个 AI 模型完成的，可以使用大语言模型，也可以使用机器学习模型。例如，DS-8201 是德曲妥珠单抗的一个名称，但是在不同的文件中需要确保"DS8201""DS82O1""DS-八二01""得曲妥珠单抗"等一系列可能相近的名称都能够命中标准字典表中的"德曲妥珠单抗"。所以实体链接过程需要一个模型能够处理这种"模糊"的命中，这样才能不重不漏地完成数据处理。

3）链接规则

在进行实体链接时，由于靶点与疾病在全球文献中的描述是相当复杂的，很可能出现无法链接命中的情况发生。在这种情况下，通常链接规则会设定遍历所有术语字典，先命中一个医药术语标准字典中最相似的一个节点，之后再去命中这个节点的父节点，如依然觉得差异较大，可以考虑在术语字典中加入一个节点。如图 5-23 所示，例如原文中描述为"EGFR-TKI 抗药的 NSCLC"，适应证标准字典表中若不存在该适应证，则无法进行

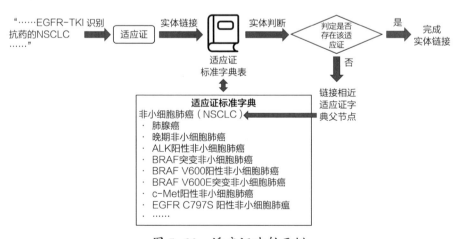

图 5-23　适应证映射示例

适应证 ID 的链接，但是可以确定在 NSCLC 适应证的分组中，则会直接命中 NSCLC 这个父节点。这里强调的是一种数据归一化的方法，使用标准字典将多源数据进行整合。如果需要调整标准字典表，则后续可以进行手动实体链接。

通过数据本体论的三个步骤，可以将药品名称、适应证、技术、公司、条件、目标分类、组织、过程、生物体、液体、定位、细胞系、分子功能、患者节段、试验终点、发展现状、国家、排除标准、纳入标准和文献等各类数据通过实体串联起来，并能够映射到医药数据标准字典中，获得真正的私有化数据互联互通。

5.2.4 DeepSeek 与技术能力构建

本书中讨论的技术能力构建，主要是指 AI 模型能力以及大语言模型能力构建。在医药知识平台建设中，很多环节都需要这些能力去完成数据的转化。医药企业一般不具备自己训练 AI 模型的能力，而是直接购买其他厂商的 API 服务。在此场景下，合理地评判 AI 技术能力也是非常重要的。本书从两个方面来讨论 AI 技术能力：原子能力模型与大语言模型。原子能力模型是指专业化的不可分割的 AI 能力，例如命名实体识别，其特点是能力专一，只能完成一项任务，即识别的实体名称。大语言模型是一类能够完成多个任务的语言模型系统，能够支持多个下游任务。这两类 AI 技术都能够通过接口调用（API）的方式来提供服务。

1. 原子能力模型

原子能力是指不可再分的 AI 能力，通常可以使用 API 进行标准封装，用户直接调用即可。例如模型只能做药品名称的抽取，这就是一个原子能力。医药知识平台的构建需要多个原子能力进行组合，就像拼积木一样最后能够盖成一个高楼大厦。常见的原子能力有命名实体识别、OCSR、关系抽取、表格抽取等。

命名实体识别是自然语言处理领域中的一项核心技术，它专注于从文本中识别和分类具有特定意义的实体。该部分内容在上一节已经讨论过，不再赘述。

OCSR 是一种将图像中的化学结构转换为机器可读格式的技术。这项技术在化学研究、药物发现和教育等领域中非常重要，因为它能够自动化地识别化学结构图像并将其转换成如 SMILES 这样的机器可读格式，从而提高研究效率并减少人工。OCSR 可以将化学结构图像转换为序列化的化学标识符，如 SMILES 字符串，这是通过图像到序列的方法实现的。除了序列化表示，OCSR 还可以通过图像到图的方法重建化学结构，这种方法可以更好地处理化学结构的复杂性。OCSR 技术能够处理包括非规范绘图和原子群缩写在内的复杂任务，并且在多个公共基准数据集和一个内部策划的数据集上取得了优于现有工具的结果。尽管 OCSR 在处理局部子图时可能忽略了这些子图之间的全局相互作用，但未来的版本可能会通过整合这些全局相互作用来提高识别性能。OCSR 系统能够从预处理后的图像中提取相关信息，并使用这些信息重建完整的分子图，最终输出为 SMILES 字符串、连接表或 SD 文件。

关系抽取是自然语言处理领域中的一项关键任务，它旨在从文本中识别实体对之间的关系，对于构建知识图谱、信息检索、问答系统等应用具有重要意义。关系抽取涉及实体和关系两个核心概念，其中实体指人名、地名、组织名等可以明确识别的事物，而关系则定义了两个或多个实体之间的语义联系。这项任务可以形式化为确定给定文本中的实体对是否存在某种特定的关系以及这种关系是什么。关系抽取技术通常分为有监督学习、半监督学习和无监督学习三类，具体算法包括基于规则的方法、基于特征的方法和基于深度学习的方法，如利用神经网络模型自动从数据中学习特征和关系。在实际应用中，关系抽取技术被广泛应用于知识图谱构建、情感分析、问答系统和信息抽取等多个领域。

表格抽取技术是一种从非结构化或半结构化文档中提取表格数据的方法，它在多个领域中都有广泛的应用，包括构效关系研究、财报年报、电子病历、流行病学报告等多类场景。这项技术主要涉及两个过程：表格检测和表格结构还原。表格检测是指定位文档中表格内容的具体位置，而表格结构还原则是指重构表格的行和列，确定单元格数据之间的逻辑关系。

在实际应用中，表格抽取技术可以处理药物用量关系表、生存曲线、临床记录、文献和专利等多种文档中的表格数据。

2. 大语言模型与 RAG

本书核心讨论的是生物医药领域的大语言模型，模型的技术部分在第四章中已经进行了详细的阐述。在实际应用中，整体大语言模型相关技术分为大语言模型与 RAG 技术。

（1）大语言模型

大语言模型能够实现用户问答或任务实现，用户只需要输入自己的提问就可以得到答案。从技术上讲，大语言模型也是一种模型能力，它具有大规模参数和复杂计算结构的机器学习模型。这些模型通常由深度神经网络构建而成，拥有数十亿甚至数千亿个参数。大语言模型的设计目的是为了提高模型的表达能力和预测性能，能够处理更加复杂的任务和数据。

大语言模型由于其训练费用非常高昂，如果从预训练开始计算，需要花费数百万美元的训练费用，医药企业很难愿意进行此种投入，可以使用第三方提供的大语言模型接口来进行服务。

（2）RAG

单纯的大语言模型有一个致命的缺陷——幻觉。对于幻觉大家可以理解成模型在回答问题时进行一本正经的胡言乱语，完全是错误的结论能够描述的像官方文献。无法分辨答案对错的大语言模型是完全无法应用的，这样就需要技术来解决此类问题。RAG 就是为了解决幻觉问题，在用户输入问题时，先进行检索，之后根据检索到的结果来让大语言模型进行总结，这就可以极大程度地避免幻觉的产生。

RAG 技术是一种结合了信息检索和语言生成模型的人工智能技术。它通过从外部知识库中检索相关信息，并将其作为提示词输入给大语言模型，用于增强模型处理知识密集型任务的能力，如问答、文本摘要、内容生成等。

RAG 的核心在于其"检索-增强-生成"的工作流程。

检索：系统从预先建立的知识库中检索与问题相关的信息，为后续的生成过程提供有用的上下文信息和知识支撑。

增强：检索到的信息被用作生成模型的上下文输入，以增强模型对特定问题的理解和回答能力。这一步的目的是将外部知识融入生成过程中，使生成的文本内容更加丰富、准确和符合用户需求。

生成：最后生成模块会根据输入的上下文信息，生成连贯、准确且信息丰富的回答或文本。

RAG 技术的出现，使得大语言模型在信息更新及时、知识丰富、使用灵活和个性化定制等方面具有显著优势。例如，由于 RAG 技术能够访问外部知识源，它可以提供包含最新信息的答案，这在快速变化的医药领域（如临床试验、医疗新闻）尤为重要。RAG 技术不仅支持多样化的搜索需求，包括文档检索、问题回答、摘要生成等，还支持多语言和多媒体搜索，能够充分利用深度学习技术对文档进行表示和建模，提高了搜索结果的准确性和相关性。此外，RAG 技术还能根据用户的查询和历史搜索记录，提供个性化的搜索服务，提升了用户的搜索体验。如图 5-24 所示，展示了RAG 技术的工作原理。

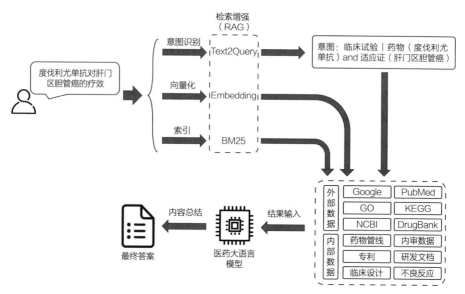

图 5-24　RAG 技术的工作原理

RAG 技术的构建离不开三大核心组件：检索器、生成器和排序器。检索器负责从候选文档集合中检索出与查询相关的文档；生成器根据检索到的候选文档生成与查询相关的摘要或答案；排序器对生成的文本进行排序和评分，以确定最终输出的文档顺序。

（3）DeepSeek 解决方案

DeepSeek 在 2015 年初火爆全球，作为中国自主研发的大语言模型，其训练价格低廉、性能卓越，在极短的时间内受到全球的关注与追捧。与以往的研究不同，DeepSeek 模型通过强化学习而非监督学习的方式显著提升了大模型的在数学和逻辑推理任务中的表现，验证了强化学习在提升模型推理能力上的作用。通过强化学习自动学习复杂的推理行为（自我验证与反思），然后随着训练的深入，模型逐步提升了对复杂任务的解答能力，并显著提高了模型推理能力。在数学和编程基准测试集上，与 OpenAI 公司模型的表现相当并大幅超越其他现有大模型。

在医药行业，已经有多家大型药企与医院宣布接入 DeepSeek 来进行智能服务。恒瑞药业下发了红头文件表示公司全面开展使用 DeepSeek。北京友谊医院近日完成全参数 DeepSeek-R1 模型部署，计划将其应用于医疗知识检索、电子病历生成、医保审核等多个场景。该模型将为医护人员提供智能化辅助，显著优化诊疗效率，同时提升医疗服务的安全性和精准性。北京大学第一医院的"创新药临床应用智能决策系统"也于近期试点应用。该系统整合电子病历等临床数据与用药知识库，并结合 DeepSeek 模型，实现本地化部署。系统以对话式交互方式，为医生提供科学、精准的用药推荐，尤其在肿瘤和罕见病等复杂疾病的治疗中，能够提供专业且具有前瞻性的用药建议，助力创新药物的合理应用。

现在我们来回顾大家对 DeepSeek 的热情，所有接入 DeepSeek 的企业都能够很好使用大语言模型工具吗？答案是否定的，很多企业接入后无法找到使用场景，也有一些机构由于大语言模型的自身幻觉问题，员工使用大语言模型进行工作。由此可见，一个好的应用方案对医药企业、医院才是核心问题，能起到事半功倍的效果。

（1）调用与本地化部署问题

DeepSeek 的本地化部署是所有机构遇到的第一个问题。本地化价格昂贵，维护成本高昂，本地化部署通常是由于数据需要绝对保密不能外泄而采用的策略。但决定是否需要本地化部署，还是基于用户的需求与数据来确定。

无论是药企还是医院，数据的保密程度需要进行分级，通常来讲数据保密程度分为三级。第一级为绝密数据，只绝对不能够泄露或上云的数据，主要指患者信息或药企专利公开前确定药物分子等；第二级为秘密数据，这类数据机构内部公开，但不能够泄露，例如企业的内审数据等；第三级为公开数据，这类数据可以在外部获得，例如公开发表的论文、专利以及临床试验结论等。对于数据涉及为一级数据的一般进行完全本地化部署，对于二级或三级数据，为了保证绝对安全可以与云服务商签署保密协议，使用专有云进行服务。

（2）本地化部署解决方案

对于大多数机构，若仅需简单任务，如实时聊天或轻量级文本生成，可选择 1.5B 或 7B 模型，搭配较低配置硬件，如普通笔记本或台式机。对于复杂任务，如合同分析、论文写作或大规模数据分析，需选择 14B 及以上模型，并配备高性能硬件，如高端显卡和大容量内存。

按性能选择。在预算有限的情况下，可优先选择较低参数量的模型，以满足基本需求，同时降低硬件成本。如 1.5B 模型可在资源受限设备上运行，适合预算紧张的用户。若预算充足且对性能要求较高，可选择高参数量模型，如 32B 或 70B，搭配高端硬件，以获得更强的处理能力和更高的运行效率。如表 5-2 所示，给出了本地化部署不同参数 DeepSeek 的最低配置要求。

表 5-2　部署不同参数 DeepSeek 的最低配置

模型参数	CPU 要求	内存要求	GPU 要求	硬盘空间	适用场景
1.5B	4 核 （Intel/AMD）	8GB	2GB	3GB	极简问答

模型参数	CPU 要求	内存要求	GPU 要求	硬盘空间	适用场景
7B	4 核（多线程）	16GB	4GB	8GB	简单医药术语问答
8B	6 核	16GB	6GB	8GB	简单医药术语抽取
14B	8 核	32GB	8GB	16GB	长文本问答
32B	12 核	48GB	16GB	19GB	复杂医药知识问答
70B	16 核（服务器级）	64GB	24GB（组）	70GB	临床疗效分析
671B	32 核（服务器级）	128GB	80GB（组）	300GB	临床科研任务/设计

　　用户需求是产品设计的核心驱动力，DeepSeek 通过深入理解不同场景下的具体需求，提供针对性的 AI 解决方案。在药物立项决策场景中，用户对竞争格局数据处理能力的需求催生了自动化数据分析工具，助力药企快速洞察业务价值。开发者群体则更关注技术易用性，DeepSeek 通过开放 API 接口及开源模型（如 DeepSeek-R1）降低技术门槛，简化 AI 模型集成流程。不同医药企业对成本、效率、准确性等维度的需求优先级存在差异，这要求 DeepSeek 在技术优化中持续权衡——如通过模型压缩技术降低算力消耗以适配成本敏感型需求，或在实时性场景中优化推理速度以平衡精度与效率。这种以需求为导向的产品设计逻辑，确保了技术能力与医药企业实际应用场景的精准匹配。

5.3　医药大语言模型的未来发展

　　大语言模型是智能化的一个核心技术，未来智能化整体上将成为产业转型升级的重要抓手，人工智能、大数据等技术在产业智能化升级中扮演着越来越重要的角色。企业要实现智能化升级，真正需要的不是数据本身，而是数据里面蕴藏的信息与知识。从数据到知识，再由知识到情报，该路径是本书重点突出的一个知识服务企业的重要路径。医药知识平台可以为生物医药企业提供高效便捷的知识生产、组织情报与数据应用能力，满足业务场景智能化的需求，解决大多数企业缺乏构建和运用知识能力的痛点，为企业进行知识赋能，助力企业实现智能化升级。

数字经济在今天已经进入了以人工智能为核心驱动力的智能经济新阶段。智能经济将给全球经济带来新的活力，是拉动全球经济重新向上的核心引擎。

1. 未来医药场景的演进

在讨论未来医药场景之前，我们先来看未来生成式人工智能（AGI）的发展路径，共分为 5 个阶段，如图 5-25 所示。

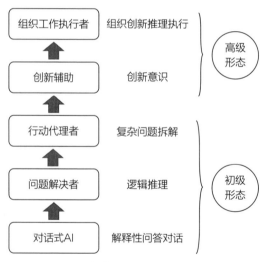

图 5-25　未来 AGI 发展的 5 个阶段

第一阶段：对话式 AI

本阶段是一个能够与人对话的聊天机器人，能够解决一些人类问题，这也是 AGI 发展的初级形态。

第二阶段：问题解决者

能够解决人类需要使用推演逻辑才能解决的问题，代表计算机能够拥有类似人类的智能思维。

第三阶段：行动代理者

重点在于 AI 能够自己采取行动处理问题，也能够像人一样将问题分解后逐一进行处理。这个阶段也是当前的研究热点。

第四阶段：创新辅助

这是一个能够辅助创新的人工智能，例如 AI 能够提出一些建设性的科研意见，能够证明一些复杂推理。

第五阶段：组织工作执行者

这一阶段目前是 AGI 的最终形态，AI 可以自发地组织工作并执行。在这个阶段中 AI 与人类在行为上几乎没有差异。

药物研发的各个阶段，都需要上述这些 AGI 能力。大语言模型未来能够处理更多元化的医疗医药场景，离不开 AGI 发展的节奏。在药物研发方面能够赋能加速早期研究与临床研究过程。在临床医学方面，能够切实应用于临床诊疗与患者随访。未来随着老龄化社会的到来，健康将成为全社会关注的第一要素，也会产生更多医药需求需要满足。

1）药物研发

在药物研发过程中，贯穿了第一到第四阶段的 AGI 能力。大语言模型可以显著提升文献阅读效率与试验数据的解读能力。传统的药物研发通常需要大量的时间和资源，而大语言模型可以通过分析海量的科学文献、专利数据和实验数据，加速靶点识别和药物设计。大语言模型可以自动识别潜在的药物靶点，准确预测蛋白质结构和蛋白质–配体相互作用，并且能够将蛋白通路与药物代谢相互关系，从而加快药物发现的速度。此外大语言模型还可以进行虚拟筛选和基于结构的药物设计，自动生成新型化合物并预测其生物活性和药代动力学特性。这不仅缩短了药物研发周期还提高了成功率。

2）药物实验自动化

药物在早期研发过程中，需要在实验室进行大量尝试与表征。无论是生物药还是化学药，在制备设计过程都需要提高效率并伴随着一定的危险性。未来医药大语言模型与生物化工设备结合，可以形成自动化的实验处理系统，这样研发人员就可以同时进行多个反应的投料，并能够自动化进行产物后处理。在药物表征分析的过程中，大语言模型同样能够自动分析质谱、核磁共振图谱等一系列波谱数据，能够快速确定分子结构或蛋白氨基酸的组成。

3）临床试验

在临床试验设计和执行方面，大语言模型同样具有重要作用。临床试验是药物开发过程中最耗时和花费昂贵的阶段之一。大语言模型可以通过分析患者数据，自动匹配合适的临床试验，优化试验设计并预测试验结果。大语言模型可以根据患者的基因组数据和病史，自动筛选出符合特定试验条件的患者，从而提高患者招募的效率和准确性。大语言模型还可以辅助临床试验的设计，提供基于数据的试验方案，预测潜在的试验结果和风险，帮助研究人员做出更明智的决策。

4）药物市场分析

在药物市场分析方面，大语言模型可以处理和分析大量的市场数据，提供精准的市场预测和竞争分析。大语言模型可以通过分析市场趋势、消费者行为、定价策略等，预测药物的市场表现。大语言模型可以根据历史销售数据和市场趋势，预测新药的市场需求和销售额，帮助制药公司制定有效的市场策略。大语言模型还可以进行竞争分析，识别市场上的主要竞争对手及其优势和劣势，为公司提供竞争情报。

5）循证医学

在循证医学中，大语言模型可以快速整合和分析大量的医学研究数据，为临床决策提供支持。大语言模型可以通过分析医学文献、临床指南和患者数据，提供基于证据的诊疗建议。例如，大语言模型可以帮助医生快速查找和解读最新的研究成果，提供个性化的治疗方案，提高医疗服务的质量和效果。大语言模型还可以辅助医学教育，帮助医学生和医生理解复杂的医学知识，提升他们的临床技能和决策能力。未来医学的循证需要通过医药大语言模型控制智能体来完成。例如一个复杂的循证任务，首先需要拆解为多个子任务，再由负责不同子任务的智能体独立完成，最后由医药大语言模型进行最后汇总。如图 5-26 所示，对于比较药物 DS-8201 与 T-DM1 针对 her2 阳性乳腺癌疗效与不良反应的临床比较，需要将该过程分成 5 步来完成。第一步查找相关文献；第二步区分对齐临床指标；第三步分析试验设计；第四步对比基线；第五步对比临床指标。整个过程可能需要两个智能体来完成，首先启动检索智能体完成相关药物的检索过程，之后由临床分析智能体对检索智能体得到的结果进行分析。

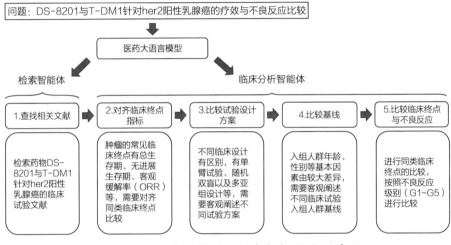

图 5-26　临床结果对比任务拆解的过程举例

6）临床医学诊疗

多模态技术在医学诊疗中的应用，特别是在远程医疗和智慧医院建设中，展现了其独特的价值。通过集成超声、CT、心电、脑电等影像信号数据以及基因组等多模态数据，后台系统可连接知识库大数据中心，并根据患者情况智能推荐诊断结果，供会诊专家参考。多模态大语言模型在病理诊断、智能临床决策支持系统和智能医疗检索系统中的应用，也显示了其在提高诊断准确性、制定个性化治疗方案以及预测性分析等方面的潜在优势。大语言模型结合多模态技术在医学诊疗领域的应用，不仅能够提高诊疗效率，还可能改变临床实践的方式，为患者提供更加个性化和精准的治疗方案。

未来，大语言模型在生物医药领域的应用将更加广泛和深入。随着技术的不断进步，大语言模型将能够处理更加复杂和多样化的数据，提供更加精准和个性化的服务。例如，大语言模型可以结合多模态数据（如基因组数据、影像数据和临床数据），提供全方位的疾病诊断和治疗方案。此外，大语言模型还可以通过与其他人工智能技术（如深度学习和强化学习）的结合，进一步提升药物研发和临床试验的效率和效果。然而，大语言模型的应用也面临一些挑战和问题，如数据隐私和安全问题、模型的透明度和可解释性问题、伦理和法律问题等。这些问题需要在未来的研究和应用中不断探索和解决，以确保大语言模型在生物医药领域的安全和有效应用。

大语言模型在生物医药领域的应用前景广阔，具有巨大的潜力和价值。通过不断的技术创新和应用实践，大语言模型将为药物研发、临床试验、药物市场分析和循证医学等领域带来深刻的变革和进步。

2. 未来医药数据的演进

数据驱动的人工智能工具在改进临床试验设计步骤（从准备到执行）方面具有巨大潜力。它通过加速患者与试验的匹配和招募，以及在试验期间动态监测患者来提高成功率，从而可以改善依从性控制并产生更可靠和有效的终点评估。然而，在人工智能成熟应用于临床试验之前，我们还有很长的路要走，因为有许多障碍需要克服。一些例子是真实世界数据质量参差不齐、与数据共享相关的挑战，以及缺乏以可解释、合乎道德、可重复和可扩展的方式将人工智能成功整合到临床试验中的指南。

第一，高质量的医药数据是人工智能模型的基石，这需要标准化的生物医药数据库建设，包括临床记录、医学图像、组学数据、可穿戴设备和健康应用程序数据，以及社交媒体，如微博、微信、脸书（Facebook）、领英（LinkedIn）和推特，它们可以为个人的健康行为、偏好和社交互动提供有价值的见解。由于机构之间的激烈竞争和数据隐私法，数据共享具有挑战性。如果机构内部和机构之间都有更具协作性的思维方式，并应用隐私保护技术，如数据加密和群体学习，这种情况就可以改变。简而言之，数据加密涉及使用加密算法对敏感信息进行编码。这种技术可确保将数据转换为不可读的格式，即密文，只能使用特定密钥解密。通过加密数据，即使未经授权的个人获得访问权限，他们也将无法在没有解密密钥的情况下理解或利用信息。这有助于保护数据的机密性并防止未经授权的访问。

第二，医院内医疗数据的隐私保护应用，将是未来重要的发展方向。在隐私计算中常使用联邦学习来完成这一过程。联邦学习是一种去中心化的人工智能训练方法，可以促进隐私保护。联邦学习不是共享原始数据，而是使多个设备或实体能够在机器学习任务上进行协作，而无须直接交换敏感数据。每个设备都使用自己的数据训练自己的本地模型，并且只与中央服务器或其他参与者共享模型更新，而不是原始数据。个人数据保留在设备上而不会暴露，从而降低数据泄露和隐私侵犯的风险。医药数据的联邦学习方案，当前仅有少量应用。对于未来大语言模型需要的海量数据，还需要发展联邦学习框架来解决隐私数据学习确权的问题。

第三，人工智能技术应该与其旨在补充或替代的现有技术一起进行测试，其价值需要严格调查。最后，数据科学家和药物与临床专家有必要制定有关如何在试验规划和设计中使用人工智能的指南，以在临床试验早期阶段释放人工智能的力量。这些指南应包括人工智能在临床试验中的应用范围、数据收集和处理的标准化流程，以及如何确保人工智能系统的透明度和可解释性。此外，还应考虑人工智能在临床试验中的伦理问题，包括患者隐私保护、数据安全和算法偏见。通过这些措施，我们可以确保人工智能技术在临床试验中的有效性和负责任的应用，从而提高临床试验的效率和成功率。

第六章

落地场景案例分析

大语言模型发展至今，真正的工业化落地案例并不多，能够形成商业模型的落地案例更是少之又少。在医药领域由于学科的严谨性、专业性，更加缺乏大语言模型的落地案例。在医药大语言模型的实践中，笔者公司组织研发的医药大语言模型应用，重点突破药物竞争情报、临床试验结果与专利分析场景，成功研发了一系列落地案例。所有案例产品均具有商业价值，成功为药企、医院、风险投资机构、咨询公司等多家机构提供智能服务。

案例：医药数据分析报告

医药信息的整合通常以报告的形式输出，专业的报告能够让人快速了解药物、适应证、靶点等基本信息，满足医药情报调研、产品分析、临床评价的需求。基于大语言模型可以"一键生成"医药数据报告，在搭建好报告需要的数据后，可以利用大语言模型进行文本的生成，同时又能够满足生成图表、流程图等多模态生成需求。用户只需要输入需要生成的报告主题，例如需要分析的药品名称、靶点名称、适应证名称等。该指令会传递给医药大语言模型，模型就能够根据需要的主题进行目录的选择，这些目录是预设的报告生成逻辑。在完成目录选择后，医药大语言模型会根据目录的要求自动检索相关数据，并将这些数据按照目录要求生成最终的报告，如图6-1所示。

利用大语言模型生成报告有两个重要模块：报告逻辑模块与基础数据模块。首先建立报告的提纲，由大语言模型从基础数据库调取相应的数据，经过大语言模型润色后生成为目标报告。

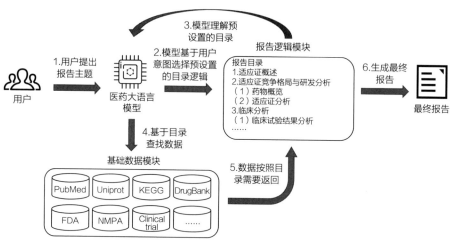

图 6-1　大语言模型生成报告流程

1. 报告逻辑模块

报告逻辑模块是指一个报告的目录框架与内容，不同的目的与不同的目标受众，报告内容的深度和广度要求不同，报告的内容都不尽相同。在生物医药领域，报告类型多种多样旨在满足不同利益相关者的需求。行业分析报告提供对市场的全面分析，包括趋势、竞争和法规环境。市场研究报告专注于特定产品在市场上的表现，如市场份额和消费者行为。临床研究报告详细记录临床试验的各个方面，包括患者数据和疗效分析。研发进展报告描述新药或医疗设备的开发进度和未来计划。监管合规报告涉及药品或设备的监管要求和合规性评估。财务分析报告分析公司的财务状况，如收入和利润。产品评估报告对特定药物或设备的性能和成本效益进行评估。风险评估报告识别项目或产品开发中可能遇到的风险。项目可行性报告评估新项目的技术可行性和市场需求。环境影响报告分析生产和研发活动对环境的影响。知识产权报告涉及专利申请和知识产权保护。企业社会责任报告描述公司在社会责任方面的表现。技术评估报告评估新技术的有效性和潜在影响。投资分析报告为投资者提供投资分析和建议。年度报告总结公司过去一年的业绩和未来的发展计划。这些报告为投资者、监管机构、研究人员、医药专业人员和患者提供了丰富的信息和知识。

从内容上分，生物医药报告通常有药物报告、靶点报告、适应证报告、药物专利分析报告、临床分析报告、药物研发企业分析报告等，或是上述内容组合的报告。

（1）**药物报告**

药物报告通常以已经确定的药物为报告的中心进行分析。药物报告通常分为 7 个方面进行讨论：药物基本信息、药物研发进展、药物流行病学分析（适用人群）、药物专利分析、药物研发公司分析、药物临床试验分析、销售与市场分析等。药物报告通常适用于某个爆款药物的纵向分析，如高销售额药物（如司美格鲁肽）、疗效明显的药物（如奥希替尼、新冠药 Paxlovid）、专利快到期的仿制药等。

（2）**靶点报告**

靶点报告从靶点原理的角度，分析该靶点下全球研发药物的数据。靶点报告是从药物机理的角度分析这条赛道的所有玩家信息。靶点报告通常有以下几个方面可以分析：靶点综述、靶点药物分析、药物研发公司、流行病学分析、靶点药物临床评价、靶点药物销售额分析等。靶点报告对于新靶点、成熟靶点会有不同的评价，可以参考 2.2.1 竞争格局分析的规则进行评价。

（3）**适应证报告**

适应证报告是从疾病的角度来分析不同药物组合疗法的有效性与安全性，也可以评估不同疾病患病人群等流行病学信息。适应证报告主要可以分析适应证描述、适应证人群、适应证的分子分型、适应证相关药物分析、适应证临床试验、适应证的疗法评价、用药不良反应等。适应证报告主要在于评价本适应证的人群与用药疗效，非常适合医生或药企医学部人员对不同疗法进行分析。

（4）**药物专利分析报告**

药物专利分析报告主要用于创新药产品立项或进行仿制药产品立项。药物专利报告主要分析两个方面：专利保护范围与专利到期日。创新药立项之前，需要详细地分析相似药物专利保护范围，以免本公司的药物设计落入别的专利保护范围中。针对仿制药立项，主要关注原研药物核心专利的到期时间。专利分析报告在国际上有一类通用的报告类型称为专利自由实施分析（Freedom to operate，FTO）。专利的 FTO 报告是业界公认的专利报告类型，主要关注以下 4 个方面。第一，专利上市地区。专利具有地域性，不同国家的专利法制度有所不同，FTO 分析时，首先要确定产品拟上市的国家和地区，使分析具有针对性。第二，产品技术特征。产品的技术特征较多，FTO 分析时，企业一般会对产品重要的部分予以重点考虑，其中，比较重要的部分通常为自主研发、侵权风险较大的部分，而对于所采用的现有技术部分或者从供应商处采购的部件，这些部件的侵权风险相对较小，或者据合同约定专利侵权风险可由供应商进行承担。第三，专利筛选。在医药专利筛选过程中，需要剔除与相关药品明显不相关的专利，并确认与目标药品关系较为密切的专利。第四，专利权利要求比对分析。将药物设计的技术特征与专利权利要求的特征逐一进行比对，进而确定产品是否落入专利权利要求的保护范围之内。

（5）临床分析报告

临床分析报告与适应证报告相似，都是基于某个疾病分析是否用药或处置方案的有效性与安全性。临床分析报告在肿瘤治疗领域应用广泛，医生利用该类报告了解不同化疗、免疫、靶向方案的疗效与不良反应，同时又能了解全球最新的研究进展。

（6）药物研发企业分析报告

药物研发企业的分析报告对于投资机构非常重要，投资估值、公司竞调都需要参考此类报告。医药企业分析报告一般是通过某个维度选定目标公司，药物类型、靶点、适应证等都可能成为医药企业筛选的维度。在分析医药企业时，通常包括企业基本信息、研发管线、营收融资、企业专利以及重要的临床试验。

当然，报告的形式多种多样，用户可以根据自己目标去修改目录，但这就极大程度地增加了报告生成的复杂度，还需要考虑数据是否能够满足用户的需求。所以，当前通常的做法是首先给定一套默认的报告目录提纲，再有限度地允许用户进行提纲的修改。在用户修改后，需要向用户确认提纲下的数据后，如果现有数据无法满足用户修改的提纲，则需要用户自己上传文件数据，才能够进行完整的报告生成，如图 6-2 所示。相比图 6-1中的流程，图 6-2 的流程增加了用户自定义目录与上传私有数据两个部分。医药报告生成完毕后，通常还需要用户在此修改才能完全满足用户需求。系统生成 Word 文档提供下载，以满足在此修改的需求。与此同时，所有的报告使用的数据，都需要能够提供可编辑的数据下载包。

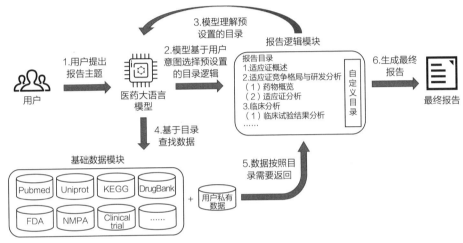

图 6-2　报告生成流程

2. 基础数据模块

基础数据模块建设是报告生成的基础，所有的报告生成逻辑都需要相应的数据支持。由此可见，建立全面的数据支持体系才能较好地完成报告生成任务。

基础数据的建设还需要根据自身的条件与目标进行设计。按照上一节设定的报告范畴，基础数据分为以下几类。

（1）基本信息

药物基本信息：主要针对药物的基本描述、原研场景、治疗领域、作用机理、不良反应等基本信息。这类数据如药品说明书上的内容，该内容会随着研究进展而更新。数据收集可以从 GSRS、NCI、WHOINN 等数据库获取。例如药物仑伐替尼的描述如表 6-1 所示。

表 6-1　仑伐替尼的药物描述

药物名称	描述
仑伐替尼	仑伐替尼由卫材公司开发，是一种受体酪氨酸激酶（RTK）抑制剂，可抑制血管内皮生长因子（VEGF）受体 VEGFR1（FLT1）、VEGFR2（KDR）和 VEGFR3（FLT4）的激酶活性。乐伐替尼还抑制与致病性血管生成、肿瘤生长和癌症进展有关的其他 RTK，以及它们的正常细胞功能，包括成纤维细胞生长因子（FGF）受体 FGFR1、2、3 和 4；血小板衍生的生长因子受体 α（PDGFRα）、KIT 和 RET。这些位于细胞膜中的受体酪氨酸激酶（RTKs）在激活信号传导途径中发挥核心作用，这些信号传导途径参与细胞过程的正常调节，如细胞增殖、迁移、凋亡和分化，以及致病性血管生成、淋巴生成、肿瘤生长和癌症进展。特别是，VEGF 已被确定为生理和病理血管生成的关键调节因子，VEGF 表达的增加与许多类型癌症的预后不良有关。乐伐替尼适用于局部复发或转移性、进行性、放射性碘（RAI）难治性分化型癌症患者的治疗。大多数癌症患者预后良好，通过手术和激素治疗进行治疗（5 年生存率 98%）

靶点基本信息：靶点描述是对药物作用靶点功能的概述。主要包括作用机理、蛋白上下游关系上的描述。这部分数据可以从 Genecard、KEGG 等数据库获取。例如靶点 EGFR 的描述如表 6-2 所示。

表 6-2　EGFR 的靶点描述

靶点名称	描述
EGFR	EGFR 因其在癌症中的重要性而被广泛认可。扩增和突变已被证明是许多癌症类型的驱动事件。它在非小细胞肺癌、胶质母细胞瘤和基底样乳腺癌中的作用刺激了许多研究和药物开发工作。酪氨酸激酶抑制剂在 EGFR 增强的肿瘤中显示出疗效，最明显的是吉非替尼和埃罗替尼。EGFR 突变已被证明会对这些药物产生耐药性，特别是 T790M 变体，其功能特征已被确定为这两种药物的耐药性标志物。后一代 TKI 在治疗这些耐药病例方面取得了一些成功，EGFR 基因座的靶向测序已成为治疗非小细胞肺癌的常见做法。配体的过量产生是 EGFR 激活的另一种可能机制。ERBB 配体包括 EGF、TGF-a、AREG、EPG、BTC、HB-EGF、EPR 和 NRG1-4（详细信息请参阅相应的配体部分）

适应证基本信息：适应证基本信息主要是对疾病的描述，包括发病机

制、病程、治疗方案等内容。这部分数据可以从 UMLS、Merck 诊疗手册等数据库获取。例如肺腺癌的描述如表 6-3 所示。适应证描述信息容易查找，具体数据质量需要严格把控。

表 6-3　肺腺癌的描述

适应证名称	描述
肺腺癌	肺腺癌是肺癌的一种，属于非小细胞癌。不同于鳞状细胞肺癌，肺腺癌较容易发生于女性及抽烟者。起源于支气管黏膜上皮，少数起源于大支气管的黏液腺。发病率比鳞癌和未分化癌低，发病年龄较小，女性相对多见。多数腺癌起源于较小的支气管，为周围型肺癌。早期一般没有明显的临床症状，往往在胸部 X 线检查时被发现。表现为圆形或椭圆形肿块，一般生长较慢，但有时早期即发生血行转移。淋巴转移则发生较晚

药物类型基本信息：药物分子的类型是一个医药界广泛认同，但缺乏准确定义的概念。所以更应该对药物类型进行准确描述。当前新药层出不穷，也产生了不少新的药物类型。例如，抗体偶联药物、基因疗法等。药物类型的基本信息主要包括介绍该药物主要的作用方式、结构特点、制剂特点等。这部分内容很少有权威的公开数据库能够获得，需要自行撰写，如表 6-4 所示。

表 6-4　抗体偶联药物的描述

药物类型	描述
抗体偶联药物	抗体偶联药物是采用特定的连接子将抗体和小分子细胞毒药物连接起来，其主要组成成分包括抗体、连接子和小分子细胞毒药物。抗体分子主要发挥靶向投递作用，从而小分子药物发挥效应。但有些抗体同时存在抗肿瘤的药效学作用。

（2）药物管线

药物管线是一个药物在不同适应证、不同国家的研发状态。通常来讲，同一适应证在不同国家的研发状态有所差异，这影响到分析不同国家医疗保险、用药指南等诸多方面。在药物管线数据要素设计方面，一般包括适应证、国家/地区、最高研发阶段、研究机构、更新日期、数据来源。药物管线信息需要从各药企官网展示页面获得，数据结构参考 3.2 医药数据处理方案的内容。药物德曲妥珠单抗（T-Dxd）针对 Her2 低表达乳腺癌，在中国与美国的研发管线如表 6-5 所示。

表 6-5　T-Dxd 在中美研发管线

药物名称	适应证	国家/地区	最高研发状态	研究机构	更新日期	数据来源
T-Dxd	Her2 低表达乳腺癌	中国	批准上市	第一三共	2024.10.9	FDA（BLA761139）
		美国	批准上市	第一三共	2022.8.11	国药准字 SJ20230005

（3）流行病学数据

流行病学是研究疾病分布规律及影响因素，借以探讨病因，阐明流行规律，制订预防、控制和消灭疾病的对策和措施的科学。流行病学数据主要是找到不同国家和地区，针对某个疾病的发病人数，症状出现前阶段、临床症状和体征出现阶段及疾病结局（如治愈、好转、恶化、死亡等）。流行病学数据非常分散，通常会从 WHO 的官方网站、国家公共卫生科学数据中心等数据库获得。

（4）临床前数据

药物的临床前数据是在进行临床试验之前，通过实验室研究和动物模型评估等阶段所获得的数据。这些数据用于评估药物的安全性、药理学特性、代谢途径、毒性潜力以及初步的治疗潜力。临床前数据包括以下几个方面：药物化学数据：包括药物的分子式、结构式、分子量、药物合成方法、纯度等。药物药理学数据：研究药物的作用机制、目标分子、活性和选择性等。药物代谢和药动学数据：研究药物在体内的吸收、分布、代谢和排泄过程，以及药物在体内的消除半衰期、最大浓度和面积下曲线等。药物毒理学数据：评估药物的毒性潜力，包括急性毒性、慢性毒性、肝毒性、心脏毒性、肾毒性等。

这部分数据在药物上市前难以获得，属于医药企业的保密数据。未上市的药物临床前数据，只能通过一些线下的学术会议零散收集，或从一些学术论文中寻找。上市药物临床前数据在药品说明书中会有所体现，例如FDA Label文件等。

（5）药物临床结果

药物临床结果主要有两部分数据：临床终点、基线数据。临床终点对于1期临床试验通常以药物剂量毒性为指标，对于临床2期及以上的临床试验，通常以有效性为主要指标。当然对有些药物不良反应的研究，会以不良反应发生率为主要临床终点。基线数据是指入组人群的基本条件，不同的研究对象是产生临床结果的先决条件。

药物临床结果来源通常包括Clinical Trial数据库、大型会议官网报道（ASCO会议、CSCO会议等）。临床结果数据一般包括临床研究标题、临床终点指标、评价人数、分期、基线特征、分组描述等。对于部分临床试验，特别是头对头试验可以增加临床评价数据。如表6-6列举部分临床结果数据的样例。

表6-6　部分临床结果数据

临床研究标题	临床终点指标	评价人数	分期	基线特征	分组描述
Trastuzumab deruxtecan versus treatment of physician's choice in previously treated Asian patients with HER2-low unresectable/metastatic breast cancer: subgroup analysis of the DESTINY-Breast04 study.	Adverse Event: Anemia = 12.9%	213	临床三期	HER2 低表达乳腺癌 HER2-low	Group: Trastuzumab deruxtecan (T-DXd) Group2: Treatment of physician's choice (TPC)

（6）药物营销数据

药物营销数据属于敏感信息，也是价值较高的信息之一。药物在真实医疗市场中的销售额，可以反映医生对该药物的认可度，以及本地区患者受众以及医保服务的情况。为预防医生回扣腐败等问题，在中国医院内处方统计属于违规行为。但是药物营销数据还是会通过药店处方外流统计或医药协会统计。这部分数据无法从公开场合获得，只能寻找相应的供应商进行服务。

（7）药物项目交易

药物研发中药物项目是一个商品可以用来交易，研发越处于后期的药物估值越高。最常见的是"Licence in（授权卖出）"与"Licence out（授权引进）"。

医药项目中的"Licence out"是指医药企业在进行了药物的早期研发之后将该药物的进一步研发、生产和销售的权利授权给其他药企，通常是海外的药企。这样做的目的是在后期临床研发和上市销售阶段，能够利用合作伙伴的资源和市场优势，实现药物的全球化开发和商业化。通过这种模式，原研发企业可以按照里程碑模式获得各阶段临床成果以及商业化后的一定比例销售分成。"Licence in"则是指企业从外部获取药物的授权，以便在特定区域内进行研发、生产和销售。这种模式允许企业快速丰富自身产品线，引进国外先进技术，加速开发和进入市场。

药物交易数据库需要包含一个完整交易行为的数据，包括交易内容、交易时间、总金额、转让方、受让方、权益地区、交易类型、首付款等，如表6-7所示。

表6-7　药物交易行为的数据

交易内容	交易时间	总金额	转让方	受让方	权益地区	交易类型	首付款
艾力斯获加科思 KRAS G12C 和 SHP2 抑制剂大中华区独家权益	2024-08-30	未披露	北京加科思	上海艾力斯	中国	商业许可	1.5 亿元人民币

（8）药物专利

专利对生物医药领域的重要意义不言而喻，整理好医药专利数据对报告生成或研发人员查阅非常有好处。专利信息是公开的，不过很多内容需要专家进行挖掘才能获得，该部分数据建议寻求供应商进行购买。专利数据主要包括专利类型、公开（公告）号、专利受理局、公开文献代码、公开（公告）日、申请号、申请日期、授权日、PCT 国际申请号、PCT 国际申请日、PCT 进入国家 / 地区 / 组织阶段日、PCT 国际公开（公告）号、PCT 国际公开（公告）日、优先权国家 / 地区 / 组织代码、优先权号、优先权日、原始申请人序号 / 语言 / 名称 / 地址、IPCR/IPC 分类号、CPC 分类号、中国国民经济行业分类、引用专利公开（公告）号、引用非专利文献、标题、标题语言、标题翻译语言、摘要、摘要语言等。专利数据内容非常多，可以多达上百个字段。与生物医药相关专利信息包括核心保护药物、医药专利类型、医药技术类型、相关靶点、相关适应证、药监局披露来源等。

以上 8 类内容是生成医药领域分析报告的基础，对于数据如何获取可以参考 3.2 医药数据如何获取一节中的内容。

下面以靶点报告为例，阐述生成蛋白精氨酸甲基转移酶 5（PRMT5）靶点报告的过程。

PRMT5 靶点报告可能需要的数据如图 6-3 所示，需要使用大语言模型从已有的数据库中进行抽取生成目标报告。

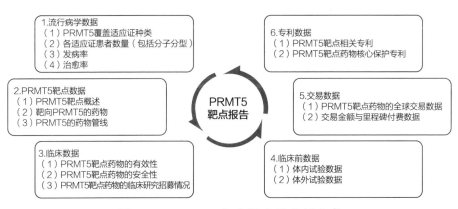

图 6-3 PRMT5 靶点报告的数据内容

PRMT5 靶点报告有两类目录的设计方式，第一种为固定目录，即目录的讨论角度较全面，尽可能地提供 PRMT5 靶点的所有相关信息。第二种为用户自定义生成目录，这种设计方式需要根据用户对报告的偏好与当前数据库能够提供的信息，生成对应的目录并和用户确认。报告生成主要分为4个流程阶段：用户输入、目录生成、数据确认、生成报告。

第一步：用户输入

对于固定目录报告，用户直接输入希望分析的靶点，对于我们当前的例子直接输入 PRMT5 即可。对于用户自定义生成目录，用户需要输入靶点名称，并描述清楚希望分析靶点的哪些角度。

第二步：目录生成

对于固定目录的 PRMT5 靶点报告，目录由人为提前设定，如表 6-8 所示。

表 6-8　PRMT5 靶点报告目录

目录	内容描述
1.PRMT5 靶点的作用机理	阐述 PRMT5 靶点与疾病的作用关系，描述药物的作用机制
2.PRMT5 靶点的管线布局	总体概览 PRMT5 靶点的各个研发阶段的药物数量、药物类型、适应证覆盖分布
3.PRMT5 靶点相关药物	允许用户自行挑选 PRMT5 靶点的药物，对于已选中的药物进行详细描述，分为药物基本信息、管线描述、临床结果、专利概述 4 个方面
3.1 药物 1（用户选择的药物）	从药物基本信息、管线描述、临床结果、专利概述 4 个方面进行内容生成。 （1）药物基本信息 （2）管线描述 （3）临床结果 （4）专利概述
3.2 药物 2	同上
……	……
4. 交易	
4.1 交易概述	交易事件的基本概述
4.2 交易分析	交易数量，交易金额 重磅交易数量占比（大于 1B）：是否超过 10%，高价值项目（确定药物类型）

续表

目录	内容描述
5. 报告总结（自行定义）	（1）靶点机会评价 新靶点（药物 =0） 挑战潜在靶点（上市药物 =0，研发药物均为 <1 期） 探索潜在靶点（上市药物 =0，临床研发药物 >1） 机会成熟靶点（上市药物 >1） 成熟靶点（上市药物 >5） （2）专利机会评价 专利相关药物专利数量占比 （3）结论 靶点 SWOT 分析

对于用户自定义生成目录的设计相对比较复杂，需要用户输入对 PRMT5 靶点分析的意图后由大语言模型生成目录。如表 6-9 所示，体现了用户输入的两个不同的意图，生成的 PRMT5 靶点报告目录。

表 6-9　不同意图的报告目录

用户意图描述	由大语言模型自动生成目录
意图 1　对于 PRMT5 靶点报告，主要关注机理方面的信息，以及相关药物是否有一些国际交易的内容	1. PRMT5 靶点的作用机理 2. PRMT5 靶点药物与管线分布 3. PRMT5 靶点药物的全球交易 3.1 PRMT5 靶点药物交易概述 3.2 PRMT5 靶点交易分析 4. PRMT5 靶点药物总结
意图 2　主要针对 PRMT5 靶点，给出相关药物疗效的分析	1. PRMT5 靶点药物管线 2. PRMT5 靶点临床试验分析 2.1 临床试验概述 2.2 有效性与安全性分析 3. PRMT5 靶点药物疗效总结

第三步：数据确认

在完成目录生成之后，大语言模型会自动调取数据库中的数据，并给用户确认是否用于生成报告。该过程中，用户可以自己修改这些数据，以确保生成报告符合自己的预期。

第四步：生成报告

PRMT5 靶点报告样例

1. PRMT5 靶点的作用机理

2016 年，两篇发表在《科学》（*Science*）上的文章首次报道了抑制 PRMT5 在甲硫腺苷磷酸化酶（MTAP）基因缺失肿瘤中的"合成致死"效应。研究发现，与 PRMT5 构成"合成致死"的基因是 MTAP 基因，它是一种抑癌基因，常在肿瘤中缺失。MTAP 基因缺失会引起其反应底物甲硫腺苷（MTA）的积累，而 MTA 与 PRMT5 会结合形成 PRMT5-MTA 复合物，能显著抑制 PRMT5 的活性。这些研究表明在 MTAP 缺失型肿瘤中抑制 PRMT5 活性有望杀死癌细胞，成为一种治疗癌症的新型策略。

所谓合成致死，就是对于细胞中的两个基因，其中任何一个单独突变或者不发挥作用时，都不会导致细胞死亡，而两者同时突变或者不能表达时，就会导致细胞死亡；已上市药物中的 PARP 抑制剂，与 BRCA 基因突变构成合成致死搭档；这类机理主要目的是使得 PARP 抑制剂可选择性杀伤肿瘤细胞的同时不对正常体细胞产生影响。与 PRMT5 构成合成致死的基因是 MTAP 基因，MTAP 基因是一个抑癌基因，与体内常见的抑癌基因 CDKN2A 发生共缺失现象，这种共缺失现象在肿瘤中的比例可达 9% ~ 15%。

MTAP 参与 2-甲基硫代腺苷的代谢并再生合成 SAM 所需的甲硫氨酸。在没有 MTAP 的情况下，MTA 会积聚并作为一种内在的选择性竞争抑制剂，MTA 对 PRMT5 SAM 结合口袋的优先级是其他 PRMTs 结合口袋的 100 倍，这减少了 SAM 与 PRMT5 的结合，进而限制了 PRMT5 的甲基转移酶活性。MTA 与 PRMT5 的结合也减弱了 PRMT5 抑制剂与底物结合口袋的结合，低浓度 MTA 和 PRMT5 抑制剂的协同作用增强了 PRMT5 抑制，但在高浓度 MTA 或 PRMT5 抑制剂时，协同作用明显减弱，新一代 PRMT5 抑制剂的设计就是为了避免这种竞争，例如 Mirati 公司 MRTX 1719 和安进的 AMG 193 正是这样一类小分子抑制剂。

　　MRTX 1719 在多个 MTAP 基因 del CDX 和 PDX 模型中具有很强的抗肿瘤活性，并作为单药在多个模型中诱导肿瘤衰退，包括肺和间皮瘤模型。药效结果显示，MRTX 1719 利用合成致死机制对 MTAP 基因缺失细胞进行选择性抑制，上图 A 中反映了 MRTX 1719 的体内药效。上图 D 和 B 中可以看出 MRTX 1719 与第一代 PRMT5 抑制剂 JNJ-9178 和 GSK-595 对比的选择性，并说明了 MRTX 1719 在抑制 MTAP 基因缺失细胞的同时，对正常细胞影响不大。

2. PRMT5 靶点的管线布局

PRMT5 靶点的管线如下表所示。

序号	药物	结构	原研机构	研发阶段	备注
1	GSK-3326595		Epizyme, Inc.	临床 2 期	存在几个适应证无进展
2	AMG-193		Amgen, Inc.	临床 1/2 期	孤儿药（美国）
3	AZD-3470		AstraZeneca PLC	临床 1/2 期	—
4	MRTX-1719		Mirati Therapeutics, Inc.	临床 1/2 期	存在交易，孤儿药（美国）
5	TNG-462		Tango Therapeutics	临床 1/2 期	快速通道（美国）｜孤儿药（美国）
6	TNG-908		Tango Therapeutics	临床 1/2 期	快速通道（美国）｜孤儿药（美国）

序号	药物	结构	原研机构	研发阶段	备注
7	JBI-778	PRMT5	Jubilant Therapeutics	临床 I 期	孤儿药（美国）
8	Onametostat，JNJ-64619178		Janssen Research & Development LLC	临床 I 期	无进展
9	PRT-543		Prelude Therapeutics, Inc.	临床 I 期	终止
10	PRT-811		Prelude Therapeutics, Inc.	临床 I 期	终止
11	SCR-6920		先声药业有限公司	临床 I 期	—
12	SH-3765		南京圣和药业股份有限公司	临床 I 期	—
13	SYH2045		上海翊石医药科技有限公司	临床 I 期	—
14	SYHX-2001		石药集团	临床 I 期	—
15	SKL-27969		SK Life Science, Inc.	临床阶段不明	孤儿药（美国）

3. PRMT5 相关药物

3.1 GSK-3326595

GSK-3326595 是 PRMT5 的选择性小分子抑制剂，具有潜在的抗增殖和抗肿瘤活性。其机制之一是通过抑制细胞 mRNA 剪接来抑制肿瘤。两项临床试验正在评估 GSK-3326595。在第一项试验中，对于实体瘤癌症患者，I 期部分招募了 54 名患者，主要患的是腺样囊性癌（ACC；n=14）、结直肠癌（n=9）和乳腺癌（n=3）。剂量研究范围为

12.5 ～ 600mg 每日 1 次（QD）和 50 ～ 200mg 每日 2 次（BID），RP2D 确定为 400mg QD。89% 的患者经历了治疗相关不良事件，其中最常见的包括疲劳、贫血、恶心、脱发和情绪障碍。另一项针对复发和 / 或难治性骨髓增生异常综合征（MDS）、慢性骨髓单核细胞白血病（CMML）和 MDS 引起的低增殖性 AML 的Ⅰ / Ⅱ期安全性和临床活性试验正在进行中。2c 阶段将招募具有 pre-mRNA 剪接机制突变的难治性或复发性 AML 患者单独使用 GSK-3326595 治疗。这项试验的基本原理包括观察到高达 40% 的患者患有 MDS 和高达 60% 的 CMML 患者存在 mRNA 剪接突变。

3.2 AMG-193

AMG-193 是一种第二代 PRMT5 抑制剂，它针对甲基硫腺苷磷酸化酶（MTAP）缺失导致的肿瘤中 PRMT5 的 MTA 结合状态。PRMT5 负责细胞必需蛋白的甲基化和基因沉默，这些蛋白在癌症中失调，并且在约 15% 的实体肿瘤中，由于 MTAP 基因缺失，PRMT5 的部分功能受到抑制。第一代 PRMT5 抑制剂由于无差别地抑制 PRMT5 导致剂量限制性骨髓抑制而无法耐受。在临床前研究中，AMG-193 在 MTAP 基因缺失模型中展示了选择性的抗肿瘤活性，通过进一步抑制 PRMT5 的功能同时保留正常功能，改进了第一代分子。下面是首次人体研究中剂量递增阶段的初步临床结果。

AMG-193 通过口服方式在连续 28 天的周期内给药，用于治疗 MTAP 基因缺失的晚期实体瘤患者。剂量递增采用 BLRM（Biologically Based Response Model，基于生物学反应的模型）方法进行。主要目标包括安全性、耐受性以及确定 MTD。次要目标包括通过研究者评估的 RECIST（Response Evaluation Criteria in Solid Tumors，实体瘤的疗效评估标准）初步评估抗肿瘤活性、药物动力学和药效学效应。

截至 2023 年 8 月 8 日，共有 47 名 MTAP 基因缺失的癌症患者（其中胰腺癌 10 例；非小细胞肺癌 6 例；先天性肺囊腺癌 5 例；间皮瘤 3 例；其他 23 例）被纳入七个剂量递增队列。有 5 名患者出现了剂量限制性毒性，根据协议继续探索以确定 MTD。最常见的治疗相关不良事件（TRAEs）包括恶心（45%）、疲劳（26%）、食欲减退（17%）和呕吐（17%）。初步的药物动力学分析显示，系统暴露量与剂量成比例，半衰期为 7 至 11 小时。在至少进行了一次基线后扫描的 31 名患者中，有 5 名患者确认了部分缓解［胰腺癌(−100%)、卵巢 Sertoli–Leydig（−59%）、RCC(−58%)、食管癌(−46%)和胆囊癌(−63%)，每种 1 例］，14 名患者病情稳定（包括 9 名有一定程度肿瘤缩小的患者），12 名患者病情进展。所有部分缓解在数据截止时仍在持续，治疗持续时间为 140 至 275 天。药效学效应显示血清总 SDMA 水平的剂量依赖性降低，并且在跨越多个剂量水平的五种治疗活检中确认了完全的 PRMT5 抑制。通过 ctDNA 的变异等位基因频率变化的探索性分析显示了快速的治疗效应，这具有预测性并与反应相关。

3.3 AZD-3470

AZD-3470 是第二代 PRMT5 抑制剂，应该选择性地靶向 MTAP 缺陷的肿瘤细胞，同时保留正常细胞。AZD-3470 在 MTA 存在的情况下优先与 MTAP 基因缺陷的肿瘤细胞中的 PRMT5 结合，抑制 PRMT5 的甲基化活性，在 MTAP 基因功能正常的细胞中效果较差。PRIMROSE（NCT06130553）是一项首次在人体中进行的 1/2a 期、开放标签、多中心研究，研究 AZD-3470 作为单药治疗以及与抗癌药物联合治疗 MTAP 缺陷的晚期 / 转移性实体瘤患者。

3.4 MRTX-1719

MTA 协同 PRMT5 抑制剂 MRTX-1719 对 MTAP 基因缺失癌症具有显著疗效。MRTX-1719 能够选择性靶向 MTAP 基因缺失癌细胞，而对正常组织影响较小，具有广泛的治疗指数。MTAP 基因与最常见的肿瘤抑制基因 CDKN2A 相邻并且共同缺失，对多种高医疗需求的癌症具有显著的流行率。MRTX-1719 能够抑制多种癌细胞系和患者来源的异种移植瘤模型的生长。通过 CRISPR 筛选和小分子抑制剂组合筛选，发现了多个合理且临床可行的组合治疗假设。进一步的研究表明，MRTX-1719 可能作为单药或与其他合理的组合伙伴联合使用，对多种 MTAP 基因缺失癌症具有潜在的合成致死精准医学价值。该研究为 MTAP 基因缺失癌症的治疗提供了新的思路，并且 MRTX-1719 目前正在进行 I

期临床试验。（暂无临床结果披露）

3.5 TNG-908

TNG-908 是一种临床阶段的与 MTA 协同作用的 PRMT5 抑制剂，用于治疗 MTAP 缺失的实体瘤。TNG-462 是一种研究阶段的与 MTA 协同作用的 PRMT5 抑制剂，具有显著增强的效力、选择性和扩展的目标覆盖范围，旨在成为 MTAP 基因缺失癌症患者的一流治疗药物。体外实验中，TNG-462 对 MTAP 基因缺失的癌细胞系的选择性是同源 MTAP 野生型细胞系的 45 倍，并且在大型、多样化的细胞系面板中，对 MTAP 基因缺失的癌细胞系具有明显的选择性，不受细胞系来源的限制。TNG-462 的口服给药能够驱动剂量依赖性的抗肿瘤活性，包括在细胞系和患者衍生的异种移植模型中实现持久的肿瘤退缩和完全反应，这些模型代表了临床上相关的组织类型。临床前数据表明，药物相互作用的风险较低，支持临床联合策略。由于对 MTAP 基因缺失的癌细胞具有增强的效力和选择性，以及改善的药代动力学特性以扩展目标覆盖范围，TNG-462 有潜力在 MTAP 基因缺失的实体瘤中比目前正在临床试验中评估的与 MTA 协同作用的 PRMT5 抑制剂具有更广泛和更深入的临床活性。（暂无临床结果披露）

3.6 JNJ-64619178

JNJ-64619178 是一种不可逆的 PRMT5 抑制剂，可与 PRMT5/MEP50 的 s-腺苷甲硫氨酸和胍结合口袋结合，抑制组蛋白 H2A、H3 和 H4 的精氨酸残基甲基化，从而降低细胞增殖。2018 年 7 月启动了第一阶段的首次人体、开放标签、剂量递增研究，目前正在进行中。在 ESMO 2020 年会上提出的初步分析中，有 54 名参与者登记，他们患有各种晚期实体瘤，包括 ACC、前列腺癌、葡萄膜黑色素瘤和非霍奇金淋巴瘤。患者也以 21 天为一个周期接受口服胶囊 QD 或治疗 14 天休息 7 天（14/7）。剂量范围包括 1 ~ 2mg 的 QD 和 0.5 ~ 4mg 的 14/7 方案。唯一的剂量限制毒性为血小板减少，在 2mg QD 和 3 ~ 4mg 14/7 时观察到。除血小板减少（20%）外，其他 3/4 级治疗相关不良事件为贫血（17%）和中性粒细胞减少（6%）。30 名患者（即 50%）

因不良事件经历了剂量中断或减少。13% 的参与者发现病情稳定超过 6 个月，包括患有 ACC、前列腺癌和唾液癌。一名 ACC 患者达到 PR。确定了两种不同的 II 期推荐剂量，包括 1mg 每天一次，14 天用药，7 天停药。

3.7 PF-06939999

PF-06939999 是另一种口服 PRMT5 抑制剂，其完整机制尚未完全阐明。来自 28 名参与者的 I 期剂量递增研究。参与研究的患者患有可能频繁发生剪接因子突变的恶性肿瘤，如子宫内膜癌、尿路上皮癌、宫颈癌、食道癌、非小细胞癌和头颈鳞状细胞癌（HNSCC）。连续 28 天的 QD 或 BID 给药周期从 0.5 到 12mg 每天。剂量限制性毒性包括血小板减少、贫血和中性粒细胞减少症。因毒性问题，临床已经终止。

3.8 PRT-543

PRT-543 选择性结合 PRMT5，抑制其甲基转移酶活性。2021 年 8 月，一项正在进行的 I 期剂量递增开放标签研究初步从 49 名患有 18 种实体瘤和淋巴瘤的参与者中提供了有希望的结果。血清 sDMA 证实靶点结合。口服剂量为 45mg，每周 5 次。在同源重组缺陷卵巢癌中达到的最高缓解是持续完全缓解超过 18 个月；病人仍在接受治疗。5 例患者病情稳定，其中 4 例为 ACC，1 例为葡萄膜黑色素瘤。TRAES 为血小板减少症（n=13）和贫血（n=6），需要中断剂量 27%（n=13），22%（n=11）的剂量减少，但只有 4%（n=2）的参与者停药。I 期剂量递增和扩展研究仍在进行中，并继续纳入生物标志物选择实体瘤患者。临床终止。

3.9 PRT-811

PRT-811 是一种选择性 PRMT5 抑制剂，并且能够跨越血脑屏障。45 例高级别胶质瘤（n=18），多形性胶质母细胞瘤（n=17）或间变性星形细胞瘤（n=1），以及 27 例晚期实体瘤患者，包括 ACC（n=4）、葡萄膜黑色素瘤（n=4）、腺泡细胞胰腺癌（n=1）和大细胞神经内分泌肺癌（n=1）已被纳入正在进行的 I 期剂量递增研究。初步结果报告在 2021 年的 AACR-NCI-EORTC 会议。剂量范围在 21 天周期内从 15 到

800 毫克 PO，或两周用药，一周停药或连续每日给药。GBM 患者很少发生 AEs，只有 1 例出现 3 级血小板减少。在整个队列中，69%（n=31）经历了恶心、呕吐、疲劳、血小板减少症、贫血、厌食、腹泻、低磷血症、瘙痒、体重减轻等不良反应，没有死亡报告。只有 13% 的患者因不良事件而经历了治疗中断、4% 的剂量减少和 3% 的中断。Tmax 为 1 ~ 3h，T1/2 为 5.8h，呈线性药代动力学。PRT811 在 PRMT5 相关的转录调控中，对血清 sDMA 和内含子保留具有剂量依赖性抑制作用。在异柠檬酸脱氢酶 1 突变的 GBM（n=1）中可见持久缓解。PRT811（现更名为 P-500）在有 SF3B1 剪接突变的葡萄膜黑色素瘤中特别有效：有 1 例患者实现了 SD，伴随 25% 的肿瘤消退；另一个达到 PR，伴随原发病灶大小减少 47%。在 800mg QD 剂量下，观察到三阴性乳腺癌靶病灶减少 27%（n=1）。临床终止。

4. PRMT5 靶点的交易

4.1 交易概述

2019—2024 年交易逐渐增加。2023 年交易金额达到 48 亿美元，2024 年无数据。交易次数和金额呈稳步增长，2023 年达到高点，显示了行业合作动态和财务状况的变化趋势。从金额看，总金额、首付款和里程碑的金额大于 10 亿美元，公开数据显示总金额、首付款和里程碑的平均金额分别为 48 亿美元、1750 万美元、5.65 亿美元。总金额最大的交易发生在 2023 年，交易双方为 Mirati Therapeutics, Inc. 和 Bristol Myers Squibb Co.。从研发阶段看，交易最常发生的研发阶段为临床 2 期与临床 1 期。从机构角度，最为活跃的转让方为 Ipsen SA、Prelude Therapeutics、Inc. 和 Merck & Co., Inc.，而最为活跃的受让方为 Pathos AI、Inc.、GSK Plc 和 Cancer Research UK。

4.2 交易分析

Pathos AI 最近宣布获得了 Prelude Therapeutics 开发的 PRT811 的全球许可。P-500 是一种有效的、选择性的、口服生物可利用的、能穿透大脑的 SAM 竞争性 PRMT5 抑制剂。PRT811 已完成了第一阶段的临床试验，该试验在 2023 年 3 月结束，涉及患有实体瘤的患者，包括高级别胶质瘤和葡萄膜黑色素瘤，并且可能适用于其他具有高度未满足需求的适应证。

在第一阶段试验中，16 名带有异柠檬酸脱氢酶突变（IDH+）的高级别胶质瘤患者中，观察到两例确认的完全反应。在最后的随访中，一名患者的反应持续了 31.0 个月，另一名患者的反应持续了 7.5 个月。此外，还有一名患者实现了未确认的部分反应。在 23 名葡萄膜黑色素瘤患者中［10 名带有剪接因子 3B 亚单位 1（SF3B1）剪接突变的患者和 13 名没有 SF3B1 突变的患者］，观察到一名确认的 PR（反应持续了 10 个月）和第二名未确认的部分反应，两者都在带有 SF3B1 突变的患者中观察到。

整个安全性人群中（N=86），最常见的不良事件（发生率 >20%）包括恶心（60.5%）、呕吐（46.5%）、疲劳（36.0%）、便秘（29.1%）和血小板减少症（24.4%），主要为 1 ~ 2 级。最常见的 3 级或以上不良事件（发生率 >5%）包括血小板减少症（9.3%）、贫血（9.3%）和疲劳（5.8%）。

百时美施贵宝（Bristol Myers Squibb）完成了对 Mirati Therapeutics 的收购，这笔交易加强并多元化了其肿瘤学产品组合。通过这次收购，BMS 将商业化的肺癌药物 KRAZATI（adagrasib）纳入其肿瘤学产品线，并获得了多个有前景的临床资产，包括处于第一阶段开发的潜在首创 MTA 协同 PRMT5 抑制剂，以及两个处于第一阶段开发的 KRAS 和 KRAS 促进项目候选药物。这次收购预计将对 Bristol Myers Squibb 2024 年的非 GAAP 每股收益稀释约 0.35 美元。收购完成后，Mirati 的股票已停止在纳斯达克全球精选市场交易，Mirati 成为 Bristol Myers Squibb 的全资子公司。

葛兰素史克（GSK）终止了两个合成致死项目，包括 PRMT5 抑制剂 GSK-3326595 和其相关分子 GSK-3368715，以及与 Epizyme 的合作协议。这两个项目之前被 GSK 首席科学官 Hal Barron 视为早期癌症项目中的佼佼者。GSK 在早期阶段的研究中提前结束了对 GSK-3368715 的试验，并且最近也停止了 GSK-3326595 的临床试验的招募，仅招募了计划中的

10% 的患者。GSK 在其第四季度财报中确认了这些项目的取消，并表示这是在合成致死组合中进行优先级排序的结果，同时宣布将在下个月结束与 Epizyme 的授权协议。Epizyme 自 2011 年与 GSK 达成协议以来，已经从 GSK 获得了 8900 万美元的资金，但原本还有更多的付款计划。

Cancer Research Technology（CRT）与 MSD（在美国和加拿大被称为 Merck）达成了一项许可协议，共同开发针对 PRMT5 的抑制剂，这些新药在癌症和非癌症血液疾病中具有潜在的临床应用。这项协议涉及的药物由澳大利亚癌症治疗合作研究中心（CTx）开发，得到了惠康信托基金和 CRT 的支持。CRT 将从 MSD 那里获得 1500 万美元的前期付款，并有可能获得高达 5 亿美元的潜在付款，以实现开发、监管和商业化里程碑。此外，该协议还涉及销售版税，所有款项将在 CRT、CTx 和惠康信托基金之间共享，大部分将返回给 CTx 及其澳大利亚研究合作伙伴。这项合作有望为癌症患者以及那些没有有效治疗选择的血液疾病患者带来有希望的新药物。

5. 总结

当前 PRMT5 药物研发主要集中在临床前和 I 期，最高研发阶段到临床 II 期。PRMT5 靶点和小分子药物在肿瘤治疗领域备受关注，从而为抗肿瘤新药研发提供方向。作为早期药物靶点，PRMT5 具有较高的市场认可与交易热度，这一趋势提示研究机构将加大 PRMT5 靶点及小分子药物临床试验，尝试更多的药物联用疗效。

利用大语言模型可以生成多类报告，核心在于技术数据准备与灵活的大语言模型调用机制。表 6-10 中展示了常见的报告类型与内容。

表 6-10　医药领域常见的报告类型与内容

分类	报告名称	说明
商业分析类	药物分析报告	针对单个药物的机理、管线、疗效、不良反应、交易、专利等内容做详细的分析，适用于仿制药企业对目标药物的分析

分类	报告名称	说明
	医药交易分析报告	从靶点、时间、公司等维度对当前国际药物交易进行分析，适用于投资或商业拓展
	流行病学报告	针对适应证以及适应证的突变分型，进行流行病学分析，适用于评估药物市场
	药物准入报告	从靶点或适应证等维度，对政策、管线、竞争格局、对标药物销售额、对标药物疗效进行全面的分析，适用于新药上市或立项分析
	机构调研报告	对目标公司进行全面分析，包括管线、交易、临床试验、投融资、专利等，适用于机构竞调或投资
临床评估类	临床结果分析报告	对于药物临床疗效与不良反应的分析，包括疗效对比与不良反应评估，适用于疗效分析评价
	Meta 分析报告	医学中的经典 Meta 分析报告
	病历分析报告	针对多个病历进行分析对比，用于优化治疗方案、探索不良反应
专利分析类	专利分析报告	对单个药物、靶点、药物类型等一类专利的分析，包括保护实质、专利到期日等，用于药品立项时专利分析或仿制药分析
	仿制药（专利到期日）分析报告	对于目标药物进行专利到期日的分析，以及竞品销售额的全面分析
	FTO 调研报告	对所有相关专利进行自由检索调研，用于全面评估产品在全球的风险